# 中国农业电子商务发展报告
# （2017）

农业部市场与经济信息司
中国农业科学院农业信息研究所　编著

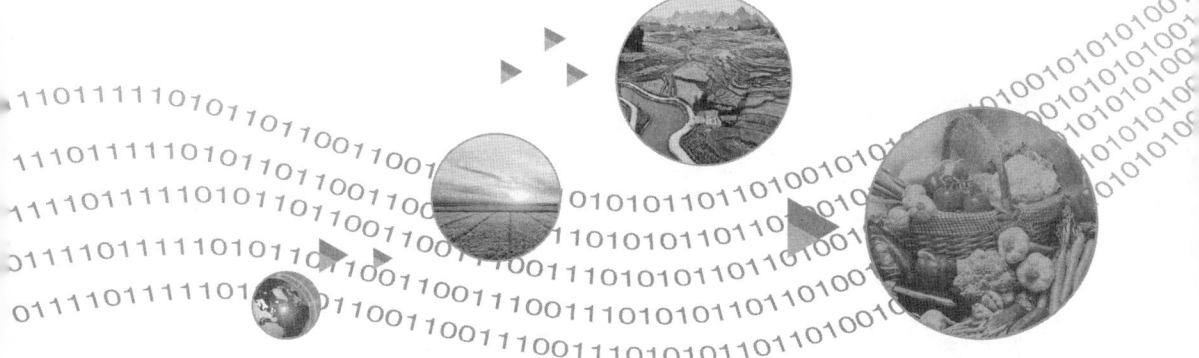

中国农业科学技术出版社

图书在版编目（CIP）数据

中国农业电子商务发展报告.2017 / 农业部市场与经济信息司，中国农业科学院农业信息研究所编著.—北京：中国农业科学技术出版社，2017.10
ISBN 978-7-5116-3346-0

Ⅰ.①中… Ⅱ.①农…②中… Ⅲ.①农业-电子商务-研究报告-中国-2017 Ⅳ.①F713.36

中国版本图书馆 CIP 数据核字（2017）第 267297 号

责任编辑　史咏竹
责任校对　贾海霞

| | |
|---|---|
| 出 版 者 | 中国农业科学技术出版社 |
| | 北京市中关村南大街 12 号　邮编：100081 |
| 电　　话 | （010）82105169（编辑室）　　（010）82109702（发行部） |
| | （010）82109709（读者服务部） |
| 传　　真 | （010）82106626 |
| 网　　址 | http://www.castp.cn |
| 经 销 者 | 各地新华书店 |
| 印 刷 者 | 北京富泰印刷有限责任公司 |
| 开　　本 | 710 mm×1 000 mm　1/16 |
| 印　　张 | 16.5 |
| 字　　数 | 297 千字 |
| 版　　次 | 2017 年 10 月第 1 版　2017 年 10 月第 1 次印刷 |
| 定　　价 | 96.00 元 |

◆◆◆　版权所有·翻印必究　◆◆◆

# 《中国农业电子商务发展报告 2017》编委会

主　　任　唐　珂
副 主 任　王小兵　宋丹阳　吴秀媛　刘继芳　许世卫
编　　委（按姓氏笔划排序）
　　　　　王　松　邓　飞　刘建华　孙　凤　李建华
　　　　　汪向东　张　峭　欧阳日辉　赵友森　赵俊晔
　　　　　姚广辉　聂凤英　盛振中　曾　晨　魏延安

主 编 著　张　峭
副主编著　赵俊晔　张　晶　王耀宗
编著人员（按姓氏笔划排序）
　　　　　于海鹏　王大山　王旭东　王美云　王新建
　　　　　王蕴琦　许广东　芦天罡　李　越　李志强
　　　　　杨志平　吴　昊　张可申　张学锋　张琼瑛
　　　　　陈　丹　陈炳全　林　春　周蓉蓉　赵建军
　　　　　侯尚云　贺一民　黄好传　康春鹏　魏祥帅

# 前　言

我们身处一个不断被"互联网+"包围、改造和重塑的时代，农业发展也不例外，"互联网+"被寄望为农业发展的新引擎，已经上升为中国农业未来发展的国家战略。当前"互联网+"与现代农业不断加快和加深融合，在农业、农村发展的各个领域激发出新的活力。农业电子商务是"互联网+"现代农业的重要内容，也是中国电子商务领域发展最为迅速的产业形态之一。近年来，农业电子商务异军突起，势头迅猛，成为创新农产品流通模式、构建现代农业生产经营管理体系、促进农民收入特别是贫困地区农民收入较快增长、助力县域经济发展、推动农业供给侧结构性改革的重要举措和新动能。

农业电子商务蓬勃发展的背后是国家层面前瞻性的政策引导和扶持，是地方政府因地制宜、各具特色的积极实践，是电商企业陆续进军农村市场的战略思维和加快布局，是无数"新农人"锐意进取、创新创业的破茧重生，也是众多专家学者不懈的思考、争鸣和服务"三农"的情怀。应当看到，农业电子商务发展的前景光明可期，但道路曲折泥泞，市场竞争不断加剧，许多难题还亟待破解。

为了适应农业电子商务日新月异的创新和发展，在中华人民共和国农业部（以下简称农业部）市场与经济信息司的指导和支持下，中国农业科学院农业信息研究所组成专门团队对中国农业电子商务开展持续的监测和研究，编写了《中国农业电子商务发展报告2017》，回顾和梳理中国农业电子商务发展情况，总结经验做法，梳理推进模式，发现存在问题，展望发展趋势，提出对策建议，供相关部门、专家学者和相关领域的从业者和关注者研究借鉴。《中国农业电子商务发展报告2017》分为5章：第一章为中国农业电子商务发展总报告，力求翔实反映2016年以来农业电子商务发展的全貌，便于读者提纲挈领；第二章为试点省农业电子商务发展报告，是2016年农业部在10个省（区、市）推进不同内容农业电子商务试点工作的进展总结和经验梳理；第三章为农业电子商务发展地方案例，选取了农业电子商务发展的 10 个典型和特色市（县、区），以点带面，重点反映县市农业电子商务的推进思路、经验、成效和存在问题；第四章为农业电子商务发展企业案例，选取了 4 个代表性的电商企业，反映"农产品上行"和"农资下行"双向流通中电商企业的主要做法和成效；第五章为专家观点，特别邀请了相关领域的领导和知名学者从不同视角对农业电子商务的发展进行剖析和解读，以期引发更全面的思考。

  本书编写过程中，得到了农业部有关司局的关心和支持，得到了各省农业厅市场处和信息中心的大力配合，有关领导和专家给予了很多具体的指导和帮助，中国电子商务协会牵线搭桥，为本书提供了地方和企业代表性的案例材料，在此一并致以衷心的感谢！

编 者

2017 年 9 月

# 目 录

## 第一章 中国农业电子商务发展总报告 (1)

一、农业电子商务发展概况 (3)
 （一）农业与农村电子商务 (3)
 （二）中国农业电子商务发展的简要历程 (4)
 （三）农业电子商务主要模式 (7)
 （四）农业电子商务作用分析 (11)

二、2016年农业电子商务的主要进展 (14)
 （一）市场交易规模稳步扩大 (14)
 （二）农业电商生态逐步完善 (16)
 （三）政策支持体系基本成型 (16)
 （四）基础支撑能力不断增强 (18)
 （五）试点示范深入推进 (19)

三、2016年农业电子商务发展特点 (21)
 （一）新业态新模式涌现 (21)
 （二）电商平台布局加快 (22)
 （三）地方推进多点开花 (22)
 （四）扶贫双创效果凸显 (23)

四、中国农业电子商务发展面临的主要问题 (25)
 （一）农产品电商盈利难题尚待破解 (25)
 （二）物流和信息网络基础仍需夯实 (25)
 （三）人才和服务支撑体系亟待提升 (26)
 （四）各类风险凸显分化须加强防控 (27)

五、农业电子商务发展的趋势展望 (29)
 （一）农业电商化呈加深加快趋势 (29)

（二）品牌化和标准化引领加强 ……………………………… (30)
　　（三）线上线下融合向全渠道发展 ……………………………… (31)
　　（四）技术与服务创新的驱动增强 ……………………………… (32)
六、推进农业电子商务发展的政策建议 ……………………………… (33)
　　（一）协同推进，打造新型农产品供应链体系 ………………… (33)
　　（二）共建共享，夯实信息与物流设施基础 …………………… (33)
　　（三）统筹布局，建设标准与质量安全体系 …………………… (34)
　　（四）强化支撑，完善电商培训和服务体系 …………………… (34)
　　（五）加强引导，营造农业电商良好发展环境 ………………… (35)

# 第二章　试点省（区、市）农业电子商务发展报告 ………………… (37)

一、北京市农业电子商务发展报告 …………………………………… (40)
　　（一）发展概况 …………………………………………………… (40)
　　（二）试点工作情况 ……………………………………………… (41)
　　（三）工作中存在的主要问题 …………………………………… (46)
　　（四）主要工作计划 ……………………………………………… (46)

二、河北省农业电子商务发展报告 …………………………………… (48)
　　（一）发展概况 …………………………………………………… (48)
　　（二）试点工作的思路、措施和成效 …………………………… (50)
　　（三）工作中存在的问题 ………………………………………… (53)
　　（四）加快农业电子商务发展的建议 …………………………… (54)

三、吉林省农业电子商务发展报告 …………………………………… (56)
　　（一）发展概况 …………………………………………………… (56)
　　（二）试点任务、工作思路和主要措施 ………………………… (56)
　　（三）主要模式 …………………………………………………… (59)
　　（四）工作中存在的主要问题 …………………………………… (59)
　　（五）下一步工作打算及政策建议 ……………………………… (59)

四、黑龙江省农业电子商务发展报告 ………………………………… (62)
　　（一）发展概况 …………………………………………………… (62)
　　（二）试点工作开展情况 ………………………………………… (63)
　　（三）主要模式和典型案例 ……………………………………… (65)
　　（四）存在的主要问题 …………………………………………… (66)

（五）下一步工作打算及政策建议 …………………………………（67）
五、江苏省农业电子商务发展报告 ………………………………………（68）
　（一）发展概况 ………………………………………………………（68）
　（二）试点工作情况 …………………………………………………（69）
　（三）主要模式和典型案例 …………………………………………（72）
　（四）试点工作中存在的主要困难和问题 …………………………（73）
　（五）下一步工作打算及政策建议 …………………………………（74）
六、湖南省农业电子商务发展报告 ………………………………………（76）
　（一）发展概况 ………………………………………………………（76）
　（二）试点任务完成情况 ……………………………………………（77）
　（三）试点的主要困难与问题 ………………………………………（81）
　（四）下一步工作打算及政策建议 …………………………………（82）
七、广东省农业电子商务发展报告 ………………………………………（84）
　（一）发展概况 ………………………………………………………（84）
　（二）主要政策措施及成效 …………………………………………（85）
　（三）主要模式和典型案例介绍 ……………………………………（85）
　（四）存在的主要困难和问题 ………………………………………（86）
　（五）下一步工作打算及政策建议 …………………………………（88）
八、海南省农业电子商务发展报告 ………………………………………（89）
　（一）发展概况 ………………………………………………………（89）
　（二）工作思路、措施和成效 ………………………………………（90）
　（三）主要模式和典型案例 …………………………………………（92）
　（四）农业电子商务发展存在的问题 ………………………………（93）
　（五）下一步工作打算及政策建议 …………………………………（94）
九、重庆市农业电子商务发展报告 ………………………………………（95）
　（一）发展概况 ………………………………………………………（95）
　（二）主要任务、工作思路、措施及成效 …………………………（96）
　（三）主要模式和典型案例 …………………………………………（99）
　（四）试点工作中的主要问题及政策建议 …………………………（101）
十、宁夏回族自治区农业电子商务发展报告 ……………………………（103）
　（一）基本情况 ………………………………………………………（103）

（二）试点工作措施及成效 …………………………………… (103)
　　（三）存在的主要问题 ………………………………………… (105)
　　（四）下一步工作计划 ………………………………………… (106)
　　（五）政策建议 ………………………………………………… (106)
第三章　农业电子商务发展地方案例 …………………………………… (107)
　一、发展农产品电子商务，助推贫困农村跨越发展
　　　——甘肃省陇南模式的发展与启示 ………………………… (109)
　　（一）总体概况 ………………………………………………… (109)
　　（二）主要做法 ………………………………………………… (112)
　　（三）电子商务扶贫的5种模式 ……………………………… (113)
　　（四）主要成效 ………………………………………………… (115)
　　（五）主要经验 ………………………………………………… (116)
　　（六）存在的主要问题和困难 ………………………………… (118)
　　（七）下一步发展打算 ………………………………………… (118)
　二、推动三个深度融合，培育农业电商新业态
　　　——江西省赣州市农业电子商务发展实践 ………………… (121)
　　（一）总体概况 ………………………………………………… (121)
　　（二）主要推进模式 …………………………………………… (122)
　　（三）主要工作措施 …………………………………………… (122)
　　（四）推进经验 ………………………………………………… (123)
　　（五）存在的问题 ……………………………………………… (125)
　　（六）下一步工作打算 ………………………………………… (126)
　三、主攻特色农产品上行，建设电子商务名县
　　　——山东省蒙阴县农业电子商务发展实践 ………………… (127)
　　（一）发展概况 ………………………………………………… (127)
　　（二）主要做法 ………………………………………………… (129)
　　（三）主要成效 ………………………………………………… (133)
　　（四）电商发展过程中存在的问题 …………………………… (133)
　四、依托优质农产品，开辟电商扶贫新途径
　　　——山西省武乡县农业电子商务发展实践 ………………… (135)
　　（一）总体概况 ………………………………………………… (135)

（二）主要推进措施和成效 …………………………………………（136）
　　（三）主要发展经验 ………………………………………………（137）
　　（四）未来发展规划 ………………………………………………（139）
五、依托资源优势，打通农产品上行渠道
　　——浙江省丽水市莲都区农业电子商务发展启示 ……………（140）
　　（一）总体概况 ……………………………………………………（140）
　　（二）主要做法 ……………………………………………………（141）
　　（三）取得的成效 …………………………………………………（146）
　　（四）当前存在的主要问题和发展对策 …………………………（148）
六、供给侧结构性改革掀起"全民电商"热潮
　　——湖北省秭归脐橙电子商务发展启示 ………………………（151）
　　（一）立足优势促改革，奠定"全民卖橙"新基础 ……………（151）
　　（二）强化服务培育主体，畅通线上线下新渠道 ………………（152）
　　（三）加大宣传培养品牌，激发电商发展新活力 ………………（153）
　　（四）发展启示 ……………………………………………………（153）
七、平台、品牌与物流"三管齐下"
　　——辽宁省东港草莓电子商务发展启示 ………………………（155）
　　（一）总体概况 ……………………………………………………（155）
　　（二）主要做法 ……………………………………………………（156）
　　（三）取得的成效 …………………………………………………（157）
　　（四）存在的问题 …………………………………………………（157）
　　（五）解决措施 ……………………………………………………（157）
八、巧布局、使实劲，开辟电商扶贫新途径
　　——湖南省江永县农业电子商务扶贫实践 ……………………（159）
　　（一）探索"互联网+精准扶贫"新模式 ………………………（159）
　　（二）以规划为引领，勾绘电商扶贫路线图 ……………………（160）
　　（三）以贫困户为中心，培育电商扶贫明白人 …………………（161）
　　（四）以产品为基础，优化电商扶贫产业链 ……………………（162）
　　（五）以服务为手段，撬动电商扶贫大资源 ……………………（163）
九、做足融合文章，打造智慧农旅
　　——江西省大余县休闲农业电子商务发展实践 ………………（166）

（一）坚持线上平台与线下支撑相融合，打造高效化产品营销体系 ………………………………………………………………（166）
（二）坚持产业升级与电商发展相融合，打造智能化产业运营体系 ………………………………………………………………（167）
（三）坚持市场驱动与政府推动相融合，打造长效化农旅电商生态体系 …………………………………………………………（168）

## 第四章 农业电子商务发展企业案例 ……………………………（171）

### 一、强强联手，创新模式，构建专业化农资电子商务平台
——农一网 ……………………………………………………（173）
（一）农资电子商务发展的行业背景 ……………………………（173）
（二）农一网平台发展简介 ………………………………………（176）
（三）农一网发展规划 ……………………………………………（179）

### 二、整合优质品牌，依托创新项目，打通农业产业链
——京东农资电子商务 ………………………………………（180）
（一）京东农资电子商务开展情况 ………………………………（180）
（二）京东农资电子商务创新项目 ………………………………（181）
（三）京东农资服务中心建设 ……………………………………（184）
（四）开放京东电商能力，开启农业生态战略 …………………（185）
（五）京东农资电子商务发展规划 ………………………………（186）

### 三、发挥供销合作社独特优势，打造为农服务电子商务平台
——供销e家 …………………………………………………（187）
（一）总体概况 ……………………………………………………（187）
（二）供销e家运营模式 …………………………………………（189）
（三）发展成效 ……………………………………………………（190）
（四）针对农业电子商务发展存在问题积极施策 ………………（190）

### 四、发展B2B业态，打造"互联网+农业"应用入口
——一亩田中国农产品电子商务交易平台 ………………（192）
（一）基本情况 ……………………………………………………（192）
（二）主要做法 ……………………………………………………（192）
（三）主要成效 ……………………………………………………（194）
（四）发展战略 ……………………………………………………（196）

## 第五章　农业电子商务发展专家观点 …………………………………（199）

- 一、新形势下推动"互联网+"农业的思考……………………………（201）
  - （一）"互联网+"农业的发展现状 ……………………………………（201）
  - （二）"互联网+"农业的突出瓶颈与问题 ……………………………（203）
  - （三）"互联网+"农业的若干政策建议 ………………………………（204）
- 二、农业电子商务对现代农业发展的影响 ……………………………（207）
  - （一）农业电子商务正成为我国农产品流通格局创新的一条鲇鱼…………………………………………………………………（207）
  - （二）农业电子商务正成为农业供给侧结构性改革的一块试金石…………………………………………………………………（208）
  - （三）农业电子商务正成为深度挖掘产业价值的一片蓝海 …………（209）
  - （四）农业电子商务正成为统筹我国经济社会发展的一座桥梁……（210）
- 三、农业电子商务的阶段性进展与问题 ………………………………（212）
  - （一）当前关于农业电商概念的基本界定 ……………………………（212）
  - （二）当前关于农业电商重要意义的基本讨论 ………………………（213）
  - （三）当前农业电商的主要进展 ………………………………………（214）
  - （四）当前农业电商发展存在的问题 …………………………………（217）
  - （五）推动农业电商发展的建议 ………………………………………（218）
  - （六）关于当前农业电商几个热点问题的讨论 ………………………（219）
- 四、电子商务助力精准扶贫的几个观点 ………………………………（222）
  - （一）电子商务精准扶贫，须坚持"理想目标"与"现实条件"的统一 …………………………………………………………（222）
  - （二）农村电子商务助力精准扶贫大有可为 …………………………（223）
  - （三）电子商务扶贫，既要提高精准度，又要提升带动力 …………（224）
  - （四）电子商务精准扶贫，需多主体形成合力 ………………………（225）
  - （五）电子商务精准扶贫，需不断探索规律，创新实践 ……………（225）
- 五、农业电子商务发展特征与发展策略 ………………………………（227）
  - （一）农业电子商务呈现新的特点和特征 ……………………………（227）
  - （二）农业电子商务的发展方向 ………………………………………（229）
  - （三）农业电子商务发展中存在的误区 ………………………………（230）
  - （四）地方政府发展农业电子商务的策略 ……………………………（230）

六、农村电子商务创业发展现状与价值分析 …………………… (234)
 （一）农村电子商务创业发展概况 ……………………………… (234)
 （二）农村电子商务创业的重要特征 …………………………… (234)
 （三）农村电子商务创业的经济社会价值 ……………………… (237)
七、电子商务企业精准扶贫的实践与经验 …………………… (240)
 （一）产业扶贫是实现脱贫的根本 ……………………………… (240)
 （二）补齐农村物流体系"短板" ………………………………… (242)
 （三）扶贫先扶智 ………………………………………………… (244)
 （四）以创新金融服务撬动贫困地区发展 ……………………… (245)

# 第一章

## 中国农业电子商务发展总报告

近年来，依托现代信息技术和互联网的快速发展和应用，农业电子商务蓬勃发展。农业电子商务打破地域限制，一定程度上解决了传统农业领域信息不对称和销售不畅的问题，不仅改变着传统农产品的流通方式，还促使生产者根据市场需求优化资源配置、调整生产结构、实现产销对接。当前，农业电子商务已成为完善农产品市场机制、推动一二三产业融合发展、实现农业供给侧结构性改革的关键动能，也是国家"双创"行动在农业农村领域的重要载体。发展农业电子商务对促进农业生产经营方式转变，助力产业结构调整、延长农业产业链条、促进农民创业就业的作用日益凸显。

当前，我国农业电子商务的市场规模不断扩大，农业电商生态逐步完善，基础支撑条件得到优化，政策支持体系基本成型。随着农业电子商务实践的不断拓展深化，探索出农产品、农业生产资料、休闲农业等不同类别农业电子商务的发展路径，初步形成鲜活农产品直配模式、农资线上销售模式、休闲观光农业旅游产品和服务体系等一系列运营模式。2016年我国农业电子商务在促进地方经济发展、市场主体培育、新农人创新创业、精准扶贫减贫等方面取得积极进展，为推动农业供给侧结构性改革、持续推进农业电子商务发展积累了可推广、可复制的做法和经验。

# 一、农业电子商务发展概况

## (一) 农业与农村电子商务

1. 什么是农业电子商务

电子商务的定义,有广义与狭义之分。广义的电子商务是指使用电话、广播、电视、互联网、电子邮件等各种电子工具进行的商务活动。狭义的电子商务单指利用互联网从事商务活动,包括采购、销售、客户关系管理、物流及供应链管理等。人们理解的电子商务一般是指狭义上的电子商务。

基于电子商务的狭义概念,农业电子商务是指电子商务在农业领域的具体应用,是产业维度意义上的概念。根据当前的共识和农业部门推进重点,农业电子商务一般包含3部分内容,即农产品电子商务、农资电子商务和休闲农业电子商务。其中,农产品电子商务指农产品生产和产出之后供应链环节的电子商务活动,指在农产品生产、经营、销售、管理等环节全面导入电子商务系统,利用信息技术,进行供求、价格等信息的发布,并以互联网终端、手机移动端为媒介,依托农产品生产基地和物流配送系统,以线下线上多种网上支付服务为保障,使农产品交易与货币支付迅捷、安全的同步实现。农资电子商务指化肥、农药、农机、种子、种苗等农业生产资料采购和生产经营环节的电子商务。休闲农业电子商务指利用互联网进行休闲农业、乡村旅游等相关服务的宣传、推介、支付和管理,以满足消费者需求的电子商务活动。

2. 农业电子商务与农村电子商务的异同

与农业电子商务相比,农村电子商务是地域维度意义上的概念,是电子商务在农村地区的具体应用,强调在农村推进和应用。在农村场景下开展的电子商务活动,可以概括为一个区域内所有涉及农村各类电子商务的经济形态的总和。

从地域维度和包含内容来看,农村电子商务除了涉及农村地区的农业电子商务,还包括农村地区工业和服务业电子商务,而且是农村与外部的双向流通。农业电子商务则包含农村地区的农业电子商务、都市农业电子商务,以及城市农产品批发市场、超市和零售店的电子商务。

从交易内容和产品属性来看，农村电子商务交易的内容既包括农业农村生产的产品和服务，又包括工业消费品，其核心业务偏重于工业产品下乡。农业电子商务的交易内容主要是农产品、农业生产资料和基于农业与农村提供的休闲、旅游等各项服务，更偏重于农产品上行。从产品属性来看，农村电子商务与农业电子商务存在很大差别，其中农产品具有鲜明的自然属性，与标准化的工业产品相比，大多标准化程度低，地域性强、季节性明显，特别是鲜活农产品具有易腐烂、不耐贮运的特点，是发展农产品电子商务必须正视和解决的关键问题；化肥、农药等农资产品虽然大多属于工业品范畴，但与一般的工业快消品截然不同，不是被一次性消费，而是要进入再生产过程，如种子、种苗等农资产品，既是有生命的农业产品，又要进入再生产过程，产品特征更为复杂，增大了农资电商发展的难度。

3. 农业电子商务的构成要素

农业电子商务构成要素主要包括产业支撑体系、硬件支撑体系、电商服务体系和服务支撑体系，如图1所示。

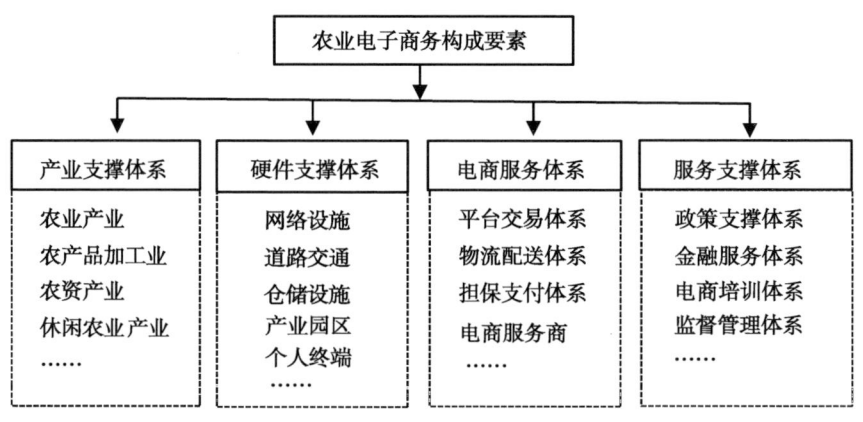

图1　我国农业电子商务的构成要素

## （二）中国农业电子商务发展的简要历程

起步于1994年的农业信息化，为我国农业电子商务打下了良好的基础条件，从而促成了1998年的第一笔农产品电子交易。从内涵来看，农业电子商务可分为3个发展阶段：第一个阶段是2004年之前，农业电子商务是以农业信息发布、农产品信息对接、交易撮合为主要内容的信息服务阶段；第二个阶段是2005—2014年，农业电子商务进入以支付和物流为支撑的商品交易阶段，农产品和农资产品的线上交易规模（特别是零售）在探索中不断扩大；第三个阶段是2014年至今，农业电子商务进入了线上线下加速融合、农业产业链与电商深度整合、电商服务体系逐步健全的新阶段。

1. 农产品电子商务发展的主要阶段

农产品电子商务发展大致可分为以下4个阶段。

第一阶段：1998—2005年的起步发展阶段，粮食和棉花率先实现网上交易。1998年郑州商品交易所集诚现货网成立，1998年全国棉花交易市场成立，通过竞卖交易方式采购和抛售国家政策性棉花，2005年中央储备粮网上交易。2004年，淘宝/天猫上线运行，主要经营干果等农产品。

第二阶段：2005—2011年的探索扩展阶段，生鲜农产品开始网上交易。2005年专注水果等生鲜农产品的易果网上线，2007年优果网创办，2008年和乐康、沱沱工社成立，2009年专注跨境果蔬交易的莆田网上线，2010年优菜网、菜管家上线。2010年我国生鲜农产品B2C市场成交额4.2亿元，交易规模还比较小。2011年，许多综合类电商网站也开始开拓生鲜电商市场，中粮我买网和淘宝网都开设了生鲜频道。

第三阶段：2012—2014年的创新增长阶段，农产品电商特别是生鲜电商加快发展，模式不断创新。2012年本来生活、顺丰优选上线，促成了"褚橙进京"和"荔枝大战"，成为生鲜农产品电商发展的标志性事件。生鲜B2C市场成交额井喷至40.5亿元，逐渐步入品牌化运营，2012年也因此被视为生鲜电商元年。2013年、2014年更多生鲜电商企业如龙宝网、中国地理标志产品商城、美味七七、天仙配、乐农优选等纷纷上线，许多电商企业如京东、天猫、1号店、苏宁易购、沃尔玛山姆会员网店等也开始涉足生鲜，特别是天猫和京东的加入推动生鲜电商进入资源整合与格局变更阶段。同时生鲜电商经营模式也不断创新，B2C、C2C、C2B、O2O等各种模式推陈出新，物联网、云计算、微博、微信等新一代信息技术和新媒体工具加快应用。生鲜电商市场规模急剧增长的背后，市场竞争日渐激烈，许多生鲜电商平台亏损甚至倒闭。

第四阶段：2014年至今的转型升级阶段。2014年以后，农产品电商特别是生鲜电商进入投资高峰期，本来生活、美味七七、京东、我买网、食行生鲜先后获得投融资,并进一步探索新的发展模式。2015年国家层面和各部委对农村电商发展愈加重视,各项政策密集出台,引导电商企业纷纷下乡,涉农电商的发展涌现新的热潮。农产品电商从经营服务模式、互联网和物流基础设施、供应链体系、溯源与品控、电商服务体系等各个方面得到创新性的建设和发展。

2. 农资电子商务发展的主要阶段

农资电子商务的发展可以大致分为3个阶段。

2006—2007年的创建起步阶段:农资电子商务在新网工程的基础上起步发展,建立了农业生产资料现代经营服务网络。

2008—2014年的模式探索阶段:2008年以来,品牌农资企业开始了电子商务探索之路。第三方电商平台模式和自营模式都得到了较快发展,第三方平台如云农场、农一网等,农资企业自营平台如鲁西化工的中国购肥网、中化化肥的买肥网等。云农场2013年年底上线,经营的产品为化肥、种子、农药、农机及其他增值服务,吸引了金正大、施可丰、五洲丰、金沂蒙等多家知名农资企业入驻。营销模式上,农资企业间的B2B平台模式、农资商品交易所模式、农资O2O模式、农资C2B模式快速发展,效果显著。

2014年以来的加快发展阶段,也是线上线下融合发展阶段:从2014年开始,许多农资企业相继推出了电商领域投资计划,采取线上线下结合的方式发展农资电商。2014年,浙江省首个农资产品的电商平台"智慧农资"启动;新疆[①]农资集团公司的农佳乐电商平台上线试运营;中国种子协会召集12家企业签署了共同组建种子电子商务平台公司框架协议,积极推进种子网络营销的发展。2015年,随着阿里、京东、诺普信、金正大、云农场等企业的发力和介入,农资电商异常火爆,全国农资电商交易额超过150亿元,比2014年增长了5倍,2015年被称为我国农资电商的元年。农资电商在运行模式上也不断探索,云农场采用B2B2C模式,平台经营化肥、种子、农药、农机等,并提供其他增值服务;农集网以B2B模式为主,主要针对农资零售商,打通农资销售的线上线下渠道。

3. 休闲农业电子商务发展概况

自1997年我国首个旅游网站上线,旅游业成为电子商务的重要应用领域。

---

① 新疆维吾尔自治区,全书简称新疆

2000年以来，随着休闲农业、乡村旅游等进入高速发展阶段，休闲农业电子商务也加速发展，乡村旅游、乡村采摘、农家院、生态园、民俗村、农家乐等电子商务平台得到广泛应用，休闲农业电子商务网站纷纷崛起，提供了新型的农村在线服务与线下服务结合的交易方式，部分还实现了在线订购和支付功能。

当前，我国休闲农业电子商务平台网站主要有3种类型：一是服务或产品生产商网站，如烟台农博园、北京安利隆山庄网、乡村婺源旅游网、东方高尔夫乡村网等；二是第三方平台网站，如携程网、艺龙网、去哪儿网、中宇生活网、黄山旅游电子商务网等；三是其他专业的休闲农业信息网站，一般由各级政府部门主办，如中国乡村游网、中国休闲乡村旅游网、京郊农家乐旅游信息网、浙江农家乐乡村休闲旅游网等。

2015年年末，在农业部[①]农产品加工局的支持下，由农业部农村社会事业发展中心、中国旅游协会休闲农业与乡村旅游分会、北京天时信宇科技发展有限公司联合打造的综合电子商务平台——去农庄网上线运营，成为全国最大的"互联网+"休闲农业与乡村旅游综合电商平台，标志着电子商务在我国休闲农业与乡村旅游发展中的应用进入了信息化、商务化和服务化的新阶段。

## （三）农业电子商务主要模式

近年来，在国家产业政策、资本市场及平台型企业的共同推动和参与下，电商企业根据农业农村的特点在运营思路上不断突破，农业电商模式创新在全程供应链体系的布局上得以更多体现（图2），呈现出新的时代特点，逐步向本地化、社区化、品牌化、融合化方向发展。按照电商活动发起方与服务对象、平台类型、交易方式的不同，当前农业电商模式分为以下几种主要类型。

1. 从发起方与服务对象看农业电商模式

（1）商对客模式：B2B、B2C、F2C/F2B

商对客模式是由生产商发起农产品销售和服务的农业电子商务模式，具体可细分为以下3类。

B2B（Business to Business）模式，商家与商家建立的商业关系，目前常见

---

① 中华人民共和国农业部，全书简称农业部

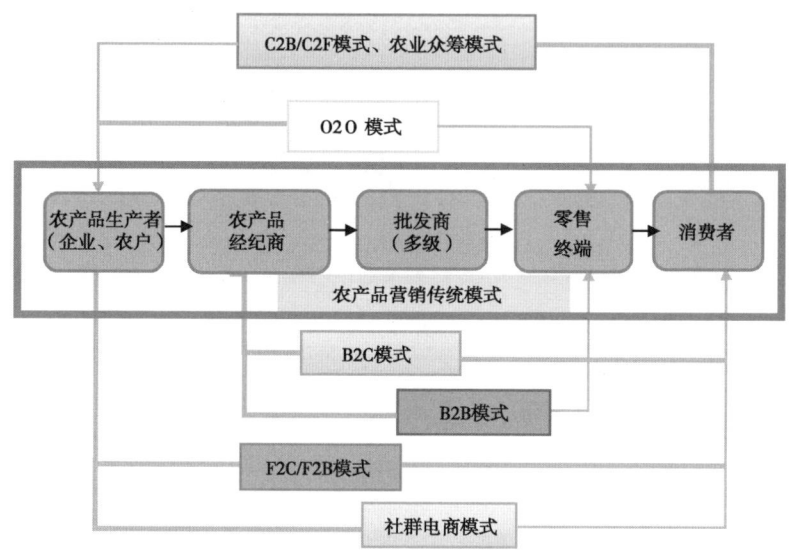

图 2 农业电商主要模式

的运营模式主要有垂直 B2B、水平 B2B、自建 B2B、关联行业的 B2B，诸如广西糖网、中国棉花网、中华粮网、一亩田等都是 B2B 模式的典型代表，是发展较为完善的农业电子商务模式。

B2C（Business to Consumer）模式，商家直接面向消费者销售产品和服务，主要包括平台型的 B2C 模式，如天猫、京东、淘宝等，另一种是垂直型的 B2C 模式，如我买网、顺丰优选、本来生活等。B2C 模式是农业电商比较普遍的一种模式，也是众多电子商务模式的基础，其他许多类型的农业电商模式都是在此基础上衍生而来。

F2C/F2B 直供模式，是指借助电商平台实现农产品生产方与需求方（农产品加工企业、流通企业、消费者）对接的电子商务模式，采用预售和订购来销售农产品。农产品直供模式省去了传统农产品销售及流通过程中经纪人、批发商及零售终端等中间环节，降低了流通成本，更容易得到消费者的信任，培养顾客的忠诚度。其中，F2B（Farm to Business）模式通过省去中间渠道，将农产品直接从产地运送至农产品加工、流通企业；F2C（Farm to Customer）模式，农户或生产者通过互联网平台直接将农产品卖给消费者。2016 年，农业部在北京、河北、吉林等 6 个省（直辖市）推出了"基地+城市社区""批发市场+宅配"的农产品直供模式试点,取得了明显进展。多利农庄、沱沱工社等生鲜电商企业采用冷链物流到家的配送模式实现了有机农产品的农场直供。

(2) 客对商模式:消费者定制、农业众筹

客对商模式以消费者为核心,是由消费者发起需求,企业快速响应的商业模式,消费者角色由产品、服务的被动响应者变为决策者。

消费者定制模式主要包括 C2B (Consumer to Business,消费者—企业模式) 和 C2F (Customer to Farm,订单农业模式),这种模式的本质是按需定制,由消费者确定想要的农产品种类、数量甚至价格,由商家负责满足消费者的需求。与传统的电商模式相比,C2B/C2F 模式的特点在于:第一,电商卖家可以提前锁定用户群,有效缓解 B2C 模式下商家盲目生产带来的资源浪费,降低企业的生产及库存成本,有利于资源节约;第二,强调与消费者形成良好沟通,精确满足消费者需求,尤其是实现消费者对个性化、高品质、多品种、小批量的产品与服务需求的快速反应,为电商企业带来更多的客流和发展机会。

农业众筹是定制化农业电商的另一重要业态。农业众筹是在产品形成之前就形成创意,为用户提供个性化定制服务。农业众筹发挥了融合之势,实现农业和互联网技术,农业产业和返乡创业,农业和生态、文化、旅游等功能的融合,已经发展出农村休闲旅游、农事体验、农村民宿、农产品销售等多种农业众筹模式。2016 年浙江省遂昌县以高坪乡茶树坪村村集体流转的 300 亩[①]高山梯田为基地,发起"让你成为梯田稻米体验师"众筹项目,"梯田稻米体验师"不仅可以体验 5 月底插秧、9 月底收割、10 月新米端上饭桌的稻米生产、收获过程,还能通过关注微信公众号观看视频直播进行全天候监管,实现全程溯源跟踪。

2. 从平台类型看农业电商模式

(1) 自建平台电商

自建电商就是企业自己搭建一个专门销售商品的电商网站。不少资金雄厚、产品丰富、知名度高、渠道广的企业选择自建电商平台开展线上业务,通过自建电商平台展示自己的产品,借助于自营物流或第三方物流将产品送到购

---

① 1 亩≈667 平方米,全书同

买者手中，实现渠道平台化，降低传统渠道大经销商反制厂商风险，提高管理效率。如农资电商平台农商 1 号、生鲜电商平台本来生活网、沱沱工社，以及京东电商平台上的自营产品等。

（2）第三方平台电商

第三方平台独立于产品或服务的提供者和需求者，通过网络服务平台，按照特定的交易与服务规范，为买卖双方提供服务。即以现有成熟的第三方电商平台为核心，企业、商户直接入驻开展农业电子商务的模式。根据业务范围、服务地域不同，又可以进一步划分为专业性、综合性以及地方性第三方平台。具体而言，专业性第三方平台，其业务专注于某一个行业或者与该行业相关性比较强的若干行业，比如专门经营农资产品的农一网、云农场等；综合性第三方电商平台，涉及行业比较广泛，有相应的规模效应，像天猫、京东等；地方性电商平台，一般以某个地区，或者更小的范围为服务对象，特别是以省为主经营范围，由政府主导建设投入使用，吸引一定范围内的农产品供应者。第三方平台电商模式的门槛较低，投入相对较少，复杂度不高，由第三方平台提供较多的技术支持，能满足大多数企业的需求。

（3）社交平台电商

社交平台电子商务是将关注、分享、沟通、讨论、互动等社交化的元素应用于电子商务交易而产生的电商模式，通过社交化平台工具的应用以及与社交化媒体、网络的合作，完成商户推广和商品的最终销售。就农业电子商务而言，社交电子商务既体现在消费者购买前的商家选择、商品比较，购物过程中与商家的即时通信、交流互动，也体现在购物后消费评价及购物分享等。

目前社交平台农业电子商务形成了以熟人为媒介的社交电商、社群电商和网红电商 3 种主要类型。其中，以熟人为媒介的社交电商，经营的是一种信任经济，依赖于熟人之间的推荐和口碑效应，在信任背书下，向亲戚朋友们推荐、销售产品，进而演变成一种稳定的社交电商形式。社群电商，也就是常说的粉丝经济，是基于共同的兴趣爱好、利益诉求，依靠 QQ、微信、微博等社交平台沉淀社群关系，通过信息传播、知识共享、情感交流等方式达成精神与物质双重目标的电商模式。社群电商又可以进一步细分为两种：一种是基于品牌的社群电商，以产品为核心激发用户的好奇心和期待值；一种基于个人的社群电商，更多体现的是人格魅力和影响力。网红电商是近几年新兴的社交电商形式，社交名人在某种程度上是潮流和舆论的风向标，利用自己在某些领域的影响力来推高话题、吸引眼球、转化销量，向消费者推送产品。山西省长治市武乡县挂职县委常委、副县长张志鹏自2016年上任以来，赴全国20多个省区市进行上百场武乡小米推介活动，他的代言词"小米加步枪，好米在武乡""大米五常，小米武乡"在全国各大网站纷纷被"刷屏"，成了"武乡小米"名副其实的代言人，被誉为"小米县长"。借助其"小米县长"的网红身份和行业传媒、全国各种商会等资源平台，越来越多的人通过微信、微博等社交形式成为"小米县长"的粉丝，1 800多万斤①积压谷子在短短几个月时间被一售而空，解决了武乡米农的"卖粮难"问题。

3. 从交易方式看农业电商模式

（1）线上模式

传统意义的农业电子商务模式就是指线上模式，是在网络环境下，基于浏览器、服务器的应用，买卖双方不谋面地进行各种交易活动，实现消费者、商户之间产品交易、在线电子支付以及各种相关商务活动的综合运营模式。线上模式从产品浏览、购买、支付，到消费者收到产品后的反馈评价等所有活动都是在线完成。

（2）线上线下模式（O2O）

线上线下模式（Online to Offline/Offline to Online）是在传统的电子商务基础上发展出的一种将线下商务与互联网相结合的商业模式，把线上的消费者带到线下实体店，在线支付，在线下享受服务。O2O模式将农产品配送业务切割出去，用线上来揽客，线下"在场"体验，实现实体经济和电子商务的有效对接，增强了商户的参与度和用户的体验感，有利于培养消费者的忠诚度。实体店是农业电商O2O模式最重要的终端，推动农业电商逐步向本地化方向发展。

## （四）农业电子商务作用分析

农业电子商务在加快农业结构调整、延伸农业产业链、提升产业价值、促进农业产业扶贫增收等方面发挥出重要作用，推动了农业供给侧结构性改革、加快了一二三产业深度融合，成为实现农业现代化的必然选择。

---

① 1斤=0.5千克，全书同

1. 促进生产经营方式转变，助力产业结构调整

农业电子商务改变了农业的生产经营方式，促进了农业产业结构调整，推动着农业供给侧结构性改革。农业电子商务改变了"一手交钱，一手交货"的贸易模式，建立起反应灵敏的信息网络，以交互式的销售方式向农民提供及时准确的市场信息，使农业生产经营由"种什么就卖什么"向"要什么就种什么"转变。农业电子商务通过线上的经营方式，打破交易时间限制和地域壁垒，延伸了销售空间和时间，使农业生产由"有多少卖多少"向"持续化不间断供货"转变，实现了根据市场需求及其变化趋势调整农业结构，满足社会对农产品多样化和优质化的需求。此外，农业电子商务整合农业资源，促进集约化、规模化的订单式农业生产，使单家独户的分散经营逐步向合作化、专业大户、家庭农场、农业基地等规模经营转变，实现优势互补，降低农产品生产成本，发展出具有本地特色的优势农产品，这些转变对传统农业生产方式产生了强大推动作用，引领了农业产业结构的优化调整。"80后"农产品电商李春望，把每天进账几十元的陕西农特产品小网店发展成年销售额近3亿元的店铺——西域美农，利用农业电商数据，他联合当地农民成立猕猴桃、葡萄、地瓜等农产品生产合作社，根据消费者需求种植和加工农产品，销路比较稳定，提高了农业供给质量和农业效率，体现了农业供给侧结构性改革的本质。

2. 延伸农业产业链条，加速一二三产业融合

农业电子商务"接二连三"，实现农产品生产与农产品加工、市场建设、品牌经营等多个环节的联动，加快了产业链条由生产环节向产前、产后延伸，提高了农产品加工转化率和附加值，形成产、供、销紧密衔接的产业链，是一二三产业融合的重要途径。从消费者到流通者再到生产者，农业电子商务借助互联网逐步向上下游赋能。通过供应过程中对农产品各种信息的记录存储，促进了农产品原产地可追溯和质量标识制度，倒逼"精细农业"形成，同时带动下游包装、农产品加工以及电商仓储、物流等配套产业的发展；培育产品文化，发展出以农产品为核心的观光休闲农业产业，加速一二三产业的融合进程。甘肃省环县盛产五谷杂粮和各类经济作物，由于交通不便、信息闭塞，当地优质农特产品价格低廉、销路不畅，商品率低，群众增收难。2016年发展农业电商以来，环县建设了多功能电子商务产业园，在第三方电商平台建设中国特色环县馆、在线下建设环县特产O2O体验馆，以及环县电商公共服务平

台和环县垂直电商平台,形成了"协会+合作社+网店"的规范化团体运作模式,打造了统一订单种植、统一生产加工、统一品牌包装、统一网上销售、统一打包发货、统一仓储配送的"六统一"闭环发展模式,带动了环县土特产品生产、加工、包装、销售及售后服务的全方位发展。

3. 推动农民创业就业,成为农民增收致富的新亮点

农业电商的蓬勃发展,加快了电商与返乡创业的碰撞融合,带动了农民创业就业,促进了增收致富和民生改善。随着农业电商在基层农村的不断发展,大部分农民通过技能培训、相互交流、自主学习等方式,走上开网店或从事其他配套产业的道路。依靠互联网和农业电商平台创业就业,返乡创业的年轻人越来越多,以创业带动就业成为"新风口"。借助农业电商还带动多元化服务业的发展,建立起特色农业产业和经济发展生态,提高了农产品附加值,促进农民增收致富。陕西省武功县猕猴桃品质上佳,没上网之前,产品价值一直得不到体现,卖成了大路货,销路堪忧。通过发展农业电商,在线上大力推广猕猴桃品牌形象"武功小子",农产品品质化、品牌化得到很大提升,全县农民人均纯收入增加了275元,实现全面增收致富。农业电子商务不仅为农产品打开了销路,促进了农民增收,还改变了农民的生活方式。通过以信息技术赋能,搭建起互联网时代的商业基础设施,将农民与互联网和商业文明连接起来,各种农业电商服务功能深入到生活的方方面面。随着越来越多农业电商企业向农村金融、医疗、教育等资源领域发展,衍生出农业电商的生活服务、创业、文化功能,真正改变了农民的生活、生产和思维习惯,为改善民生注入了不竭的动力。

# 二、2016年农业电子商务的主要进展

## （一）市场交易规模稳步扩大

1. 农产品电子商务

2016年我国农产品网络零售交易总额达到1 589亿元，占网络零售交易总额的3.1%[1]，农产品在线经营企业和商户达100万家，农产品电商园区达200多家[2]。农产品电商交易品类已由特色、小众产品发展到普通、大宗产品，包括水果、茶饮、草药、坚果、粮油、畜禽、蔬菜、花卉植物等都成为农产品网络零售行业的主要品种，其中排在前三位的水果、草药养生、茶饮合计占网络销量总量的一半以上。

我国生鲜电商交易额从2012年的40亿元猛增至2016年的914亿元，相比2015年的542亿元增幅达到68.6%。生鲜消费渗透率不断扩大，城镇线上生鲜消费渗透率已达7%[3]。网购生鲜品类不断丰富，品质高且稳定、标准化程度高的水果、水产、牛羊肉仍是跨境生鲜电商的主打产品，2016年增长率在50%~100%；网购国产农产品占比也明显增加，水果、海鲜水产、猪牛羊肉、蔬菜销售额显著增长。地方特色农产品一直是电商热销产品，以京东电商平台为例，地方特产馆、特产店已达到1 000多家，东北地区、山东省、内蒙古[4]、四川省的特色农产品销量位居前列。

2. 农资电子商务

2016年我国农资电子商务更加注重务实、落地，在细分领域培养、磨砺独家优势，砥砺前行。2015年年初，农业生产资料（以下简称农资）电商崛起，企业快速试水，第三方平台跃跃欲试，多方力量竞相"触电"，但在不断

---

[1] 数据来源：商务部（中华人民共和国商务部，全书简称商务部）．《中国电子商务发展报告2016》

[2] 数据来源：洪涛，洪勇．《2016年中国农产品电子商务发展报告》

[3] 数据来源：波士顿咨询公司，阿里研究院．《中国生鲜消费趋势报告》

[4] 内蒙古自治区，全书简称内蒙古

跟风和恶性竞争下，农资电商呼声有所减弱，发展面临痛点。2016年农资电商步入冷静发展的新阶段，传统农资生产企业、流通企业、电商平台公司转变方式，重新定位布局，培养自身优势。农资电商"国家队"农商1号经过1年多的改造完善，已升级到农资电商2.0版，从传统农资销售拓展至农业金融、农业技术服务等领域。农一网基本完成了"农一网平台+县域工作站+代购"的成熟运营模式和系统建设，拥有了800多家县域工作站和5万多名代购员。阿里巴巴、京东、当当等一批电商公司不断加大与农资企业合作，截至2016年10月，京东农资电商的合作涉农企业已达到250多家，已授权的京东农资服务中心达到120多家，乡村白条覆盖全国近30多万行政村，为企业提供更多价值输出。农资企业自建平台也有较快发展，目前全国已有金正大、史丹利、诺普信、辉丰股份等20家涉农上市企业加入农资电商竞争。另外，一批互联网公司跨界进入农资电商领域，如丰收侠、七公里等。

据估计，我国农资市场容量超过2万亿元，其中化肥7 500亿元、农药3 800亿元、农机6 000亿元、种子3 500亿元，而现有市场规模约为2 800亿元左右，新阶段农资电商发展机会、发展空间和市场潜力仍然很大。

3. 休闲农业电子商务

随着农业与电子商务不断融合发展，农业电子商务已经形成了上下联通打造全产业链的新模式，休闲农业与乡村旅游行业进入电商服务时代。截至2016年年底，全国休闲农业和乡村旅游示范县（市、区）、美丽休闲乡村分别达到328个和370个，全国休闲农业和乡村旅游年接待游客超过24亿人次，从业人员达到850万人，营业收入同比增长8%，预计2017年休闲农业市场规模将突破5 000亿元[①]。2016年全年我国在线旅游市场规模达到6 026亿元，保持34.3%的高速增长。农村在线旅游在2016年的基础上持续升温，2017年一季度我国乡村旅游的网络零售额达到383.3亿元，同比增长36.1%，超过餐饮和休闲娱乐等项目，占服务类产品网络零售总额的38%[②]。各地特色休闲农业电商蓬勃发展，如北京市休闲农业O2O试点项目搭建"村会玩"特色平台，基于大数据分析的会员管理体系涵盖了乡村游、乡村美食、乡村艺术、乡村民宿、农业体验、优质农产品推荐、农业公益等相关内容，进一步促进了休闲乡

---

① 数据来源：《农民日报》
② 数据来源：商务部

村旅游业的发展。

## （二）农业电商生态逐步完善

我国农业电商市场处于多个主体竞争阶段，已经形成电商巨头、农业电商"国家队"、农业电商中小企业割据共存、激烈竞争的市场形态。为了获得市场优势，电商企业完善市场体系，并持续向农村地区渗透。到 2016 年年底，阿里巴巴村淘业务已覆盖到全国 600 余个县，2.8 万个村点；"乐村淘"乡村电商站点已覆盖全国 750 多个县、8 万多个村；"淘实惠"覆盖村点达到 8 万个。2016 年作为"国家队"代表的供销 e 家，重点打造 200 个县级运营中心和 4 万个村级综合服务网点，并计划用 3 年时间建设和改造 1 000 个县级运营中心和 35 万个基层经营服务网点。

在电商规模不断扩张的同时，电商服务体系也得到持续优化，成为农业电商发展的新亮点。农业电商的电子支付、物流、营销、咨询等服务领域得到细分发展，新的衍生服务领域仍在不断涌现。农业电商服务行业的参与主体也趋于多元化，2016 年电商巨头京东并购达达物流，配合京东自建的物流网络，在生鲜电商物流服务领域占据了明显优势；农商 1 号农资电商平台瞄准技术和服务环节，把农化服务、金融服务等一起构建到农资电商平台，通过电商服务水平提升来重塑农业电商运营模式，促进农业生产经营方式的转变。

## （三）政策支持体系基本成型

### 1. 政策体系基本成型

近年来，国家及相关部委多次出台政策，鼓励发展农业农村电商。2015年国务院办公厅发布《关于推进农村一二三产业融合发展的指导意见》（国办发〔2015〕93 号）指出：大力发展农产品电子商务，完善配送及综合服务网络。2017 年中央一号文件从物流配送、平台建设、电商标准、品牌培育等方面勾勒出了农业电商行业，出台了较为完整的政策体系。在文件的第十四条指出：促进新型农业经营主体、加工流通企业与电商企业全面对接融合，推动线上线下互动发展；加快建立健全适应农产品电商发展的标准体系；支持农产品电商平台和乡村电商服务站点建设；推动商贸、供销、邮政、电商互联互通，加强从村到乡镇的物流体系建设，实施快递下乡工程；深入实施电子商务进农村综合示范；鼓励地方规范发展电商产业园，聚集品牌推广、物流集散、人才培养、技术支持、质量安全等功能服务；全面实施信息进村入户工程，开展整省推进示范；完善全国农产品流通骨干网络，加快构建公益性农产品市场体系，加强农产品产地预冷等冷链物流基础设施网络建设，完善鲜活农产品直供直销体系；推进"互联网+"现代农业行动。这9个方面的政策措施，为我国农业电商发展指明了方向。

"深入推进农业供给侧结构性改革，促进农业稳定发展和农民持续增收"是2017年国家农业农村工作的重点。农业电子商务作为加快现代流通体系建设、创新商业模式、完善农村现代市场体系的必然选择，是加快培育农业农村发展新动能、转变农业发展方式的重要抓手。农业供给侧结构性改革倡导"调结构、去产能"以调优产品结构，拓展高端供给，突出特色优势为目标，推行绿色生产方式，更加注重满足"质"的需求，着力发展农村新产业新业态，促进一二三产业深度融合，为推动农业电商发展提供了行动路径。

2. 多部委持续发力推动

各部委接连出台利好政策，农业电子商务工作不断细化安排。2016年，国家各部委全面贯彻落实中共中央、国务院有关推进农业电子商务发展的部署要求，在相关细分领域谋划布局，着力推进试点工作，推动了农业电商的快速发展。2016年1月，农业部发布《农业电子商务试点方案》，在北京、河北、吉林、黑龙江、江苏、湖南、广东、海南、重庆、宁夏[①]10省（区、市）开展农业电子商务试点，为推进农业电子商务快速健康发展提供可推广、可复制的做法和经验。当年3月，国家发改委[②]联合十部门出台《关于加强物流短板建设促进有效投资和居民消费的若干意见》，商务部出台《全国电子商务物流发展专项规划（2016—2020年）》，积极推进电商物流渠道下沉，培育新型农村电商物流主体，旨在健全完善物流基础设施网络、提高物流运行质量和效益；当年4月，国务院办公厅发布《关于深入实施"互联网+流通"行动计划的意见》，支持建设农产品流通全程冷链系统，重点加强全国重点农业产区冷库建设；同月，农业部、国家发改委等8部门出台《"互联网+"现代农业三

---

[①] 宁夏回族自治区，全书简称宁夏
[②] 中华人民共和国国家发展和改革委员会，全书简称国家发改委

年行动实施方案》，把推进农业电子商务作为重要任务写入实施方案。进入2016年11月，政策红包接踵而来：9日，国务院办公厅发布《关于促进农村电子商务加快发展的指导意见》；14日，农业部发布《全国农产品加工业与农村一二三产业融合发展规划（2016—2020年）》指出要把积极发展电子商务等新业态新模式、加快发展休闲农业和乡村旅游，拓宽产业融合发展途径作为规划的重要任务；17日，财政部[①]印发《农业综合开发扶持农业优势特色产业促进农业产业化发展的指导意见》积极支持优势特色农产品电子商务平台建设；23日，国务院公布《关于积极发挥新消费引领作用加快培育形成新供给新动力的指导意见》，表示支持各类社会资本参与涉农电商平台建设，促进线下产业发展平台和线上电商交易平台结合。2016年12月，《"十三五"脱贫攻坚规划》提出，将农村电子商务作为精准扶贫的重要载体，提升贫困户运用电子商务创业增收的能力。2017年，财政部、商务部、国务院扶贫办联合发文《关于开展2017年电子商务进农村综合示范工作的通知》，继续开展电子商务进农村综合示范工作，发挥示范县电子商务的典型带动作用。

3. 地方政府积极联动

地方政府出台专项文件、安排配套资金，积极寻求与电商企业合作。如广东省将农产品电子商务建设工作纳入省级财政专项予以安排，2016年安排资金150万元，扶持5个省级农产品电商示范点，重点培育广东省名特优新农产品电商体验馆，开展农产品电子商务和订单农业示范工作。河北省选择环京津的承德市、廊坊市为试点，与电商企业达成合作意向，以试点企业为依托积极探索"基地+城市核心配送中心+社区体验配送站"鲜活农产品直配模式。2016年，湖南省政府印发《湖南省农业电子商务试点实施方案》《关于加快推进农业农村信息化建设提升现代农业发展水平的实施意见》《2016年推进农业农村信息化试点工作方案的通知》等一系列政策文件，把农业农村电子商务作为重要内容加以推进。

## （四）基础支撑能力不断增强

农村网络通信基础设施建设快速发展，改善效果明显。2016年，我国新

---

① 中华人民共和国财政部，全书简称财政部

建改建农村公路29万千米，实现贫困地区7 000个建制村通硬化路；农村网络光纤接入率达82.2%，比2015年年底增加19%，农村光纤宽带用户超过6 100万户，比2015年年底提升90%[①]；农村网民规模达2.01亿，占全国网民总数的27.4%，农村地区互联网普及率达到33.1%[②]。

物流配送体系不断向农村地区延伸，双向贸易逐渐被打通。2016年，农村电商物流业务量比上年增长近两倍，总业务量指数比同期高出35.4%，增速比总业务量高30个百分点以上；农村快递网点近9.5万个，乡镇网点覆盖率超过70%。农村基础设施的持续改善，推动电商发展快速发展，2016年，农村地区实现网络零售额8 945.4亿元，约占全国网络零售额的17.4%，全年农村网络零售额季度环比增速均高于城市[③]。

## （五）试点示范深入推进

### 1. 各部委试点示范工作继续推进

为推动农业电子商务加快发展，自2014年以来，在财政部、商务部、国务院扶贫办的联合推动下，我国已连续3年开展电子商务进农村综合示范工作，成效明显。截至2016年年底共建成全国电子商务进农村综合示范县496个，以示范县创建为抓手，进一步打牢农产品"上行"基础，培育市场主体，构建农村现代市场体系。2017年，新公布全国电子商务进农村综合示范县260个，综合示范工作继续向贫困地区倾斜，在便利农民生产生活、助力扶贫攻坚、促进农村经济发展等方面取得明显成效。截至2016年年底，示范地区电商服务站点行政村和建档立卡贫困村覆盖率均达50%左右，农村网络零售额同比增长20%，农产品网络零售额同比增长30%，电商培训人数3 000人次以上。

### 2. 信息进村入户工程成绩卓著

2014年、2015年、2016年中央一号文件连续3年提出推进信息进村入户的决策部署。农业部于2014年正式启动"信息进村入户"试点工程，2015年试点范围已经扩大至26个省区、市的116个县，取得重要阶段性成果。试点工作以12316服务为依托，通过建设村级信息服务站，即益农信息社，向农民

---

① 数据来源：工业和信息化部（中华人民共和国工业和信息化部，全书简称工业和信息化部）
② 数据来源：《中国互联网络发展状况统计报告2016》
③ 数据来源：商务部

提供公益服务、便民服务、电子商务和培训体验。"信息进村入户"推动互联网的创新成果与农业生产、经营、管理、服务深度融合，促进了试点地区的农业增效、农村繁荣、农民增收，是推进农业电子商务发展的重要支撑，对于转变农业发展方式、创新农业行政管理方式具有重要意义。

  益农信息社成为"信息进村入户"的重要载体。益农信息社的建立将农业信息服务延伸到乡村和农户，通过益农信息社开展的便民服务、电子商务培训，提高了农民的现代信息技术应用水平，解决农业生产的产前、产中、产后问题，推进村务、商务、服务"三务合一"的村级综合服务。截至 2016 年 11 月底，已建成益农信息社 2.4 万个，实现电子商务交易额 21 亿元。农业部门计划在未来 2~3 年时间内基本覆盖全国 60 万个行政村，每个村按标准建设 1 个益农信息社，通过全国益农信息社联成一张大网，打通农业农村信息化的"最后一公里"和农产品上行的"最初一公里"。

# 三、2016 年农业电子商务发展特点

## （一） 新业态新模式涌现

在国家产业政策、资本市场及平台型企业的共同推动和参与下，农业电商企业突破传统电商经营理念，根据农业农村的特点与"互联网+"新趋势，创新出了大批新型农业电商模式，突出表现为农业电商线下和线上深度融合、社交平台电商功能的扩展等。

2016 年，农业电商线下和线上深度融合的步伐继续加快。采用线上线下全渠道商业模式的盒马鲜生一经推出即得到广泛关注，通过线上 APP（智能手机第三方应用程序）与线下超市融合，"超市+电商+外卖餐饮"的模式得到深入融合发展，阿里巴巴实现对线下超市的重构。盒马鲜生线下门店融合了销售展示、仓储以及分拣线上订单的功能，消费者在盒马 APP 下单后，可选择快速配送到家，也可到店自取，或选购后现场制作，打造线上线下融合的新零售业态。苏宁与政府合作建立的直营店和苏宁易购中华特色馆，打通了线上线下，加快助推农产品产销对接，2016 年苏宁苹果电商消费月，通过与地方政府联合，1 个月内线上线下累计销售苹果 900 万千克，缓解了多地的苹果滞销难题。

农业社交电商开始蓬勃发展。2016 年，依托新兴的视频、流媒体、直播等多样化技术手段，社交电商不断创新，与消费者互动日益紧密，通过多种途径传递农产品信息，建立起形式多样的社交电商模式。特别是以特色农产品微商为代表，为消费者提供个性化农产品和服务，刺激网络消费持续增长。如"酥梨之乡"安徽省砀山县就出现了多个"微商村"，其中良梨村全村微商从业人员已有 1 700 余人，盛产的酥梨、梨膏、梨罐头等特色农产品线上销售额逾 6 500 万元，借助微商强化特色优势，释放出极大的市场价值。

## （二）电商平台布局加快

各大电商平台加快全渠道布局，逐步完善农业电商生态系统。京东致力于扩充全品类，先后参股了永辉超市、天天果园，收购了1号店的第三方业务和自营业务，并于2016年11月全面对外开放京东自建物流，为合作商家和品牌提供多平台、全渠道、全供应链的一体化物流服务。天猫参股了易果生鲜、三江购物，而易果生鲜通过入股联华超市扩大了线下生鲜业务布局，通过超市作为前置仓，降低了"最后一公里"的配送成本。阿里在生鲜运营上形成了相互补充的三类全渠道布局模式，以盒马鲜生为代表的线上线下结合模式，以易果生鲜为代表的线上为主的模式，以百果园为代表的线下社区店为主的模式。电商巨头在全渠道加快布局，为"大而全"农业电商的融合发展创造了条件。

农业垂直电商进入深度垂直领域，加快细分市场布局。垂直电商对经营领域扎根更深、理解更透，面对综合性电商平台在细分品类的竞争，垂直电商采用纵向方式，把每个品类做深做透，实现产品和服务的差异化，培育自己的核心竞争力。中粮我买网专注自有品牌，凭借中粮产业链的众多品牌，在协同和价格上优势明显，并取得了国际食品公司的合作权，展现出专业化运营能力，做出特色并形成品牌优势。顺丰优选在渠道上形成核心竞争力，借助母公司的配送优势，以及顺丰大客户的采购资源，在垂直电商竞争中占据一席之地。

## （三）地方推进多点开花

依托特色农业产业，农业电子商务多点开花，在各地如火如荼地展开。聚集品牌推广、物流集散、人才培养、技术支持、质量安全等功能服务的地方电商产业园得到较快发展。截至2016年3月，全国电子商务园区数量达1 122家，其中县域电商园区已超300家[①]。全国村级信息服务站——益农信息社，作为农业部信息进村入户试点，已经成为农产品"卖全球"的重要载体，也是农技推广等各类为农服务的"固定站"。淘宝镇、淘宝村如雨后春笋般在各地涌现，促进了农产品上行和地方农业转型。2016年江苏省淘宝村数量达到

---

① 数据来源：阿里研究院.《中国电子商务园区研究报告2016》

201个，淘宝镇17个，村级服务站1700多个，京东农村电商合作点200多家，利用网络营销农产品达到280亿元，农资38亿元，休闲农业43亿元。

因地制宜、各具特色的地方农业电商模式，打开了互联网时代地方经济发展新思路。以"单点突破、建立优势、优化配套"为思路的"遂昌模式""清河模式""武功模式"等在全国得到较好推广。以当地支柱农业产业和优势农产品作为重要依托，各具特色的农业电商地方发展模式层出不穷。2016年，辽宁省东港市政府建立了草莓产业网，还联手京东集团合力打造了"京东中国特产·东港馆""京东美食地图·东港生鲜馆"，开启了农业电商的全网营销模式。山东省蒙阴县通过打造"互联网+旅游+农特产品"的产业融合发展模式，成为全国红色旅游体验式农业电商样板。海南省以休闲农业为突破口在全国率先创立"互联网农业小镇"模式，截至2016年12月已启动10个互联网农业小镇建设，建成5个互联网农业小镇运营中心，11个村级服务中心，石山镇每村年收入可达200万元。

## （四）扶贫双创效果凸显

党的十八大以来，以习近平同志为核心的党中央把贫困人口脱贫作为全面建成小康社会的底线任务和标志性指标，在全国范围全面打响了脱贫攻坚战。2016年是"十三五"规划的启航之年，也是打响扶贫开发攻坚战的第二年。2016年11月，《关于促进电商精准扶贫的指导意见》正式发布，作为一个以电商推进精准扶贫的系统性政策文件，意义重大而深远。实施精准扶贫方略，关键是坚持分类施策，因人因地施策，因贫困原因施策，因贫困类型施策，农业电商以其针对性的商业模式和因地制宜的产品供给体系成为扶贫新路径，落实"精准扶贫"的重要一环。

一年来的实践证明，农业电商精准扶贫的减贫效果显著，给精准扶贫的贫困县、贫困村和贫困户带来可喜变化。农业电商帮助贫困主体跳出当地市场空间狭小和资源匮乏等的制约，拉动网络创业和网络消费，推动贫困地区特色农产品销售，打造"互联网+扶贫"示范区，实现了产业扶贫、创业扶贫、就业扶贫。截至2016年8月，全国省级贫困县共成立200余个淘宝村，农村网店带动就业2 000余万人，带动农民增收100亿元①，一大批农民通过电商创业就业，消贫致富。贵州省铜仁市，是全国有名的贫困地区，自2014年发展农业电商以来，电商企业已有680多家，为优质农产品在全国选择供应商，使农产品销量与销价双双走高，并带动当地就业3.6万人。截至2016年年底，京东在832个国家级贫困县累计拓展商家近5 000个，同比增长78%；上线贫困地区商品近200万个；全年商品销售近百亿，同比增长124%，并以京东自营和特产馆的形式帮助12个国家级贫困县发展当地重点产业。

  农业电子商务催生规模化就业新领域，创造就业新机会。农业电子商务已成为推动创业创新的重要领域，培养了大量创业人才，创造了许多新兴工作岗位，吸引大批农民返乡创业。截至2016年8月底，全国1 311个淘宝村活跃网店超过30万个，平均每新增1个活跃网店，就可创造约2.8个直接就业机会。以江苏沭阳县为例，截至2016年3月，全县31个淘宝村共吸引大学生、退伍军人、外出务工人员共4 700余人返乡创业，通过电子商务平台销售花木，成为农民就业创业的主要方向。京东积极响应国家"大众创业，万众创新"的号召，与高等院校携手合作共建校园电商人才生态圈，落实就业促进计划和创业引领计划，促进电商人才多渠道就业创业。京东与广东省华南师范大学合作成立电商人才孵化基地，让电商大讲堂进校园，为大学生提供实习实训机会，为创新创业项目孵化开展指导服务等，为农业电商发展积聚人才、储备力量。

---

① 数据来源：阿里研究院.《中国淘宝村研究报告（2016）》

# 四、中国农业电子商务发展面临的主要问题

## （一）农产品电商盈利难题尚待破解

当前农产品上行面临的最大问题仍然是盈利难。农产品普遍单价较低，而物流成本相对较高，小批量农产品直接从生产者到消费者的物流成本甚至高于产品本身的价格。这一方面制约了价值较低的农产品品类的触网上行，难以形成大的网络零售销量，另一方面也使得农产品线上销售价格高于传统渠道，间接影响了一部分消费者的网购意愿。如何使电商经营模式与农产品的特性相匹配，实现持续盈利，是电商巨头"大而全"模式和小微电商"小而美"模式共同面临的关键难题。

生鲜农产品电商的持续盈利难上加难。据有关机构估计，生鲜电商企业的盈利率仅有1%左右，2016年，美味七七等多个生鲜电商平台陷入困境甚至倒闭退出。生鲜电商损耗大，对物流条件要求高，而冷链物流由于投资巨大，目前仅在部分重点区域实现了突破。已建成冷链物流的地区，由于客户单价偏低，也难以削减物流成本。除了物流成本高，生鲜电商盈利难的原因还在于经营模式不成熟，供应链管理不完善，产品标准化程度低，未形成适度规模化，议价能力差；同质化程度高，品牌化不足，产品溢价能力弱；精细化运营不足，成本高，损耗率居高不下。突破生鲜电商盈利瓶颈还需要解决多个难题。

## （二）物流和信息网络基础仍需夯实

我国农业电商物流在"最初一公里"和"最后一公里"仍存在明显的短板，是当前影响农业电商物流效率和成本的另一重要因素。广大农村地区尚未形成完备的物流配送系统，农村物流网点不足，收发货不及时，农产品和农资在城乡的采购、配送普遍存在周期长、时效性差的问题。相比农产品和农资较低的单价，较高的物流成本提高了电商运营成本，也削弱了电商产品的竞争

优势。

冷链物流落后是制约生鲜农产品电商发展的瓶颈之一。目前,我国大部分生鲜农产品物流仍以常温为主,还没有形成连贯规模的冷链物流。与欧洲发达国家的冷链条件相比,我国人均冷库面积分别只有荷兰的7.3%、德国的43.3%、法国的54.1%。大约90%肉类、80%水产品、大量的牛奶和豆制品基本上还是在没有冷链保证的情况下运输和销售。由于冷链物流的基础设施建设落后,生鲜农产品在运输过程中的损耗率过高,质量难以保证,市场竞争力降低。

农村地区互联网普及与应用率仍需提升。根据《中国互联网络发展状况统计报告》,截至2016年12月,我国城镇地区互联网普及率为69.1%,农村地区互联网普及率为33.1%。城乡网民在网购、支付、旅游预定类应用上的使用率差异达到20%以上。农村人口在非网民中的占比为60.1%,上网技能缺失、文化水平限制是导致不能上网的重要原因,因缺乏电脑等上网设施的非网民也占到12.8%。近年来伴随智能手机的高速普及,很多农村居民越过了电脑等硬件设施的阻碍实现了"触网",移动端电商发展迅速。农村地区对移动端更为依赖,但在偏远农村地区,无线网络覆盖率低、网络信号不稳定的情况非常普遍,一定程度上制约了移动端农业电商的发展。信息网络基础设施建设红利向农村的释放和延伸还需要进一步挖掘。

## (三) 人才和服务支撑体系亟待提升

人才缺乏是农业电商发展的一个关键痛点。为了缓解农业电商人才匮乏,在政府引导、推动和相关企业的参与下,农业电商培训如火如荼地开展。从试点省实践来看,确实取得了一定效果,但也存在实操性较差、针对性不强的问题,主要是专业的农业电商培训教师队伍相对缺乏,培训内容和课程有待规范,培训机制也不够完善。

当前农业电子商务服务业在各地兴起,服务商数量增加,许多电商平台也推出了托管服务,帮扶农业电商发展。但整体上农业电商服务水平参差不齐,滞后于农业电商发展对系统服务的需求,许多农业电商服务商、网店等的知识技术水平和实际操作能力很难适应电商发展需要,影响了运营效果。从试点省的发展来看,由于电商服务和支撑体系不够完善,地方政府扶持开发的部分农产品电商平台后期推进缓慢。

资金短缺、融资难是影响农业电子商务持续发展的难题之一。试点省（区、市）调研表明，农业电商企业一般都存在较大的资金压力，主要来自电商平台压款，采购、仓储、保鲜资金压力及人员成本等，特别是生鲜电商，普遍面临前期投入大、运营成本高、资金回笼慢等问题。由于电商企业多属于轻资产企业，融资贷款难度较大，贷款不能及时到位，也制约了企业的发展。许多政府主导和扶持建设的第三方管理运营公共服务平台，也因资金缺乏，制约了扩容发展空间。农业电商发展的金融支撑体系有待提升。

## （四）各类风险凸显分化须加强防控

随着农业电子商务的快速发展和竞争加剧，各类风险也不断凸显，需要强化风险防控，保障各项业务稳健发展。

盲目扩张风险。当前农业电商与农村电商巨大的市场空间备受关注，众多企业和资本持续涌入。部分电商热点区域，一个村有多个电商网店，但网点建设缺乏统筹，同质化严重；有的企业背靠风险投资基金和私募基金，热衷引入大型电商平台，盲目建设电商园区和物流园区，追求"眼球经济"。各级政府对农业电商发展的重视程度和投入逐年加大，许多地方建立了县、乡、村三级电商服务体系，推进农业电商蓬勃发展，但也有部分地区没有经过对农业产业特点和电商发展优势的充分论证，就盲目上马，推进效果不佳，造成了一定程度的重复建设、趋同投资和资源浪费，也导致后期电商运营风险较大。

营商环境恶化风险。随着竞争加剧，营商环境也存在恶化苗头，有些企业或平台为了争取流量，通过低价竞争、疲劳促销、产品和服务打折等形式亏损经营，导致竞争无序，"刷单"、价格欺诈、销售劣质产品的负面案例时有发生。这加剧了因非标准化突出、冷链物流不配套等导致的消费者对电商渠道农产品消费体验不佳、信任度低的问题，阻碍了农业电商的健康发展。

农产品供应链风险。农产品供应链风险是电商企业运营中面临的突出风险。农业生产的自然属性和传统的分散经营是供应链风险的重要来源，受自然条件和生产规模化程度偏低等的影响，农产品的易腐性和非标准性突出，产量和品质也颇不稳定，导致电商农产品供应链的组织和管理难度较大，增大了电商企业、供货商的履约风险。由于与电商发展相适应的农产品供应链管理规范还相对缺乏，道德风险和信用风险普遍存在，也增大了供应链风险产生的可能性和负面影响。2016年"徐闻菠萝事件"就是典型案例。

移动端电商风险。当前法律法规对农业电子商务的监管还不完善，特别是对移动端农业电商及社交电商监管力度弱，有的还存在监管盲区，容易导致道德风险、信用风险以及知识产权风险，并有进一步加重营商环境恶化的趋势。

## 五、农业电子商务发展的趋势展望

移动互联时代的全面到来深刻改变着农业的生产、经营、加工、销售、服务、资金等产业环境,在国家深入推进农业供给侧结构性改革的形势下,农业电子商务成为推进这一改革的新动能。在政策推动、农业产业转型发展需求和消费需求拉动下,在电商运营能力、行业技术、资本、农业产业链共同发展等利好因素的影响下,农业电子商务从粗放发展阶段逐渐进入相对平稳和初步提质阶段,渗透率提升;经过差异化探索,相对成熟的盈利模式有望逐渐明晰;市场竞争将逐步从价格竞争回归到产品竞争;作为行业最痛点的冷链仓储和物流将得到改善;"政策扶持+产业升级+平台扩张+技术成熟+服务提升"有望推动线下、线上、物流结合的"新零售"等,这些都将成为未来几年农业电子商务发展的关键点。

### (一) 农业电商化呈加深加快趋势

电子商务与农业产业的融合既是国家政策推动整体经济发展的必然选择,更是电子商务用户红利期消退后的自我发展诉求。在当前电子商务大体量和高普及率下,电子商务面临从粗放增长到提质升级的需求,农业电商加速布局,用户消费习惯逐渐养成,农业电子商务的市场需求潜力持续加快释放,农业电商化将进入加深加快发展阶段。

农业电商市场将加速扩容。城乡居民对农产品的消费日益呈现功能化、多样化、便捷化、个性化、体验化的趋势,为农产品电商的持续快速发展提供了契机。过去几年资本市场对生鲜电商行业的青睐,也大大刺激了用户渗透率的上升和用户线上消费习惯的形成,2016年生鲜电商市场增速明显高于网购市场平均增速。未来农产品的线上消费需求仍呈明显增势,带来巨大的市场增长空间。农资电商潜在需求也将加快释放。农资市场总量巨大,但电商交易比例非常低,其原因之一是农资线上营销离开线下服务步履维艰。当前线上线下融合发展的趋势恰能与农资产品的交易属性相适应,如能在经营模式和渠道融合上取得突破，农资电商有望进入新的快速发展期。随着城乡居民消费结构升级，休闲农业和乡村旅游的消费需求仍将不断扩大，多个省市推出了休闲农业和乡村旅游电商平台，休闲农业和乡村旅游的线上查询、线上下单的需求与服务将随之快速增长，用户渗透率将继续提高。

电子商务与农业产业的融合将进一步加深。一方面，电商化将向农业产业的源头端进一步延伸。以往电子商务平台或企业主要服务于农业产业链中下游或偏下游的批发商和采购商，即使垂直型农产品电商，也多把产地供应商和二级、三级供应商都混合放到一个平台上，并没有特别突出产地源头的优势。电商起作用的环节集中在中介、批发商或其他中间环节供应商与零售商或消费者的中间，对源头生产者所起的作用微不足道。未来更多农业电商将从农业生产源头出发，探索基于互联网的新型农业生产方式，发挥电商促进产销对接甚至以销定产的功能，更深层次上解决农产品交易问题。另一方面，农业电子商务将与一二三产业融合发展相互助力。农业电商将在农业产业链增值、农产品加工、农业多功能性等方面加强发力，借助电子商务平台，实现"生产资料、生产基地、加工、仓储、物流、服务"的全链条发展，实现农林生态、乡土文化资源价值的更深入挖掘。

## （二）品牌化和标准化引领加强

中国农业电子商务已从粗放发展阶段逐渐进入初步提质阶段，品牌化和标准化的产品和服务将成为未来农业电子商务发展的重要引领，推动电商竞争回归到产品竞争或服务竞争的本质，为农业电商的发展注入持久的动力。

品牌化成为农业电子商务推进的核心。品牌化的本质是差异化，在互联网环境下，农业品牌化只有和电商化相结合才能实现真正的落地，通过电商的营销工具和方法，与消费者建立良好沟通；同样，只有在品牌化引领下，农产品电商才能脱离低价竞争的泥淖。2017年为农业品牌推进年，其核心是树立农业品牌，以品牌带动整个产业链，突出了品牌在现阶段中国农业转型升级中的核心地位。未来通过"品牌化+电商化+组织规模化"的联动，能很好解决产销信息不对称的问题，同时通过对源头农产品品质的把控和保障，提升品牌影响力，实现农产品的溢价，这也是农业电商实现盈利和可持续发展的重要动力来源。

标准化是农业电子商务健康有序发展的关键。农业电子商务特别是农产品电子商务对农产品的标准化、供应链的标准化和流通运营的标准化提出了更高的要求。在农业生产环节，农业适度规模经营的发展、农产品质量控制规范的建立和完善，都有助于从源头端提高农产品的标准化水平。在经营和流通环节，各地和相关企业已开始积极探索农产品电商标准的制定和电商经营标准的提升，如兰州市打造了农产品电商经营标准化体系，北京市多家农业龙头电商企业共同成立了北京农业电商标准联盟，均将有利于农业电商标准化问题的解决。

### （三）线上线下融合向全渠道发展

未来几年农业电商线上、线下将逐渐从博弈走向融合，全渠道发展的线上线下融合是新零售时代农业电商的重要发展趋势。这既是国家虚拟经济服务实体经济的既定方向，也是当前消费升级的诉求，同时也是电商平台更大程度挖掘和利用用户资源的需要。移动电商时代，农业相关产品的消费需求和线上消费环境均有较大改变，用户希望随时随地精准购买到所需商品和服务，另外，由于农产品整体供大于求，单一渠道发展的增量空间有限，线下消费体验和线上购物便利的双向需求推动线上和线下的加速融合。以京东生鲜、阿里巴巴的盒马鲜生等为引领的线上甄选、线下履约的生鲜电商模式将是一种重要发展模式。

在全渠道加快布局下，电商与物流的融合趋于加深。在互联网零售供应链条上，电商与物流相互依赖，对农业电商而言，包含物流环节在内的供应链管理日渐成为竞争核心。目前，自建仓储物流的巨头生鲜电商（如京东）基本度过了艰难的投入期；随着快递行业逐渐由快速规模扩张阶段进入重资产化精细运营阶段，使用第三方物流的生鲜电商也有望得到更为专业的服务。在经营运作方式上，电商与物流的融合成为主流趋势：一方面快递物流公司纷纷试水农业电商，如顺丰推出了顺丰优选，圆通启动了"快递+电商"，助推农产品进城；另一方面电商平台逐步向物流渗透，阿里巴巴搭建菜鸟网络，亚马逊及京东自建物流体系，苏宁收购天天快递，均体现了电商与物流融合的必然趋势。在这一趋势下，农业电商物流改善的步伐将加快。

## （四）技术与服务创新的驱动增强

未来农业电商的发展将更多地依赖于农业产业和电商背后核心技术的创新，农业大数据、物联网、虚拟现实、人工智能等相关技术，将成为农业电商新的驱动力和利益推动点。如农业大数据与电商大数据的综合利用将提高农产品产销对接的精准度和效率，农产品消费需求、供应链、产品溯源、物流、服务的数据化和互联网化将成为驱动农产品电商运营的关键技术动力。以地理信息系统、移动定位技术、虚拟现实技术等为支撑，休闲农业的线上推介、销售、服务平台将更加完善。大数据技术还将有利于建立生鲜产品快速流转机制，实现对整个供应链上各个环节的精准控制，提高供应链的运转效率，解决生鲜电商目前存在的难点。

技术创新将支撑电商经营模式和服务模式的进一步改进和优化。伴随着VR（虚拟现实技术）、智能终端、视频直播等互联网新技术的走红，农业电商的营销方式愈加多样化、体验化、休闲化、娱乐化。如智能冰箱让生鲜产品直达消费者厨房、美食APP服务于食材导购等，助推了农产品电商营销方式的创新。特别是随着互联网计算处理技术的逐渐成熟，大数据应用步伐加快，在农业电商领域可用于精准匹配供求信息、用户偏好预测、个性化推荐、全息商品展示等，提升线上消费体验，优化服务质量，提升运营效率。

## 六、推进农业电子商务发展的政策建议

按照 2017 年中央一号文件"深入推进农业供给侧结构性改革,加快培育农业农村发展新动能,开创农业现代化建设新局面"的要求,贯彻党的十九大提出的"乡村振兴战略""坚决打赢脱贫攻坚战",以及开启全面建设社会主义现代化国家新征程的目标要求,农业电子商务的发展不应仅定位于解决农产品滞销、卖难和产销信息不对称的问题,更应以电商为切入点,加强"互联网+现代农业"的顶层设计,加快农业产业转型升级,推进农业生产经营模式转变,推动农业规模化、市场化、标准化和品牌化的提升,更好地发挥电商在农业农村发展中的新动能作用。

### (一)协同推进,打造新型农产品供应链体系

农业、商务等多个部门协同推进,以电商等市场需求为导向,加快建立线上线下融合、生产流通消费高效衔接的新型农产品供应链体系。鼓励和支持适应不同区域、农产品类型、农业产业类型、农业产业环节的多元化电商模式的探索与试点示范;以县域或村镇级为基础单元,支持具备条件的新型农业经营主体、农产品加工流通企业与电子商务企业对接融合,建立长期稳定的产销关系;以龙头企业和专业运营公司为主体,立足农业生产区位优势,引导农业生产的规模化、标准化,开发适合电商化的农产品和服务,构建产供销高效衔接的电商农产品供应链体系,提升产业价值链。引导和加强农业电子商务与传统渠道的融合,鼓励农产品批发市场发展电子商务,继续探索农场宅配、社区直供、社区支持农业等模式,推进农产品电商的本地化和社区化。

### (二)共建共享,夯实信息与物流设施基础

继续推进农村地区信息网络基础设施建设,打通信息化服务"最后一公里"。按照 2017 年中央一号文件部署"全面实施信息进村入户工程,开展整

省推进示范"，以政府为主导，统筹整合各行业资源，加大信息网络基础设施建设投入，确保边远地区网络覆盖到位，夯实农业电商的信息网络基础，提高农业生产者的入户率。探索农业大数据和电商大数据信息共享机制，发挥信息引导作用，为农业产品和服务的产销对接提供决策参考。

继续加强农村地区物流网络设施建设，服务农产品出村"最初一公里"。探索共建共享共用机制，引导和鼓励社会力量投入，加强适应电子商务发展的农产品分等分级、加工包装、运输、仓储等物流基础设施建设，实现农产品供应链在不同环节的有效链接，保证电商农产品的质量水平。有条件的区域以农产品产地冷库建设、冷链运输车辆装备、终端冷链设施完善等为重点，加快建设全程一体化的农产品冷链物流体系。

### （三）统筹布局，建设标准与质量安全体系

加快农业电子商务标准体系建设。针对农产品上行中标准化体系普遍缺失的问题，相关部门统筹推进，逐步建立健全适应电商发展并涵盖农产品质量分级、采后处理、仓储运输、包装配送等各环节的标准体系，在有条件的区域对标准化程度较高的优质农产品开展试点，推进企业标准、地方标准、行业标准和国家标准的制定，先行先试。

完善农产品质量安全检验检测和可追溯体系，支撑农产品上行。健全农产品质量安全检验检测体系，推进检验检测机构与农业电商相关主体的合作，提高上线经营农产品质量安全检验检测服务的可获得性和便利性。建立健全农产品质量安全可追溯体系，探索追溯管理与电商市场准入的衔接机制，规范追溯内容和标准，推进农产品生产者、电商平台、电商企业与追溯技术服务企业的合作，实现农产品生产环节和线上与线下流通环节质量安全追溯的有效衔接。

### （四）强化支撑，完善电商培训和服务体系

探索新型电商人才培训机制，强化农业电商人才队伍建设。探索推进多层次、可持续的农业电商人才培训机制，实现普及型公益性培训与提高型市场化培训的有机结合。充分发挥现有农民培训项目的作用，开展多种形式的普及培训，广泛培养基层领导干部、新型农业经营主体、种养大户等的电商意识；规

范培训内容和课程，加强对优秀电商人才的遴选培养和跟踪扶持，扶持农业电商创新、创业，持续发展和壮大农业电商领头人队伍，帮助其在区域农业电商发展中起到示范和带动作用。

推进电商服务体系建设，加强专业化农业电商服务商的引进和培育。通过政策引导、政府购买服务等形式鼓励专业化的电商服务商进入农业领域，扶持做强做大，为农产品生产和流通企业提供全链条服务，弥补大多数农业企业在电商运营上的不足，为农业电商从业者提供技术支持和服务。

## （五）加强引导，营造农业电商良好发展环境

建立和完善监测手段，建立农业电子商务监测统计制度，统筹建设农业电子商务监测统计大数据，及时发现运行中存在的问题，进行引导和规范。全面贯彻《关于全面加强电子商务领域诚信建设的指导意见》，加快农业电商的诚信体系建设，联合相关部委推行农业电子商务企业失信惩罚机制。加强农业电子商务监管力度，针对不同电商平台和电商渠道，制定可行的信用评价标准和市场监管体系，利用数据挖掘和"数字化"证据链等手段，提高监管的针对性和有效性，推进电商企业自律经营机制和奖罚机制的建立，合力营造多方共治的诚信环境。

# 第二章

## 试点省(区、市)农业电子商务发展报告

为贯彻落实《国务院关于大力发展电子商务加快培育经济新动力的意见》《国务院办公厅关于促进农村电子商务加快发展的指导意见》和《农业部 国家发展和改革委员会 商务部关于印发〈推进农业电子商务发展行动计划〉的通知》的部署要求，积极探索"基地+城市社区"鲜活农产品直配、"放心农资进农家"等农业电子商务新模式，2016年农业部在全国范围内选取北京、河北、吉林、黑龙江、江苏、湖南、广东、海南、重庆、宁夏10个省区市开展农业电子商务试点工作。

以创新驱动农业现代化发展为引领，试点省（区、市）通过大力推进农业电子商务发展，推动农村一二三产业融合，为农业转型升级提供新动能；完善惠农、富农的利益联结机制，让农民真正分享产业链延伸、产业功能拓展的好处，促进农民增收；推动农业现代化人才培养，加快互联网人才、大数据人才、智能化人才的培养和储备。

推动农村一二三产业的融合。通过试点省（区、市）农业电子商务发展，推动农业与技术、信息、生态、文化深度融合，为农业转型升级提供新动能。海南省推出互联网农业小镇，集农特产品销售、休闲观光、农事体验于一体，打造休闲农业新模式，开发农业多种功能。北京市将科技、文化等因素融入农业，打造多个管理和服务类电商平台，加快农业结构调整、促进农业产业链的延伸。

助力农业转型升级。试点省区市通过发展农业电子商务，把新技术、新业态和新模式引入农业，用现代理念来引导农业，促进生产端、加工端、物流端升级。河北省打造"基地+城市核心配送中心+社区体验配送站"的直配模式，社区布局完善，实现物流扁平化，发展农业新业态；吉林省探索了一家企业建线，多家企业搭载的"专业物流与草根物流相结合"模式，提高了农业竞争力。宁夏在全区12个菜篮子产品主产区县建立农产品质量溯源系统，加快农产品质量安全追溯和监管，促进产业升级。广东省积极推进"基地+城市社区"直配模式和"批发市场+宅配"模式，其粤北地区特色农产品蜜柚以线上、线下全渠道多元化农产品电商模式取得了较好的成效。

完善惠农、富农的利益联结机制，促进农民增收。试点省（区、市）通过发展农业电商，促进电商企业与农民、生产基地的深度融合，使更多的农户分享加工、销售环节的收益，农民收入增加。江苏省苏农农资连锁集团打造的农资电商平台——苏农网，以"三网联动，全网营销"的方式引导农民科学种田，帮助农民节支增收；重庆市荣昌国家级生猪电子交易平台 2016 年实现生猪交易量 1 500 万头，交易额近 250 亿元，有效带动当地农民致富。

推动农业现代化人才培养。试点省（区、市）通过组织培训帮助农民发展生产或者成为现代化农业创客，加速农业现代化的进程。2016 年上半年，黑龙江省惠丰通村网先后举办 40 期大型培训班，培训后台操作综合业务员、各县、乡村级服务网点操作人员及种植大户共计 6 000 人次。湖南省电商企业加大宣传和培训力度，积极引导农民形成网购农资习惯，2016 年浏阳市以创建的青年电子商务创业协会为平台，实现点对点下乡培训 30 场，培训电商骨干 300 人次，为农业电商发展提供了坚实的人才力量。

经过 1 年多积极探索，试点省（区、市）取得了比较丰硕的成果，实现了农村、农民乃至整个农业产业链参与者受益。继续稳步快速推进农业电商发展，关键是解决基础设施的问题，解决网络设施、物流等制约农业电商发展的因素。同时，解决农民现代信息技术应用和人才培训问题，还须打造一支强大的专业电商人才队伍，投入到各试点省（区、市）的农业电商发展中。

# 一、北京市农业电子商务发展报告

2016年,北京市结合本市农业发展特点和首都消费市场优势,积极探索农业电商新模式,开展了鲜活农产品电商、农业生产资料电商和休闲农产品电商三类农业电子商务试点建设,并进行了针对电商市场蔬菜分级包装技术规范的研究与示范,取得了一定建设经验和工作成效,为下一步工作打下了坚实基础。

## (一) 发展概况

截至2016年12月统计,北京市居民已经和愿意尝试网上购买蔬菜的比例达70%(高于全国50%),农产品电商的发展潜力巨大。从平台端看,北京有一定规模的、正常运营的农业电商企业在150家左右。大型电商平台带动农产品电商快速发展,京东、淘宝、天猫等是农业电商的大型支撑平台,中粮我买网、沱沱工社、本来生活等垂直电商经营水平不断提高,上述电商在北京农产品交易额和客单量方面都占据了绝大多数份额。与此同时,每日优鲜、爱鲜蜂、许鲜等农产品电商新锐,以及新发地、美菜网等B2B电商也获得大力发展。从生产端看,有一定规模的农业生产主体已经通过不同的渠道"触网",全市农民合作社涉及农产品电商的占25%左右,本土化农业电商企业迅速发展,如密农人家、鑫桃源、天安农业、北菜园、绿富隆、阿卡、利民恒华、康顺达等。以京郊安全种养小农场为主的社区支持农业(CSA)电商模式日益成熟,本地特色农产品微电商发展迅速。电商企业积极开展社会化服务,在电商培训、运营辅导、渠道对接等方面积极行动,对北京市农业电子商务发展起到了较大推动作用,例如,奥科美公司在指导农场生产同时,提供了农产品生长履历、优品地图、渠道对接等,为生产者和渠道商提供了便利。智农天地公司搭建公共农产品追溯服务平台,为农业企业、农业专业合作社、家庭农场和消费者提供专业的农产品质量安全追溯技术与信息服务。

## (二) 试点工作情况

1. 工作思路和目标

依据《北京市人民政府关于积极推进"互联网+"行动的实施意见》，坚持创新、协调、绿色、开放、共享的发展理念，以农业电商试点为切入点，探索线上线下融合、城市乡村贯通的农产品流通、农资销售及休闲观光、乡村旅游的电子商务模式，构建农业电商综合服务体系，培育和壮大农业电子商务主体，完成"基地+城市社区"直配模式、"批发市场+宅配"模式、休闲农业电商平台、鲜活农产品电商标准体系、农资电商销售及监管服务体系运营模式等试点任务，总结可推广、可复制的做法和经验，积极探索推进本市农业企业转型升级、促进农民就业增收的新途径。

2. 保障政策与措施

（1）加强组织领导

成立北京农业电商试点工作协调实施小组，选取推荐试点实施企业，统筹推进试点工作。协调小组成员包括北京市农村工作委员会、北京市农业局、北京市城乡信息中心以及有关郊区农村工作委员会。北京市农委产业发展处负责组织协调，北京市农业局产销办负责具体试点工作。

（2）强化政策引导

按照《农业部农业电子商务试点方案》和北京市《关于推进"互联网+农业"的实施意见》，出台北京市《关于开展农业电子商务试点的实施方案》，积极争取农业部及市有关部门的资金和政策支持，并在年度社会主义新农村建设创新项目奖项中，对试点工作成效突出的项目给予奖励。

（3）增强服务保障

成立北京农业电商标准联盟，联合北京地区农业电商相关企业、科研单位、行业组织等法人单位，建立起一个全流程的农业电商共创共赢生态系统和服务平台，通过政策、技术、销售、物流等各模块支持，推动本市优质农产品转型升级，提升品牌和影响力，挖掘农业电商巨大潜力，填补农业生鲜电商相关标准领域的空白。

3. 工作成效及典型案例

（1）鲜活农产品电商试点

### "基地+城市社区"直配模式

瞄准农产品产销链条，将云计算、物联网、移动互联网、大数据、VR、无人机等先进现代信息技术与现代农技体系深度融合，打造北京的智慧农场综合服务平台，实现"基地+城市社区"直配模式的有效运行。

北京市"农场云"农产品产销对接平台建设。平台兼顾提升农场管理与渠道拓展，服务农业产业链条。北京奥科美技术服务有限公司开发的"农场云"智能农场管理系统联合义田买手网实现了前端生产资源管理和后端销售渠道拓展的有效结合和对接。农场云积极增加和甄选优质农场加入，实现了农场生产信息的实时管理和更新，截至2016年12月，联网农场4 000多家，其中北京市占566家；义田优品网积极实现与后端各类销售渠道的对接，实现了对农场资源的多维展示，在线上建设方面，目前入驻专业买家1 377个，平均日浏览量490次。在线下建设方面，一是积极推介合作农场进入社区，累计为合作农场提供120场市集活动信息，与北京市30家社区建立合伙人关系，实现5对需求成功对接。二是为农场和渠道商举办农产品品鉴会，邀请买手进行现场品鉴，另有农学行业专家现场针对农场环境、管理水平、品种特点进行专业点评，以此提高买手采购效率、降低采购成本。

"欣欣尚农"农业电子商务综合服务平台建设。平台立足本地农业电商服务和仓储物流服务，促进本市农产品电商企业发展。"欣欣尚农"农业综合服务平台服务于北京地区的农业企业，突出本地企业、本地产品、本地居民3个本色，以构建北京本地农业生产者和本地消费者共生共荣、共同发展的绿色消费生态圈为宗旨，以培训作为帮助农业企业开展电商服务的突破口，2016年累计开展在线培训40场，培训27 000人次，在全市13个区开展线下培训17场，培训1 330人次。为农业电商企业提供专业的冷链配送服务，降低了商品配送的费用，截至2016年12月，该平台配置车辆868辆，冷库5个，社区自提柜18个，线下网点113个，市供销社A级连锁店69个，并且与黑狗和顺丰两家公司签订合作协议。试营运期间平台入驻企业60家，其中品牌旗舰店29家，合作社23家；平台总会员数量6 730人，订单数量938笔，涉及46个店铺，笔单价49元。平台与中国人寿达成合作，签订安全食品责任险合作协议，为入驻企业实行真正意义的全店铺保险。

绿控蔬菜直送社区。菜先森（北京）商贸有限责任公司致力于将北京优质农产品与北京中高端消费群体相对接。线上建设方面，应用微信商城、APP

商城、供应商 ERP 系统、产品追溯系统实现了线上下单、供应商对接、蔬菜溯源等，截至 2016 年 12 月，合作供应 30 多个蔬菜品种，每天加工量 2 000 余包。线下建设方面，一是在朝阳区、西城区等地的 4 个大中型社区开设直营店，并开展宣传推广活动 30 多场，覆盖人数 20 000 人以上，每个店有 200 名以上的绿控蔬菜忠实用户，"预定+自提"的模式实现了凌晨采收、上午到店，保证客户吃到 12 小时以内的绿控蔬菜；二是探索建立"菜先森—万科 Vlink 社群分享购物模式"，招募业主加入社区微信群，定期组织各种试吃品鉴会和儿童生日会，现场绿控蔬菜的试吃和优惠购买，体验绿控安全蔬菜高品质食材，蔬菜统一配送到万科 Vlink 自提点。

CSA"好农场"社区直配系统建设。依托成功的社区支持农业模式（CSA），为 CSA 农场提供平台管理服务，可在"好农场 APP"中进入各自农场的点菜系统，满足点菜、充值、查阅账单和资金流、停配蔬菜和联系客服等会员需求；农场管理人员可在好农场后台管理系统进行 CRM（客户关系管理系统，简称 CRIN）、ERP（企业资源计划管理系统）和生产计划制定等模块的操作，可以将发布菜单、收集会员订单、汇总处理订单、实时更新库存、推导生产计划等工作在好农场信息服务系统中开展。同时，"好农场"还提供 B2B 的会员招募和产品分销服务，与万科北京物业、远洋北京物业、金地北京物业、海航北京物业等公司开展合作，推出社区农夫市集的线下推广活动，邀请北京的有机生态农场主每周末进入社区，直接向社区居民展销推荐农场的产品和服务，并在农场招募会员，社区物业在社区 APP 平台上推出好农场与农场的联名会员卡，帮助农场招募会员，2016 年预计实现营业额 600 万元。

京东特产·北京馆建设。发挥大型平台电商优势，提升北京农产品品牌形象。京东特产·北京馆是京东网开设的北京本地特产、生态农产品、旅游以及本地生活类目的地方官方频道，由西藏①七芝堂实业有限公司承办运营，重点展示和推介能代表独特北京区域文化特征的优质农产品、手工艺品等。2016 年销售平谷区大桃、昌平区苹果、延庆区葡萄等北京地产农产品一万余单。

沱沱工社生鲜电商平台建设。垂直电商布局农业全产业链。沱沱工社生鲜电商平台成立于 2008 年，2009 年沱沱工社在北京市平谷区马昌营镇投入巨资兴建了 1 050 亩有机种植基地——沱沱有机农场，成为第一家实现现代服务业

---

① 西藏自治区，全书简称西藏。

与农业相结合的垂直电商,是农业电商行业唯一的一条全产业链机构;2014年成为北京市第一家提供新鲜农产品日配服务的电商公司,实现优质商品冷链到家、当场验货承诺保证、北京市六环路以内自营冷链配送。采取"自有基地+采购+冷链配送+自营客服"的经营模式,有效提高了公司竞争力。公司通过自营农场采购、从联合农场采购、进口等方式进行国内外采购,通过自营物流体系与第三方物流公司将生鲜商品配送给消费者。2016年日均订单为3 200单,最高峰值订单为12 000单/日,最低订单量为823单/日。预计2016年度销售额度3亿元,截至2016年9月已销售2亿元,其中北京市本土生产的农产品销售额约为1亿元。

"批发市场+宅配"模式

重点开展"网上石门"电子交易平台建设,开启"农批市场+宅配"的农产品流通新模式。以顺鑫石门农产品批发市场为产品供应平台,以电子商务系统为基础,以"网上石门"为交易平台,整合物流配送资源,以配送中心和社区为配送节点,形成高效率、低成本配送链。"网上石门"交易平台依托石门实体市场众多的商户集群、丰富的产品种类、基于产地的优质品质以及大宗农产品的批发优势和价格优势,依靠物流配送保障,面向社区百姓开展农产品B2C服务,体验"网上石门"宅配到府的物流送货上门服务。2016年主体工作是搭建网上石门交易平台,包括网站、手机APP、微信等,10月平台已经开发完成,处于测试阶段,正组织商户入驻平台,截至2016年12月,已经有20多家商户入驻,并积极开展平台应用培训工作。在物流配送方面,除了整合利用当前批发市场商户的资源外,还与第三方物流公司开展合作。

(2) 休闲农业电商试点成效

搭建"休闲农业O2O—村会玩"平台。依托北京市3 000万人口的庞大客群和京郊游市场空间,借助京郊休闲农庄如观光园、采摘园,搭建"休闲农业O2O—村会玩平台",重点围绕"村会玩"特色平台搭建、农产品体验式消费、供给侧与消费端资源整合、基于大数据分析的会员管理体系、营销内容策划、三级分层推广等建设内容,建立农庄、种植园、民宿与消费者间的信任关系,通过不同农庄所提供的多样化采摘、活动、住宿与餐饮服务,形成可复制、可推广的休闲农业建设模式,最终形成休闲农业产业联盟,实现农民增收,农业可持续发展。2016年工作重点在营销内容策划、客户资源整合、会员管理系统等方面,截至2016年12月,"村会玩"平台已搭建完成,正在进行内容上架与农庄资源整合,"村会玩"粉丝总数17 000人,软文平均点击阅读量超过3 000人,阅读率高于平均水平。

开展"优品采摘一卡通"平台建设。依托农场云管理平台实现农场资源的规范管理,制定园区农场服务公约,园区资源实现网上展示和宣传、形成可视化采摘农场,根据市场及渠道需求制定一卡通套餐内容,为消费者提供自由、灵活、方便的采摘选择,为采摘园区实现引流,进而形成良性的可持续发展。截至2016年12月,共有100家优质园区加入了"优品采摘一卡通"平台,各项工作稳步推进。

(3) 鲜活农产品电商标准体系

重点蔬菜电商分级包装贮运标准研究与应用。在试验、示范的基础上形成了《北京电子商务市场蔬菜分级包装技术规范》,规范了20种蔬菜的电商分级、包装、贮藏、配送以及标志和标识的粘贴等操作流程,并在2016北京农业电商产业发展峰会上进行了发布。该标准在北菜园、阿卡农庄、春播科技、密农人家、诺亚农场、绿奥蔬菜合作社、菜农人家等10个示范点示范应用,包装破损率减少了5%以上,产品分级提高售价10%,开展产地商品化技术培训人员近1 100多人次。

同时,北京市还组织30多家农业电商龙头企业成立了北京农业电商标准联盟,建立起一个全流程的农业电商共创共赢生态系统和服务平台,联合北京农业电商企业、科研单位等,推动农业电商标准的制定和应用,推动优质农产品的转型升级,最终实现北京当地农产品的优质优价。

(4) 农业生产资料电子商务试点

重点开展"首都农资"电子商务平台建设。平台由连锁店电商管理系统、PC(个人计算机)端电商平台和移动端电商平台组成。通过建设连锁店电商管理系统和PC端电商平台——首都农资在线,首先实现对分销中心和连锁店的有效管理,然后通过将连锁体系管理与电子商务的有机结合,实现线上线下互动的O2O模式。通过建设移动端电商平台——京农生资在线,广大农民及经销商还可以通过手机直接购买质优价廉的放心农资产品,为农资经销商、农户提供更多便利,首都农资在线电子商务服务平台成为专业的农资商品服务网站。2016年完成了两个系统的开发和测试工作:一是开发完成了农资连锁店电商管理系统,实现了北京供销社对农资连锁店从产品、订货、库存、销售、账务等线上统一管理,对接首都农资在线连锁追溯系统,保证了产品来源和质量。二是开发完成了 PC 端和手机端电子商务平台——京农生资在线，实现了农资产品的网上下单，并依托系统自动匹配实现最优的配送方案。

### （三）工作中存在的主要问题

通过农业电商试点工作，有效推动了北京市农业电子商务的发展，逐步为农业企业、基地、合作社所认可，成为促进农产品销售的重要手段。但其发展也存在一些问题。

1. 标准化问题制约农业电商发展

由于农产品在分级、包装、保鲜、储运等方面标准化程度低，造成产品档次不高，损耗过大等问题，降低市场满意度，无法实现优质优价销售。

2. 缺乏稳定健全的电商团队

大多数企业缺乏稳定健全的专业电商团队，在与平台对接沟通中时效性偏低。有入驻电商平台需求的企业要么因为产品采收当季人手不足不能及时完成与电商平台对接，影响线上销售时效性，要么因为产品下线要推迟一年才能再度进行平台销售。

3. 物流成本制约农业电商发展

物流配送成本仍制约农业电商企业的发展。一方面，由于物流成本过高，不少企业不得不放弃电商渠道，或者拒绝与专业的冷链物流公司合作，以降低成本，不利于农业电商的长远发展；另一方面，由于物流成本不透明，不少企业为增加利润，直接从物流配送中获取利润，损害消费者的利益。

### （四）主要工作计划

1. 完善电商公共服务体系

完善农业电子商务"线上+线下"公共服务体系，充分发挥政府公信力和市场机制为农业电子商务提供公共服务支撑。完善北京市农业局优农佳品网站，丰富各项展示、推介功能，确保信息更新及时准确，在保证公益性的前提下逐步探索市场化运营机制，并实现与各大综合电商、生鲜电商实现交易端的互联互通，形成消费闭环，真正让生产者获利。开展优质农产品推介，充分利用农交会、售卖会等线下农产品展示推介平台，积极组织优质企业在继续做好农产品营销促销工作的同时，集中打造网上展示大厅，推动"名特优新""三品一标""一村一品"农产品上网营销，加强宣传推介，提高农产品网络销售的公信力、信誉度和美誉度。做好支撑保障，健全农产品市场信息监测预警体系，强化农产品产销动态监测统计，拓展信息获取渠道，加强农产品市场信息预警分析，及时全面准确发布农产品生产、消费、贸易、库存、成本收益、价格及未来趋势等市场信息，加大农产品质量安全信息发布公开力度，推动涉农数据信息开放共享。

2. **完善农产品电子商务加工分级标准**

与电子商务企业一起制定适应电子商务的农产品产品质量、分等分级、产品包装、物流配送、业务规范等标准；与物流快递企业一起制定适应农业电子商务产品寄递需求的定制化包装、专业化服务等标准；引导各类电子商务主体共同建立农产品标准化生产示范基地，提升生产主体与电商对接过程中货源保障、品质保证、加工包装合规等管理能力。

3. **培育多元化农业电子商务人才**

大力开展新型农业经营主体培训，利用信息进村入户工程、新型职业农民教育、农村实用人才培训、田间学校等项目，对新型农业经营主体开展电子商务培训，增强电子商务意识，掌握电子商务基本技能。联合科研院所、大学、电子商务企业等社会资源，开展电子商务平台使用、农产品和农业生产资料网上经营策略和技巧培训，着重推进微营销、微信商城等移动互联电子商务内容，切实提高新型农业经营主体电子商务应用能力。

# 二、河北省农业电子商务发展报告

在国家政策方针引领和农业部的部署要求下，2016年河北省积极开展鲜活农产品电子商务试点工作，对"基地+城市社区"直配模式及鲜活农产品电商标准体系进行了探索，通过在廊坊、承德两市开展农产品直配试点，总结出可供推广借鉴的农业电子商务发展思路，为下一步工作的推进奠定基础。

## （一）发展概况

1. 国家和各部门政策引领

为贯彻《国务院办公厅关于促进农村电子商务加快发展的指导意见》（国办发〔2015〕78号），河北省政府办公厅印发了《河北省人民政府办公厅关于推进农村电子商务全覆盖的实施意见》（冀政办发〔2015〕45号），河北省农业厅等部门联合印发了《河北省推进农业电子商务发展行动计划》（冀农市发〔2016〕1号）等文件，积极推动农业农村电商发展。

据河北省商务厅统计，截至2016年8月，全省共建成县级公共服务中心137个，县、乡两级公共仓储配送节点625个，行政村电子商务服务站点近3.5万个。按每个行政村6 000元的标准下拨补贴资金2.88亿元，县级财政补贴8 000多万元，带动社会投资6.9亿元。共组织培训2 103批次，培训人员约20万人次，新增网民约34万人，带动就业4.6万人，新增网店8 500余个，全省农村网络交易额达到50多亿元。

2. 农业电商发展情况

农村淘宝、京东、苏宁、淘实惠、邮乐购等知名电商企业纷纷布局河北省。好乡亲365、河北冀联、大槐树、河北慧聪、保定互生、饮水思源、河北网创、食在唐山、河北无界等电商企业应运而生，参与到电子商务进农村的大潮中。

截至2016年9月底，阿里巴巴农村淘宝已经在河北省27个县域落地，覆盖1 050个村点，合伙人规模达到2 500个，其中45%为大专以上学历，15%为本科学历，75%为返乡创业就业人员，间接提供就业岗位3 597个。京东集团将10个贫困县列入"电商精准扶贫行动"，苏宁云商将3个贫困县列为"电商扶贫双百示范行动"，打通贫困地区农村产品网络销售渠道。河北冀联网络科技有限公司在淘宝、京东特色馆开设阜平馆，通过电子商务进农村综合示范县项目，在网货梳理、网商培训、平台对接、全网营销、农产品上行、带动创业增收等方面取得一系列成效，建立六位一体农业电商扶贫体系，推进电商扶贫工作的开展。河北邮政按照"服务农业、助力农村、致富农民"的理念，线上依托邮乐网和邮乐农品网平台打通农产品进城通道，线下依托邮政农村物流体系和两万多家邮乐购网点，叠加便民、普惠金融服务，促进城乡服务均等化发展。淘实惠通过"县域自生态"的农村电商模式，以线上线下融合的方式，帮助当地企业转型，让百姓提高收入，增加当地税收。无界电商集团在30余个县域落地生根，线下培训5万余人，线上79万人，带动20余万人就业，农产品上行年销售额超过20亿元。食在唐山电商平台挖掘唐山市最具特色的农副产品和唐山历史文化，打造"食在唐山"城市名片。

3. 农业电商运营模式

随着农村电子商务全覆盖的推进，农业电子商务的基础条件得到进一步改善，农业电子商务得到较快推进和发展，河北省初步形成了几种各具特色的农业电商运营模式。

农业综合信息服务模式。政府门户网站开设公益性农产品供求信息栏目，发挥宣传促销作用。如邢台市在邢台农业信息网、政府信息网等网开设市场信息栏目，为农民发布农产品宣传、供求等信息。受网站受众群体的局限，这些平台点击量较少，形成的有效交易量有限。

农户或企业网上开店模式。农业龙头企业利用第三方电子商务平台开设网店，或自建商务网站开展网上交易。绝大多数网商都以淘宝或天猫、京东商城、1号店等大型电子商务平台为依托开设网店，以此培育了4个淘宝村，全市网店近万家。

"农企+委托运营商+平台"模式。部分传统农业企业委托有经验的第三方运营商代理其产品的电子商务业务，第三方电子商务运营商通过收取委托服务费、交易提成等方式获得相应利润。这种模式目前在河北省比较普遍，如河北无界与绿岭核桃、蕊源蜂蜜、美客多食品、红太羊绒等企业都是委托第三方运营。

## （二）试点工作的思路、措施和成效

为贯彻落实国家关于加快发展农业电子商务试点文件的部署要求，河北省选择环京津的承德市、廊坊市为试点区域，以供京农产品为重点，与承德市农产品加工服务中心、廊坊市农牧局、北京奥科美技术服务有限公司签订了《2016年鲜活农产品电子商务试点项目任务委托书》，开展"基地+城市社区"直配模式试点、探索制定鲜活农产品电商标准。

1. 承德市鲜活农产品电子商务试点思路和成效

随着"互联网+"计划的实施，承德市电子商务的建设和发展逐步加速，基本实现了国家、省级电子商务进农村综合示范全覆盖。全市已开工建设电子商务园区10个，投入使用7个；建成各类农村电子商务平台30个，发展农村电子商务企业276家，农村电子商务物流企业10家；建成县级农村电子商务公共服务中心5个，乡镇级电商服务点155个，村级电商服务点400个；在全省率先开设了淘宝、京东和苏宁"特色中国·承德馆"，展销承德优质特色农产品200余种。河北省以承德市为依托，积极探索创建"基地+城市社区"鲜活农产品直配电子商务新模式及鲜活农产品电商标准体系，并取得初步成效。

试点工作开展以来，承德市以一百三十六庄农业发展有限公司作为试点，并在"基地+城市社区"模式上创新形成了具有承德特色的"基地+城市核心配送中心+社区体验配送站"鲜活农产品直配模式，做到了仓储内直接包装、目标城市直接配送，实现鲜活农产品"从农田到餐桌"的直接流通，做到了如下5个确保。

（1）确保生产基地绿色优质

直配模式注重对前端基地的质量把控，全部选择经"三品一标"[①] 认证、质量优质、具备鲜明区域特色的农产品生产基地，通过经济效益与社会效益带动把承德真正打造成供应京津冀市场的高品质农产品基地。截至2016年年底，已完成近3万亩高标准、高品质农业基地建设与合作，主要生产绿色设施蔬菜、有机蔬菜、土猪、水源地稻米等十大系类产品。

---

① "三品一标"是指绿色食品、有机产品、无公害农产品，以及农产品地理标志

(2) 确保物流仓储方便快捷

试点企业已在平泉、兴隆、滦平3个县建立了物流基地，仓储占地6万余平方米，冷库占地2万余平方米，各类货运车辆70多台，用3年时间打造承德市各县区之间及各县区进京8小时物流圈，重点建设的200台冷链运输车队，力求满足北京高品质农产品的需求。同时积极协调内蒙古及东三省部分高品质农牧产品在承德进行中转与储备，增加供应北京农产品的种类。

(3) 确保社区配送布局完善

一是用3年的时间完成京津冀市场，尤其是北京市场的立体营销线上线下网络搭建工作，形成以承德特产网为线上平台的5家承德特产体验馆。二是完成800家O2O社区店的合作，现已完成356家店铺合作。三是与20个大型商超建立合作关系，截至2016年12月，已完成包括首航超市与物美超市在内的54家超市合作，网格化布局日益完善。四是完成与天津食品集团的合作。承德绿色食品争取入驻集团下属的15家绿色食品超市。截至2016年12月，已建设完成200平方米新发地城市核心配送中心，直供社区生鲜农产品达60余种，每月销售额达120万元；建设完成社区配送站30个，辐射面积达到3万余户。

(4) 确保网上平台功能完备

试点企业2016年12月已完成了线上"承德特产网"手机微店及自营电商平台的建设，计划完成饮水思源（承德）特产网络平台的全覆盖建设，提供农产品的基地直供、承德休闲旅游服务、私人定制服务等功能。充分利用承德的山水环境优势和皇家文化优势，实现农产品上行、优质客户下行的全新服务理念，将把优质客户人群通过网络平台引入承德乡村旅游及休闲农业景区，满足京津冀地区的需求，把饮水思源承德特产网打造成最佳的生鲜销售平台。

(5) 确保农业电商标准规范

针对鲜活农产品在仓储物流配送过程中出现的贮存保鲜问题，制定相关标准，实现农产品标准化销售。

2. 廊坊市鲜活农产品电子商务试点思路和成效

廊坊市农业局遴选了廊坊海泽田农业开发有限公司、廊坊惠民蔬菜有限公司、民乐源电子商务有限公司3家公司作为项目试点企业，进行了"基地+城市社区""会员宅配"等鲜活农产品直配模式的探索，形成了廊坊惠民蔬菜有限公司平台商城的运营模式、海泽田APP线上营销、民乐源会员制线上线下经营模式。

(1) 平台商城的店铺运营模式

廊坊惠民蔬菜有限公司运营各平台商城的店铺，现已有淘宝商城惠民蔬菜精品店、工行融 e 购商城惠民蔬菜旗舰店、农行 E 商管家商城、微店系统、公司网站等多个网商入驻，电商平台运营效果良好，2016 年全年平台收入突破 100 万元。

(2)"海泽田"客户端线上营销方式

"海泽田"APP 客户端实现果蔬鲜肉的掌上购物，用户 24 小时订购生鲜食品，以支付宝、微信支付等多种方式进行支付，方便各类消费人群的购买及支付需求。"海泽田"运营的农产品采用基地直采，通过无公害农产品产地认定，形成种植、采摘、分拣、包装完整成品流程，保证食品安全输出；全程冷链运输，每辆车运用温度传感、高清视频、全球定位等手段，监测车内温湿度数据，保障运输过程中食品新鲜，冷链车及时送至冷柜，12 小时内用户即可收到生鲜食品。截至 2016 年 12 月，"海泽田"约有注册粉丝 1 万人，发展前景乐观。

(3) 民乐源电商务有限公司会员制线上线下经营消费模式

运用"互联网+现代农业"与"互联网+企业"结合模式，融合互联网移动终端与互联网平台，研发出系列 APP 软件，采用会员制线上线下经营消费模式，开发农产品及果蔬自动匹配整合软件，研发专为移动终端客户服务的"惠民商城软件""大众商城软件""创业商城软件""惠民果蔬易物功能软件"等软件，采用线上平台与线下便民服务店同步销售，消费者从线上平台购买的商品，可在线下便民服务店内取货，或由便民服务店送货上门，让消费者转变成消费商，遵循分享经济模式，带动传统商业模式转型升级。截至 2016 年年底，已经发展会员 3 万余人，完成 30 余家实体店与互联网的结合，预计到 2017 年年底，公司发展会员 100 万人以上，开设便民服务店 500 家以上。

3. 农场云智能化管理平台

河北省依托北京奥科美技术服务有限公司开展"基地+城市社区"直配模式及鲜活农产品电商标准试点，将农产品种植管理、质量安全追溯体系、生鲜电商渠道对接服务、免洗净菜监管、冷链物流配送结合到一起，打造农产品从田间到餐桌的一体化全产业链服务。

## (三) 工作中存在的问题

当前河北省农业电子商务发展中存在基础设施不完善、人才匮乏、物流体系不健全、农产品上行弱等问题。

1. 农业电子商务基础设施不完善

农村电子商务的物质载体是网络基础设施,如果没有网络基础设施,农村电子商务也只能是空中楼阁。尽管近年来河北省加快了信息化步伐,但与东南沿海发达地区相比较,河北省的电子商务建设仍然处于落后状态。受到农村网络基础设施的不完善制约,真正应用电子商务的企业还是少数,很多农产品电子商务网站平台信息更新不及时,没有完全发挥电子商务平台作用。虽然河北省政府对信息产业十分重视,但受到地方财政能力的限制,投入资金量远远不能满足农村家家户户上网的要求。

2. 农业电子商务人才匮乏

农村电子商务的发展需要一大批既有现代农产品知识又有电子商务知识的复合型人才,电子商务人才不仅能为农产品经销商提供及时、准确的农产品信息,同时还可以对网络信息进行收集、整理,进而分析农产品市场形势,熟练地进行网上客服。对河北省大多贫困农村来说是电商仍是一项新鲜事物,农民认知度低,对电商人才的吸引力不够,普遍面临"无人可用"的局面。当前农村电商亟须的产品策划、宣传推广,以及销售、物流等相关人才都很缺乏,特别是县域缺乏高级专业化电商人才,成为制约农村电商发展的又一重要因素,需要进一步制定政策吸引成熟的专业电商人才返乡创业就业。

3. 农产品物流配送体系不健全

现代化的物流配送体系是影响河北省农村电子商务发展的瓶颈问题。目前河北省农村电子商务配送体系仍不健全,大部分贫困农村地区交通不便、需求分散,再加上物流配送企业各自为战的现实情况,这导致大部分农村地区物流成本居高不下,特别是"最后一公里"问题解决难度大,已经成为制约农村电子商务发展的一个主要因素。在农产品物流中,农副产品冷链物流体系发展相对薄弱,目前生鲜产品配送成本较高,直接影响农村电子商务的发展,如知名的河北农业信息网、河北果品网等虽然有健全的电子商务交易平台,但是仍没有完善的农产品物流配送体系。

4. 农产品上行弱

农产品只有销售出去才能促进农村经济发展，调整农业产业结构才能为农民创造"钱"提条件。虽然河北省多数贫困县域都有特色农村产品资源，但缺乏有效的整合，没有形成自己的品牌，产品同质化严重，市场竞争力不够，普遍存在小、散、弱的问题，特别是在区域公用品牌打造、订单农业、跨境电子商务等方面起步相对较晚，需要着重加强培育。

## （四）加快农业电子商务发展的建议

通过推进农业农村电子商务建设，把有形市场和无形市场有机结合起来，形成农产品流通的新战略、新举措。

1. 完善电商公共服务体系

在农村电商全覆盖的基础上，增强服务功能，支持各类企业或社会力量参与农业电子商务服务体系建设。将12316益农信息、邮政便民等公益服务与电商站点紧密结合，拓展服务功能。加强农村物流网络和设施的共享机制，推动多站合一、资源共享。鼓励各类市场主体建设和改造县、乡、村三级物流节点基础设施，增强农产品冷链物流和产地初加工能力，解决农村电子商务"最后一公里"和农产品上行"最初一公里"问题。

2. 加强电商人才培训

设立专项资金，鼓励各级政府加强对农村电子商务培训工作，依托现有培训项目和各类培训资源，对机关、企业、农业经营主体和农民进行电子商务政策、理论、运营、操作等方面培训。支持有条件的地区建立专业的电商人才培训基地和师资队伍，培养农村电子商务人才。引导具有实践经验的电商从业者返乡创业，鼓励电子商务职业经理人到农村发展，培养和带动一批农村创业人员。

3. 建设农村物流配送体系

农产品易腐烂、不易保存等特点给物流配送提出了更高的要求。针对农业电商发展面临的物流瓶颈，河北省将出台相应的政策，通过减免相关费用和资金支持的政策，促进农业企业建设以现代信息技术为基础，整合运输、包装、贮存、流通、加工、配送、信息处理等各种功能的现代农产品物流体系。

**4. 发展创意农业，实现电商直销**

支持企业整合农产品、林果产品、农村制品等农村产品资源，按照网络消费需求打造个性化的特色农村产品。引导特色农产品主产区在第三方电子商务平台开设地方特色馆，促进"三品一标""名特优新""一村一品"农产品上网销售。鼓励大型生产基地和流通企业探索建立高效衔接的农产品O2O交易模式。

# 三、吉林省农业电子商务发展报告

吉林省承担鲜活农产品和农业生产资料电子商务试点工作，经过多年的积极探索实践，进一步加强了电子商务平台、村级电商网店、物流配送体系建设，培养了一批电商人才，全省农业电商发展得到实质性的提升。

## （一）发展概况

从 2010 年下半年吉林省开展农业电子商务试点以来，历经 6 年多的实践，大体经历了 3 个阶段：2010 年下半年，先后分 3 批在 16 个县市重点开展了农资下乡电子商务试点；2013 年，通过与淘宝、京东等合作，开展了农产品电子商务试点；2016 年，重点打造包括双向电商服务、"三农"信息服务于一体的开犁综合服务平台，从以农资下乡为主到工业品、日用品下乡、鲜活农产品进城等全方位电商平台。2016 年吉林省成为全国农业电子商务 10 个试点省之一，为完成好试点任务，扩大电子商务覆盖面，新建开犁电商网店 1 300 个，组织市（州）、县（市、区）开展电商培训 600 多期，培训电商人才 6 万多人。

## （二）试点任务、工作思路和主要措施

### 1. 主要任务

吉林省主要承担农业生产资料下乡和鲜活农产品电子商务试点，主要是建设省级电子商务平台，村级电商网店、物流配送体系及人员培训。

### 2. 工作思路

紧紧抓住当前转方式、调结构、稳增长重要战略机遇期，以国家制定实施"互联网+"行动计划为契机，以建设现代农业经营体系为目标，以信息进村入户、智慧农业示范及 12316 综合信息服务为基础，以搭建从厂家到农户农资产品便捷通道为重点，坚持企业主体、政府推动、市场运作、合作共赢的运行

模式,以有效提升消费需求为主线,强化顶层设计和政策引导,着力解决农业电子商务发展中的困难和问题,完善制度、机制和模式,营造开放、规范、诚信、安全的发展环境,为加快实现农业现代化和城乡发展一体化提供新的动力。

3. 政策措施

为了促进农业电子商务的发展,2016年吉林省先后发布了一系列有利于农村电商发展的利好政策措施。

吉林省高度重视农业电商发展。2016年,吉林省政府先后颁布《吉林省人民政府办公厅关于推动农村电子商务加快发展的实施意见》(吉政办发〔2016〕3号)、《吉林省人民政府关于大力发展电子商务加快培育经济新动力的实施意见》(吉政发〔2016〕8号)、《吉林省人民政府关于促进互联网经济发展的指导意见》(吉政发〔2015〕10号)和《吉林省国民经济和社会发展第十三个五年规划纲要》等重要文件,对全省农业电商发展做出布局规划,统筹设计。

着力解决制约农业电商发展的问题。2016年,吉林省先后发出《吉林省人民政府办公厅关于推进线上线下互动加快商贸流通创新发展转型升级的实施意见》(吉政办发〔2016〕5号)、《吉林省人民政府办公厅关于支持"快递下乡"的意见》(吉政办发〔2015〕16号)、《吉林省商务厅关于促进电子商务健康快速发展有关工作的通知》等文件,着力解决制约农业电商发展中的物流问题,提出促进线上线下发展的农业电商发展思路,并将"开犁电商平台"的建设明确列入中共吉林省委一号文件,重点支持打造本省电子商务平台。

4. 工作措施

一是政府推动与市场主体相结合。按照政府推动、市场主体的原则,积极培育农业电子商务市场主体。由吉林省农业综合信息服务股份有限公司牵头,联合有关市场运营主体、农业生产资料企业,实行实体运营,采用产品互换、产品互促、资源共享的方式,借力发展,推动农业电商的发展。

二是省建平台与县级运营相结合。全省统一建设开犁网电子商务平台,县级建设运营中心,负责网点遴选建设与管理、培训组织与管理、本地化产品运营推广、当地电商资源整合与优化及本地物流资源组织与协调。

三是专业物流与草根物流相结合。结合《吉林省人民政府办公厅关于支持'快递下乡'的意见》和吉林省政府与国家邮政总局签署的加快推进吉林省快递下乡合作协议，探索一家企业建线，多家企业搭载的模式。小包裹以邮政物流为主，大宗农资以企业物流和专业物流为主并结合当地客运、草根物流等本地资源相结合的物流体系。

四是公益服务与增值服务相结合。围绕电子商务发展需要，整合了12316平台、12582平台，同时，开犁网、物联网应用服务平台、远程视频诊疗服务平台、测土配方施肥指导服务平台、易农宝手机APP等为电子商务提供支撑和配套服务，形成以公益服务促进增值服务发展，以增值服务推动信息服务应用的可持续发展模式。

5. 工作成效

鲜活农产品电商试点方面，主要委托壹品网开展试点。在网店建设上，与农安县、榆树市380家村店签约，共同建设壹品村店和村级服务站，截至2016年11月末，已建设运营87家；在产品组织上，与628家域内外产品供应商和138户种养殖大户签约，生鲜产品种类超过1 000种；在物流体系建设上，与顺丰集团的顺丰优选、四通一达、落地县域公路客运集团和邮政小包局签署战略合作协议，共同建设县域村巴速递，同时安装"小件快运管理系统"，开通了壹品网"最后一公里物流"新模式；在产品交易上，截至2016年11月末壹品网平台注册用户达152 256个、开通商家512家、累计上线生鲜产品1 837个、交易订单8 881笔、交易额超过830万元。

在农资下乡试点方面，主要委托吉林省农业综合信息服务股份有限公司开展试点。一是升级完善开犁网农资销售平台。打造云架构、专业化，集种子、化肥等农业生产资料的展示、交易、溯源、服务等功能于一体的开犁农资电商平台。二是以开犁网、淘宝吉林馆、ERP、TMS的数据为基础，建立电商数据共享机制，形成电子商务基础数据库；以开犁溯源平台为核心，建立健全农产品质量安全追溯服务功能及监管体系。三是建成农资电商服务体系。开发县域农资电商配送系统，探索实现县域的农资电商配送全覆盖；发挥12316等平台优势，提供涉农信息服务；建立农业大数据分析系统，加强与银行、保险公司等金融服务企业合作。四是建立健全农资电商监管体系。协同相关管理部门，严把产品质量关；建立农资产品溯源机制和网络信用评价机制，强化12316农资打假服务功能。2016年，通过开犁网电商平台在销售农资方面成交约1.5万吨，在销售农产品方面成交订单78 738单，成交额约1 434.1万元；淘宝、京东吉林馆农产品销售达6.53亿元；吉林大米馆浏览量905.4万人次，访客数 595.3 万人次，成交件数 28.1 万，成交量 1 123 吨，成交额 834 万元。

## （三）主要模式

一是政府引导推动与企业主体运营相结合。吉林省成立试点工作领导小组，并出台促进农业电商发展相关政策措施，累计投入资金 1 500 多万元，由政府出面支持农业电商发展，同时与企业合作，由农信公司具体负责电商平台的开发建设与运营管理。

二是自我发展与寻求外部合作相结合。在重点打造本土电商平台的同时，积极探索与淘宝、京东等国内知名电商企业合作，推动农村电商加快发展，实现"买全国、卖全国"。

三是电商服务与信息服务相结合。充分发挥吉林省现有的信息服务优势，支持电商服务产业链延伸、保障力提升，实现公益服务与增值服务互促共进。

## （四）工作中存在的主要问题

从目前情况看，吉林省农业电子商务发展尚处于起步阶段，同国内发达省份相比还有一定差距，面临一些制约发展的突出问题。

政策环境仍不完善。农村电子商务发展的政策环境不够完善，支持电商发展的土地、税收、物流等配套政策支撑体系不健全。

涉农电商企业实力不强。涉农生产、加工企业电商应用水平不高，缺乏龙头企业，致使电子商务交易规模不大。

电商人才队伍欠缺。农村社会发展电商氛围不浓，互联网发展水平与应用普及程度不高，农民参与电商热情不足，电商人才缺乏。

物流仍是制约农业电商发展的瓶颈。吉林省尚未形成统一完备的物流配送系统，单个物流企业的物流配送系统不够健全，覆盖面小，配送成本过高。

## （五）下一步工作打算及政策建议

1. 工作打算

全面推进电子商务进农村。结合信息进村入户益农信息社建设，力争到

2017年年底，在全省所有行政村建设农村电子商务网店，实现电商网店全覆盖。

建设吉林省农村电商资源数据库。在农资电商与生鲜农产品电商推广应用初见成效基础上，加大开犁网、ERP、TMS（终端远程维护管理系统，简称TMS）在涉农企业、农民专业合作社、电商平台网店的推广应用力度，并以其后台数据为根本，逐步实现农业电商数据归集，建立吉林省农村电商基础数据库，强化大数据的二次开发与深度应用，为各级政府部门农村电商决策、企业产品销售、农民电商创业提供可靠依据。

完善产品质量安全溯源、监管体系。围绕农业电子商务发展，在全省范围内继续加强开犁网、壹品网、溯源平台、物联网平台、测土配方施肥平台的推广与应用，逐步探索实现农业生产资料从原料来源到加工、运输、使用过程，以及生鲜农产品从生产投入品品牌、使用时间、用量与用法到生产中农药化肥的使用频次、销售过程的"源头—过程—结果"全程可追溯的无盲点监控。加强组织管理，多个部门协同，健全农资、生鲜农产品的检测、检验体系，强化监管制度，严控质量，保障用户餐桌上的安全。

健全电商配套服务体系。整合政府部门、涉农企业、科研院所、培训学校、金融机构等一切社会资源，分步骤建立完善与农业电商发展息息相关的信息服务、物流配送、宣传推广培训、金融保险等体系与制度，解决信息、资金、物流、服务等制约农村电商发展的关键性问题，创造有利于农村电商快速发展的良好环境。

加强推广应用力度。在全省范围内，开展以电视、报纸、广播、新媒体为主体的协同宣传方式，面对农民、市民大力宣传农资电商与生鲜农产品电商，营造氛围，引导应用。同时，针对政府相关部门，开展电商发展宏观培训，让县乡村各级职能部门重视起来；针对农民专业合作社、涉农企业、返乡大学生等开展电商实操培训，让买家店铺运营起来；针对服务站负责人及周边农民开展电商应用培训，让广大农民用起来，解决电商进村入户"最后一公里"实操型、应用型人才短缺问题。

2. 政策建议

统筹布局，统一规划，推动农业电商稳步发展。各级政府要协调相关部门，强化顶层设计、统一规划、统一建设、统一使用，真正实现"上边千条线，下面一根针"的良好局面。

加强村级电商网店资源整合。除农业部门外，商务、供销、远程教育等部门及阿里等电商企业都不同程度进入农村电商市场，一个村有多个电商网店，造成不必要的重复建设和资源浪费，下一步应加强在村级网店资源统筹、联合建设。

# 四、黑龙江省农业电子商务发展报告

黑龙江省主要承担农业生产资料电子商务的试点工作,依托供销社的农资销售主渠道和信息进村入户的电商平台,扩大了农资产品线上销售规模、完善了配套服务,全面推动了电商平台转型升级,为农资电商发展积累了宝贵的实践经验,取得了较好的效果。

## (一)发展概况

2016年年初,黑龙江省召开了全省"互联网+"农业电视电话会议,出台了"互联网+"农业行动计划(2016年),提出了大力推进农业电子商务发展,实现由"种得好"向"卖得好"转变的措施。一是确定了全省1 179个"互联网+农业"高标准示范基地,促进优质农产品网上销售。二是推进黑龙江大米网建设,打造集龙江优质稻米种植、加工、销售全过程的大米销售专业网站,以及生态龙江农副产品宣传、推介、营销平台。实现网上交易、物联网监测、质量追溯、大数据分析、农业信息服务等功能。三是推动传统电商升级转型,引导生态龙江农业电子商务平台在立足于黑龙江省绿色有机优质农产品销售,与市、县合作,延伸金融贷款、物联网监控、全程质量追溯、市场信息等服务,形成产品+数据+服务的新型销售业态。四是推广网络众筹订制营销。依托1 170个"互联网+农业"高标准示范基地,与黑龙江省新闻办公室、绥化市政府共同策划推出"我在黑龙江有亩田"众筹活动,使用"寒地黑土"品牌,销售绿色有机水稻、大豆和杂粮产品,示范带动全省网上众筹销售。五是开展基地与高校对接,与黑龙江省教育厅合作,组织55家农产品种植基地与哈尔滨商业大学、东北农业大学、东北林业大学等21所高校、职业院校对接,高校大学生通过电商、微商等营销方式,协助基地拓宽产品销售渠道。

黑龙江省涌现出以生态龙江、黑龙江大米网、黑森在线商城、大农网、惠丰金源为代表的一批本土农产品、农资平台型电商;以明水壹丰科技、五常王家屯现代农业农机合作社等一大批绿色有机农产品生产、加工企业、种植专业合作社为代表的交易型电商;以金农网等为代表的围绕农业电子商务产业链开展服务的服务型电商;以明水县、拜泉县、勃利县、集贤县等为代表的一批电子商务进农村示范县。2016年黑龙江省农业电子商务交易额超过百亿元。

## (二) 试点工作开展情况

黑龙江省农业电子商务试点的主要任务是开展农业生产资料电子商务试点,开展网上销售、提供农化服务、强化质量监管。主要思路是依托省供销社惠丰通村网、生态龙江、金农网、惠农公司信息进村入户平台4家知名农业电商平台,发挥各自优势,形成多元化的生产资料电子商务渠道。

1. 加强统筹推进

2016年3月,黑龙江省发布《关于开展农业电子商务试点工作的通知》,制订了《黑龙江省农业电子商务试点工作实施方案》,全面启动农业生产资料电子商务试点工作。黑龙江省农委负责试点工作的统筹推进,充分发挥供销社系统农资主渠道的优势,加强与省供销社合作,提高试点工作水平,选择积极性高的县市开展试点,依托县(市)农业部门、农资企业农技队伍,开展农资使用指导服务。

2. 推进农资电商试点

惠丰通村网依托省内大型农资企业倍丰、庆丰集团线下营销网络及服务体系,完善县域农资配送中心建设,增强网络支撑与核心服务能力,培育直营零售与农化服务能力,在尚志、泰来、桦川、宝清、铁力、绥棱等21个县(市、区)推进农资电商试点,2016年,生产资料电商交易额达到1.5亿元,覆盖100余家线下实体经销商。生态龙江在富锦、龙江、林甸、肇源等8个县开展了试点推广,效果明显。惠农公司依托阿城等11个信息进村入户试点县,开展农资电子商务,2016年实现农资网上交易额2 055万元。2016年,金农网共完成意向订单1 329条,其中化肥经销商求购订单意向总量74万吨,终端消费者求购订单意向总量146万吨。

3. 完善农资销售平台

各平台完善线上订货、网络客服、投诉处理、物流配送、后台管理、网上支付等系统,使网络平台功能更加完备。惠丰通村网对现有平台进行功能完善和系统修复,针对服务社和推广员的管理进行了功能加强,完善了统计分析报表、会员管理、支付形态以及集团商品一键式管理等。村级服务社及推广员录入工作也已进入正轨，手机端APP（安卓）已测试完毕正式使用。惠农公司开发了惠农触摸平板终端机、"惠农助手"手机APP等载体，开展农资产品网上销售。金农网研发出手机客户端（APP）"选肥中心"模块、微信公众号"选肥中心"模块，推出农业电商产品"金农云平台"，可为每个农资生产商和代理商生成兼容电脑、手机、智能设备等终端的子平台，快速生成独立的PC网店、微信公众号、手机APP。截至2016年12月，已开通包括史丹利、红日阿康、贵州开磷、金正大等40家化肥企业子平台。

4. 开展配套服务

惠丰通村网结合倍丰集团、昆丰集团代耕代种业务，提供集订单农业、土地流转、合作种植、融资服务、农资供应、农化服务、农机耕作、粮食收储、加工贸易、信息咨询10项服务于一体的农业产业链全程服务。依托倍丰集团农化中心，与黑龙江省相关机构及企业合作，提供涉及土壤、肥料、环境、植保等多领域，测土配方施肥、农资市场价格、农资使用指导、网上庄稼医院与远程诊疗、农事咨询、气象信息、种植服务跟踪回访等专业服务，使"互联网+农技服务"的专业性和系统性得到提升。金农网平台提供"查政策、看行情、表民声、开网店、卖产品、学技术、问专家、听培训、买农资、聘英才、办贷款、投保险、包土地、找投资、招代理"15项服务，打通用户、需求、入口、线上线下渠道、企业和商家，使农资购买、农技服务、物流配送、政府监管、平台运营、农产品销售真正形成一个农业生态圈。惠农公司建立了来自东北农业大学、黑龙江省农业科学院和相关农业协会的农业专家团队，通过信息进村入户平台开展在线答疑、远程指导，解决农业生产中遇到的各类问题。解决农资使用相关问题共计270余个，发送农业气象信息210余条，提供农资市场动态周报130余条。生态龙江为农民购买农资提供基于以土地承包经营权为抵押物的抵押贷款和担保贷款服务。

5. 开展技术培训

2016年上半年，惠丰通村网先后在汤原、铁力、兰西等市县举办了40期大型培训班，就惠丰通村网服务体系、农资购买、贷款操作指导、奖励机制等内容进行集中系统培训。培训人员包括倍丰集团后台操作综合业务员、县级与乡村级服务网点操作人员及种植大户共计6 000人次。惠农公司联合农业专家、农资厂商、金融服务商等，重点针对益农信息社信息员以及农资零售网点负责人、种养大户、合作社店主等群体，开展电子商务知识、农资常识、现代终端应用的培训，引导农民逐渐形成网购农资习惯，完成了巴彦、尚志、双城等地的集中培训，培训人数达 700 余人。组织农资专家深入农村田间地头，进行点对点、一对一的走访培训指导，帮助农民鉴别农资质量、指导农资应用、农资网上购买，总计 730 余人次。

6. 探索电商监管

为打造农业投入品自主申报、监控追溯、公众监督、执法检查于一体的农业投入品监管模式，黑龙江省农委组织建设了黑龙江省农业投入品监管溯源系统，并开发形成农资产品登记备案、经营情况备案、高毒定点、实名购药、条码跟踪、信息公示、防伪查询、数字执法 8 个业务功能，系统正在测试。通过探索建立农资质量安全追溯管理信息系统，实现管理智能化和农资质量可追溯。

## （三）主要模式和典型案例

1. 主要模式

黑龙江省供销社是农资销售主渠道，拥有完备的农资服务体系和线上线下销售渠道，控股的倍丰集团其生产的农资产品占据黑龙江省过半份额。其模式可概括为：第一，坚持线上线下融合发展，线上依托惠丰通村网销售农资产品 200 余种，线下依靠省供销社县乡村三级服务体系，推进农资电子商务的销售、服务和配送，同时开发手机客户端系统，方便农民在手机上订购；第二，建设县域物流配送中心，完善仓储、配送、分销及服务功能，及时跟踪货物的动态信息，确保按照销售订单按时、保质将农资送到农户家里；第三，建设农资服务网点，服务点配备电脑等办公设备，通过网点帮助农民线上订购，定期开展培训，指导农民科学使用化肥、农药。努力建设成为全省规模最大，服务最完备的适应互联网发展需求的农资服务体系；第四，探索农资电商监管模式，通过统一的农资电商监管系统，实现对农资电商平台、农资生产企业的信息管理和溯源监管，黑龙江省农业投入品监管溯源系统已经完成开发，准备正式投入使用。

2. 典型案例

五常市位于黑龙江省南部地区，辖 24 个乡镇，252 个行政村，总人口接近 100 万，以种植水稻为主，共有水田面积 150 万亩，是典型农业大县。2016 年，惠丰通村网与五常市合作开展农资电子商务的试点，上线化肥品种 21 个，农药等其他农资品种 15 个，网上销售化肥 7 万吨，其他农资 2 万吨，占当地市场份额的 30%。

一是健全服务体系。投入电脑、办公座椅、牌匾等，建设县级配送中心、乡镇综合管理站、村级供销综合服务社的三级服务体系，县级配送中心负责全县网点业务管理与物流配送，乡镇综合管理站负责对本乡镇网点业务指导，村级供销综合服务社负责业务宣传与组织农民网上订购，三级体系互相配合，确保农资网上销售的流畅性与便捷性。

二是提高农资物流配送效率。开发了物流信息管理平台，以县域配送中心作为对接终端的中枢节点，配备配送中心或利用社会车辆，提高配送能力，增加了对下游乡级经销商和村级供销服务社的吸附、集聚能力。截至 2016 年 12 月，五常市农资配送中心占地面积 1.8 万平方米，仓储能力 3 万吨，日配送能力 400 吨，辐射乡村级服务网点 260 个。

三是开展全产业链服务。除开展测土配方施肥和农技咨询服务外，在购买农资过程中，为农民集成提供订单农业、土地流转、合作种植、融资服务、农资供应、农化服务、农机耕作、粮食收储、加工贸易、信息咨询 10 项农业全程服务。与五常国裕水稻种植合作社、五常金河米业等 10 家合作社合作，通过平台提供贷款 1 000 万元，销售农资 1 万吨。

四是组织开展培训。针对惠丰通村网服务体系、农村电子商务技巧、平台农资购买、金融贷款操作指导和销售奖励机制等内容进行集中培训，培训人员包括县级、乡级、村级服务网点操作人员及种植大户，总人数超过 300 人。

## （四）存在的主要问题

农民电商意识不足。农民电商意识薄弱，电商知识匮乏，尤其对于农资产品的消费，应用电商更加小心翼翼，制约了农资电子商务的推广。

电商人才资源短缺。既懂得电商又熟知农资农业的专业人员尤为紧缺，对电商人才的吸引仍不够，尤其是专业的电商人才队伍尚未形成。

物流成本过大。黑龙江省农村地域广、需求分散，部分村屯交通不畅，造成物流成本较大。集中配送存在周期长、时效性差的问题，影响了电商销售。

网上交易手续费较高。截至 2016 年 12 月，支付宝和微信支付的手续费率在 0.6%～1.0%，农资作为大宗商品，按 2 600 元/吨的二铵计算，支付平台扣除手续费最高可达 26 元/吨，致使生产商和消费者均不愿意采取网上支付。

电商监管有待加强。黑龙江省还没有建立起统一的生产资料电子商务监管平台，相关信息较为分散，农资电商平台和政府相关部门协同监管的体系尚待完善。

## （五）下一步工作打算及政策建议

依托黑龙江省供销社系统继续推进农资电商试点工作。发挥省供销社系统农资产品齐全、质量优良、服务队伍健全的优势，加强合作。

加强电商监管力度。加大监管力度，重点开展农业投入品监管溯源系统的运营和推广工作，完善农资电商监管体系。

注重模式总结和电商人才培养。黑龙江省将在全国优秀农业电商典型案例学习的基础上，对本省农资电商模式进行总结和提升，加大在农资使用服务指导和农资电商人才培训的投入。

# 五、江苏省农业电子商务发展报告

江苏省积极探索农业生产资料电子商务试点工作，提升农资精准服务水平，建立健全质量安全监管体系，促进放心农资进农家，在农资网上营销、服务体系和监管体系建设上取得了丰硕成果。

## （一）发展概况

近年来，江苏省认真贯彻落实中央有关发展电子商务决策部署，大力推进农业农村电子商务。江苏省委、省政府先后出台《中共江苏省委江苏省人民政府关于加快发展互联网经济的意见》《江苏省政府关于加快互联网平台经济发展的指导意见》《江苏省政府关于大力发展电子商务加快培育经济新动力的实施意见》《江苏省政府办公厅转发宿迁市人民政府关于发展"一村一品一店"促进农民创业增收情况的通知》《关于推进农业电子商务发展的实施意见》等政策文件，为农业电商发展营造了开放、规范的制度环境。连续两年在全省范围内开展农产品电子商务万人培训，建成一批省级农业电子商务示范基地，为全省农业农村电子商务加快发展提供了基础保障。近年来，江苏省农业电商成绩有目共睹：新型农业经营主体积极开展网上营销。家庭农场、农民专业合作社、农业加工企业、农产品批发市场、种养殖大户等大批农业经营主体开辟网上销售渠道，越来越多的返乡下乡人员、大学生村官、退伍军人、农村青年利用网络创业就业成为网商。据阿里研究院报告，2015年江苏省在淘宝平台上的农产品卖家数量位居全国第三位。

地方特色农产品纷纷上网。阳澄湖大闸蟹、无锡水蜜桃、南京盐水鸭、高邮咸鸭蛋、靖江肉脯、淮安赵集粉丝、沭阳花木、丰县苹果等地方特色产品纷纷上网，化肥、种子、农药等农资产品成为电商产品的重要组成部分。江苏省先后开设了17个淘宝馆特色中国地方馆、10个京东特产馆、15个苏宁易购中华特产地方馆。阿里研究院报告显示，2015年江苏省在淘宝平台上农产品销售额位居全国第三位，农产品销售额排名前20的城市中，苏州市和宿迁市榜上有名，排名前20的县中，有沭阳、昆山、靖江、太仓4县（市）。

休闲观光农业电商水平不断提升。大部分休闲农业及乡村旅游点建立了宣传网站、网页，开展网上推介和交易，不断提高知名度，吸引市民休闲观光、食宿消费、采购产品。不少休闲农业市场主体增强网站功能，实现在线预订、支付，开通微信公众号，强化关系营销，加入美团、百度糯米等团购网，扩大影响力。江宁区横溪街道112家农家乐的餐饮、住宿等在线订单已占总订单量近一半。休闲观光农业电子商务服务企业开始出现，如江苏九谷网络科技有限公司开发了"旅长"APP，采集了江苏省大部分乡村旅游点信息，为公众提供乡村旅游点导航及旅游门票、餐饮、住宿网上预订服务。

大型电商企业农村战略快速推进。阿里巴巴集团"千县万村"计划先后在大丰、丰县、泗洪等25个县（市、区）实施，建成1 700多个村级服务站。苏宁云商建成农村加盟店220多家，京东建成农村电商合作点200多家，江苏省涌现淘宝村201个，淘宝镇17个，数量均位居全国第三位。近年来，江苏省农产品网络营销额每年以20%的幅度增长，2016年全省利用网络实现营销农产品达到280亿元，农资电商38亿元，休闲农业电商43亿元。

## （二）试点工作情况

按照《农业部农业电子商务试点方案》工作部署要求，为加快培育农资电商市场，创新农资网络营销模式，提升农资精准服务水平，建立健全质量安全监管体系，促进放心农资进农家，降低农业生产成本，2016年6月底，江苏省农业委员会制定下发《江苏省农业生产资料电子商务试点方案》，并于7月召开了江苏省农业生产资料电子商务试点工作推进会。

1. 主要试点任务

根据《农业部农业电子商务试点方案》要求，结合江苏省实际情况，确定农业生产资料电子商务试点的4项主要任务。

（1）加快推进农资上网营销

鼓励规模较大、信誉较好的农资生产、流通企业自建或对接电商平台，开展线上销售、创新运作模式、提高管理水平。充分利用大型农业企业、农资电商平台、供销社等已有渠道，线上线下相结合，开展农资网上销售。在建湖、宝应、武进等部分县（市、区）构建完善农资电商配送体系，实现县域农资电商配送全覆盖。加大宣传和培训力度，积极引导农民逐渐形成网购农资习惯。

（2）积极发展农资服务体系

推动农资生产、经销企业与电商平台加强合作，依托江苏省农技服务体系和12316惠农信息服务平台，为农民提供测土配方施肥、农资市场信息、农资使用指导、农事咨询等专业服务。依托电商平台企业建立大数据分析系统，分析掌握农民用肥施肥及病虫害防治等数据，由单一的农资销售平台向产前、产中、产后全链条农资服务商转变。鼓励电商平台与银行、保险公司等金融服务企业合作，提供农资贷款、农业生产保险等相关金融服务。

（3）探索建立农资监管制度

依托具备条件的农资电商平台建立网上农资质量安全追溯系统和网上投诉处理平台，对网上营销企业及其产品的基本信息进行归集。加强农业执法监管体系建设，探索开展农药、兽药等农资电商监管，推动行业监管信息共享和互联互通，推行信用档案管理，保证网上农资可管、可信、可用。

（4）营造良好农资网购环境

依托放心农资下乡、农产品电子商务万人培训、信息进村入户等工作，采取发放资料、展览展示、信息推送等多种形式，加强对网购农资质量、价格与服务等方面的宣传，引导家庭农场、农民专业合作组织、种养大户等通过电商平台采购农资。

2. 试点工作思路

深入贯彻落实中共中央、国务院，以及省委、省政府有关加快推进农业农村电子商务发展的决策部署，围绕促进农业发展方式转变、推进农业供给侧结构性改革的任务，强化政策引导，着力解决农资电商发展中的困难和问题，努力完善制度、机制和模式，探索构建"政府引导、企业主体"的市场化农资电商运行新模式，为促进农业节本增效、农产品质量安全提供切实保障。依托规模农资生产经营企业，争取通过试点工作，建成涵盖化肥、种子、农药、兽药、农机具等主要农资的电商营销平台，实现部分县域农资电商物流配送体系全覆盖，初步建立一支农资电商技术服务队伍，探索建立完善农药、兽药电商质量监管体系，培育出一批具有地方特色的农资电商示范典型，为推进全省农资电子商务快速健康发展提供可推广、可复制的做法和经验。

### 3. 主要政策措施

**加强组织领导。**全省各地切实加强组织领导，各试点单位和企业都把农资电商试点工作摆上重要议事日程，组建工作班子，细化工作方案，制定落实措施，明确时间节点，强化跟踪督查和责任落实。

**加强培训指导。**市、县农业部门结合全省农产品电子商务万人培训，积极组织农资电商企业开展网络销售、客服、仓储、配送等业务的培训，加强电商平台建设、农资使用服务、农资电商市场秩序维护等方面的指导，提高农资电商经营服务水平。

**加强资金扶持。**2016年，省级现代农业产业发展（农业产业化）专项安排了190万元资金扶持建设苏农网等7个农资电商平台，全省各地农业部门也积极争取当地财政支持，安排资金共同推进农资电商试点工作，确保农资电商试点工作取得实效。

**加强宣传推广。**全省各地利用电视、广播、报刊，以及网站、12316信息平台、微信等渠道，积极宣传农资电商试点工作，让农资生产经营企业、农业生产经营主体充分认识发展农资电商的重要作用，提高参与农资电商的积极性、主动性，大力营造农资电商发展的良好氛围。

### 4. 主要工作成效

**建成了一批有规模上水平的农资电商平台。**通过资金扶持和工作指导，涌现了一批叫得响的农资电商平台，如江苏苏农农资连锁集团的苏农网，中化化肥江苏分公司的买肥网，中国邮政集团公司江苏省分公司的邮乐网，南京淘实惠农资电商平台，常州市、镇江市、宝应县的田田圈电商平台，盐城市的农一网，建湖县的蜻蜓农服电商平台，东台市的农商一号电商平台，连云港市的农资网，泰州市的智慧农业农资电商平台，亲耕田农资电商平台等。其中，宝应县15个镇成立田田圈农业服务中心分店22个、村级服务点3个。

**有效推进农资电商质量追溯监管。**江苏省以国家和省级农产品质量安全县创建活动为契机，构建了覆盖昆山、江阴、江都、海门、姜堰、建湖、溧水、丹阳、泰兴、海安、射阳、灌南12个县（市、区）的农资追溯体系，初步实现农资生产经营单位通过农资追溯系统记录产品的进销存情况，农资监管部门可以通过监管平台实现网上管理，农药和主要农作物种子的"来可追溯、去可追踪"。江苏苏农农资连锁集团、中农网购（江苏）电子商务有限公司、连云港蓝海网络科技有限公司等试点企业也建设应用农资质量安全溯源系统。

初步形成农资物流配送体系。建湖县依托中农网购（江苏）电子商务有限公司建设覆盖全县的蜻蜓服务站点，推进线下服务网站建设，提供农资产品展示销售、技术咨询、网上代购、物流配送、人员培训等综合服务。宝应县依托扬州市田田圈农业科技服务有限公司，通过进一步完善会员营销系统，基本实现县域农资电商配送全覆盖。武进区通过常州市田田圈农业科技服务公司建成覆盖全区的农资电商配送体系，配货车7辆，区内配送时间不超过4小时。句容县以镇江市田田圈农业科技发展有限公司为依托，以容中转仓库为中心，乡镇田田圈农业服务中心为服务店，形成覆盖句容县域的农资营销、配送和农技服务网络，服务车辆增加到10辆，仓库面积扩大到3 000平方米。

### （三）主要模式和典型案例

1. "三网联动，全网营销"模式

江苏苏农农资连锁集团着力创新经营、创新服务，打造了农资电商平台——苏农网，通过连锁网络营销、互联网营销、手机网络营销，推进"农资销售与农化服务相结合""线上线下相结合"，实现"三网联动，全网营销"。

一是利用连锁网络创新经营和服务。从2014年开始，苏农农资连锁集团在全省正式启动"万村千乡农化服务全省行"活动，引导农民科学种田，帮助农民节支增收。二是开展互联网营销服务。苏农农资连锁集团通过"苏农网"以B2B、O2O模式实现"安全、便捷、经济"的农资网上交易，实现线上下单、线下配送。三是开展手机新媒体移动服务。通过建立微信公众平台免费为农民提供作物栽培、生长发育、田间管理等技术，以及科学施肥、安全用药和病虫害防治等知识，为各地苏农连锁店和经销商提供市场分析、趋势预测和农化服务常识等服务。同时，组建测土配方肥料生产企业——江苏苏农测土配方肥料公司，服务范围覆盖全省56个县区、1 200万亩耕地，每亩平均减少各类化肥用量10千克左右，节约农本40元。通过测土配方，苏农集团拥有各类配方60余个。还在部分地区探索无人机飞防服务，飞防用药比人工用药亩均节约30%，人工成本降低90%。

2. "蜻蜓农服全程服务"模式

中农网购（江苏）电子商务公司的蜻蜓农服电商平台由蜻蜓农服网、微信公众号和APP组成，采取O2O运营模式，通过线上线下融合为农户提供农资交易、无人机喷洒农药、农业规划策划、农技咨询、农业品牌创意等服务为特点的一站式农业众包服务平台，为广大农户和农业市场主体提供代下单、配送、展示、技术指导等综合性服务。

蜻蜓农服围绕作物健康高产综合解决方案和安全用药，重点发展绿色药肥、植物营养、刺激素、土壤修复剂、土传病害防治等服务商。加快建设农用植保无人机、自走式喷洒机械、喷洒专用药剂、机手飞手培训四大应用体系，推进药械融合，实现精致施药，提高药肥使用效率。

3. "亲耕田五环种植"模式

江苏亲耕田农业产业发展有限公司着力建设江苏亲耕田农产品（农资）综合营销电商平台，打造"互联网+"农业电商平台BBC。

平台包含田联网和企联网两部分。田联网是农户和对应土地信息，包括亩数、位置、种植品种、亩产等详细种植信息，为产品生产建立溯源系统，实现安全农产品流程化生产。企联网是把上游农资生产企业入网，给田联网农户提供农业生产资料，并提供农业技术指导和产品使用全程使用指导，将种子、营养、防治、管理与行情等农业生产5个环节统一起来，为农场提供从种到收的全程服务，包括农资、农机作业、农技、资金、保险、仓储、烘干、粮食银行等种植闭环产业链服务，实现种地简单化、流程化、系统化，每亩每年增产10%以上。

江苏亲耕田农业产业发展有限公司自身经营土地12 000亩，有5人专业互联网平台技术研发团队，在苏北有500多家农资连锁店，发展12万会员，通过推广技术带动农资销售。

## （四）试点工作中存在的主要困难和问题

江苏省农资电商试点工作取得了显著成效，但受消费习惯、使用方法等因素制约，在推进试点工作中也存在着一些困难和问题。

传统赊销方式严重阻碍农资电商发展。农资赊销一直是行业的"顽疾"问题，很多地方赊销更是成了一种习惯。如何让已经习惯了赊销的农户用"一手交钱一手交货"的电商交易方式现款购买农资，成为培养农民网购消费习惯、决定农资电商能否成功的一个关键点。而农资产品的主要目标用户是种植大户、零售终端、专业合作社、农垦基地,如何针对他们养成网购消费习惯,还需要一个漫长的过程。

电商化与传统渠道存在利益冲突。传统线下农资市场形成了一套完整的销售网络与价格体系,各个经销商与代理商直接沿袭着传统的代销分成模式,传统网点的存在是农资销售的重要渠道。农资终端网点不仅仅承担着销售的职能,还有技术服务与售后服务的职能,在实行农资电商化过程中,要加强线上与线下服务的融合发展。

农村物流配送体系落后增加电商化难度。农村大部分地区仍处于不发达状态,交通状况也不够便利,物流快递服务大多不到村,要实现农资电商需要有物流的配套过程。另外,由于农资数量规模很大,在当地必须有仓库或者工作站,农村工作站的数量也是农资电商需要考虑的问题。同时,从市、县级工作站到村镇服务站一级的配送能力与送货速度也将是农资电商将要面临的巨大考验。

农资产品技术与售后服务保障难。农资产品不同于一般的生产资料,其使用有很强的技术要求,使用不当易造成经济损失。种植大户、专业合作社、农垦基地这样的客户虽然掌握了一定的植保专业知识,但是依然需要专业的技术支持,才能有效控制用药风险,所以一站式的服务与解决方案对这些客户更具吸引力。在这方面,传统的销售网点更有优势,需要更加注重线上技术服务。

## (五) 下一步工作打算及政策建议

江苏省积极引导各类农业市场主体发展电子商务,做大做强农业特色产业,强化特色产业与知名电商嫁接,促进产销衔接。到 2020 年,全省农业电子商务年交易额预计达 1 000 亿元。

推进特色产业与电商融合发展。开展农业电子商务示范基地建设,通过以县统筹、以镇带村,发展优势产业,培育特色小镇。结合"一村一品""一镇一业",支持农业生产经营主体开设网店、微店等,发展农产品网上销售、大宗交易和订单农业等电商业务。推动农产品生产由生产导向向消费导向转变,积极打造特色产业全产业链电商发展模式,实现农产品生产、加工、销售全程可追溯,促进广大农民就业创业,推动农业结构调整,增强农业内生发展动力。

推进农业电商品牌化战略。强化农产品标准化、精深化、差异化加工和包装设计，挖掘农产品文化内涵和功能，加强网上网下宣传，打造一批富有地方资源特色、品质特色、功能特色和文化内涵，市场知名度高且竞争力强的农业电商品牌。放大品牌集聚、资源整合效应，推进电商与实体相结合、线上与线下相融合，创新农业电商营销方式，培育农村一二三产业融合发展新业态。支持省内农业龙头企业对接"一带一路"战略实施，开展农产品跨境电子商务，输出江苏优质农特产品。

推进农业电商营销体系建设。支持知名电商开设农业电商地方特色馆，推动建设县域农业电子商务服务中心、乡镇电商服务站和村电商服务点，逐步建立县、乡、村三级农业电商服务体系。鼓励电商企业发展农业电子商务，加强自营平台建设，有效对接市场需求，拓展农产品、农业生产资料、休闲观光农业网上营销。鼓励农业电商园区、电商服务企业建立农业电商联盟，开展社会化服务，促进建立健全服务体系、质量安全追溯管理系统和投诉处理机制，推动农业电商加快发展。持续实施农业电子商务万人培训，做到需培尽培，打造一支农业电子商务营销队伍。

推进农业电商基础设施建设。推进农村电子商务物流渠道、农村宽带、道路交通等基础设施建设，鼓励有条件的地方建设农业电子商务产业基地、物流园、创业园，改善农业电子商务发展条件。合理规划物流资源，发展产地预冷、冷冻运输、冷库仓储、定制配送等全冷链物流，构建适合农产品电商发展的物流配送体系。鼓励产地和销地农产品批发市场，更好地应用现有的市场流通基础设施、质量检测设备、产品流通渠道等发展农业电子商务。

# 六、湖南省农业电子商务发展报告

2016年,湖南省主要承担"基地+城市社区"鲜活农产品直配模式和农业生产资料电子商务试点工作,经过几年实践,探索出鲜活农产品"线上订单+基地直供+门店配送"电子商务模式,利用信息进村入户平台、大型农资电商平台、供销社原有渠道,通过线上线下相结合,开展农资网上销售,取得了实质性进展。

## (一)发展概况

推进农业农村信息化是农业现代化建设的重要内容,开展电子商务试点示范是推进农业农村信息化的有效举措之一。为贯彻落实中共中央、国务院,以及农业部和湖南省委省政府关于推进农业信息化和电子商务的有关决策部署,2016年,湖南省结合信息进村入户工作,开展了农业电子商务试点。

1. 高度重视农业电子商务发展

近年来,湖南省委和省政府对应用电子商务推动现代农业的发展认识深刻,将农业电子商务列入重点发展目标,在农业领域大力推广电子商务应用,营造农业电子商务发展的良好环境。2012年省政府出台《关于加强农业信息化建设的意见》政策文件,将发展农业电子商务列入重要目标,对发展农业电子商务提出明确要求。2013年,湖南省正式提出要以农业电子商务为抓手,推进农业信息化,发展农业农村电子商务。2015年,省政府印发了《湖南省实施"互联网+"三年行动计划》,把大力开展涉农电子商务列为重要内容,支持建设涉农电子商务服务平台,联通农业生产、加工、流通和餐饮等环节,实现网上农超、农餐对接,利用互联网构建农副产品物流体系;开展电子商务进农村综合示范,推广全国农产品商务信息公共服务平台和农村商贸综合服务体电商模式,畅通工业品下乡和农产品进城渠道;支持农村电子商务服务业发展,鼓励开展涉农电子商务服务、网络及渠道建设,推动农产品网络销售模式快速发展。

## 2. 农业信息化基础设施建设得到加强

湖南省农业信息化通讯网络基础设施得到明显加强。广播电视、移动网络、宽带覆盖全省所有市、县、乡镇和大部分行政村。"村村通电话""乡乡能上网"完全实现，广播电视"村村通"普及率达到99%以上。

## 3. 涉电农业网络信息平台建设初具规模

农业电商平台如雨后春笋般不断涌现。如湖南龙讯村村通已建成多个单品交易平台，拥有企业会员近万家，被批准为全国农业电子商务试点平台；沁坤商城已成为全国首家规模最大、具有行业示范性和创新性的大宗农产品现货交易电子商城；湖南供销电子商务股份有限公司的城乡一体综合服务平台，围绕"农村综合服务网点"开展工业品下乡的"下行"服务；围绕"城市社区服务网点"和"网上供销社"运营服务体系开展的农产品进城的"上行"服务；湖南搜农电子商务有限公司通过打通特色农产品供应链，提供品类包括新鲜水果、休闲零食、粮油干货、名优特产等多种特色农产品，并为农业公司以及新农人免费提供一站式电商IT系统及产品服务建立的乡村土货综合服务平台。

### （二）试点任务完成情况

#### 1. 主要任务

鲜活农产品电子商务试点。在湖南省重要市县主要采用"基地+城市社区"直配模式。首先，建立农产品生产基地的智能管理服务平台，提供农产品种植计划、农产品实时产量、采后库存等信息；其次，建立鲜活农产品产销网络对接平台，采集生鲜采购商的采购信息，并与生产基地进行对接，制订鲜活农产品销售计划；再次，设立农产品体验店、自提点和提货柜，加强与传统鲜活农产品零售渠道的合作，开展农场会员宅配、农产品众筹、社区支持农业等模式探索，建立农产品社区直供系统；最后，自建或依托第三方，建立全程冷链物流配送体系。此外，鼓励开展其他形式的"基地+城市社区"鲜活农产品直配试点。

农业生产资料电子商务试点。重点在浏阳市开展农业生产资料电子商务试点。一是充分利用信息进村入户平台、大型农业、农资电商平台、供销社等已有渠道，线上线下相结合，开展农资网上销售，探索实现部分县域的农资电商配送全覆盖；现阶段，以化肥为重点，逐步扩展到种子、农药、兽药、农机具等主要农资品种；鼓励电商企业加大宣传和培训力度，积极引导农民逐渐形成网购农资习惯。二是加强与银行、保险公司等金融服务企业合作，提供农资贷款、农业生产保险等相关金融服务。三是建立健全适应电子商务需求的种子电商监管体系，完善质量安全追溯管理信息系统和网上投诉处理平台，推动种子行业监管信息共享和互联互通，加强农资电商监管，推行信用档案制度，确保网上销售的种子可信、可用、可管。

2. 工作思路

通过试点探索，实现以12316为核心的涉农公益服务与全国统一平台链接并率先上线运行，农业综合信息服务和便民服务内容更加丰富，电子商务在农业农村全面落地，培训体验服务广泛开展，市场化运营机制进一步完善，风险防控管理制度基本建立。逐步探索出农业综合服务、农村公共服务与管理、农产品上行电商服务可持续发展湖南新模式新样板，为信息进村入户和农产品电商服务在全省推行探索总结出一整套成熟的可复制可推广的经验和做法。

3. 工作政策与措施

2016年1月湖南省召开全省推进农村信息化建设现场会议，进行专题部署，要求各地要结合实际，积极探索"基地+城市社区"鲜活农产品直配、"放心农资进农家"等农业电子商务新模式。随后，向各市县下发了《湖南省农委办公厅关于印发2016年推进农业农村信息化试点工作方案的通知》和《湖南省农委关于加快推进农业农村信息化建设提升现代农业发展水平的实施意见》，把发展农业农村电子商务作为重要内容一并推进，并制订了《湖南省农业电子商务试点实施方案》，长沙市、浏阳市作为试点城市细分任务，制订了本地实施方案。

4. 工作成效

（1）鲜活农产品电子商务试点

鲜活农产品电子商务试点主要在长沙市开展。长沙市结合"菜篮子"直销配送工程建设，积极探索鲜活农产品"线上订单+基地直供+门店配送"电子商务模式，实现了"产销直达""农社对接"。试点期间主要工作包括以下几方面。

推进配送终端建设。大力发展直销实体门店解决鲜活农产品配送"最后一公里"的问题。2016年，长沙市市级财政投入资金1 200万元，支持直销配送主体企业以社区、住宅小区、办公楼宇、团体单位为重点，建设生鲜超市、社区直销门店等直销配送终端；鼓励组建连锁管理企业，发展自营、控股、加盟、承包、配送合作等多种模式，配送网点迅速扩张。截至2016年12月，长沙市已有直销配送主体企业30家，建设各类直销配送网点1 000多家，其中直销门店500多家，基本通过产、供、销网上结算中心实现了连锁管理。湖南新泰邦电子商务有限公司"互联网+现代种业"将重点突破口放在仓储和配送环节。在仓储方面，设立一级区域仓库和二级乡镇临储点两级物流仓储节点，其中一级区域仓库位于试点区域内，按公司指令操作；二级乡镇临储点分布于各乡镇零售商店面，由乡镇零售商自行管理，通过引入产品二维码追溯系统，并导入一级、二级仓储点，监管各物流节点进出货状况。在配送方面，第三方物流公司负责一级仓储到二级临储点和部分种植大户的配送，乡镇零售商负责二级临储点到农户的配送或代存。该模式充分利用了现有社会资源，提升了传统乡镇零售商店铺价值；产品二维码追溯系统的导入，易于鉴别产品真伪，满足农户即时购货需求，实现公司防窜货管理要求，维护了市场秩序。通过汨罗一期试点运营，对比传统模式，交易链条有效压缩了1~2个环节，削减低效品种50%，总销量同比增长300%，最高单品销量增长301%，产品毛利增加10%，种植大户采购单价低于市场价35%以上，取得了明显效果。

推进集配中心建设。鲜活农产品集中分拣配送是当前实现农产品标准化的重要途径。2016年，长沙市按照"线上开放、线下整合"的原则，加快农产品公共物流体系建设。市级财政投入资金1 000万元，以分拣中心、加工包装、冷藏设施、冷链运输车辆、网络监控、质量安全检测设备、农产品质量追溯体系等为重点，因地制宜建立功能完善的产地收集中心和城区集配中心。同时，以集配中心为平台，打通了农超、农社、农校、农厂对接渠道，构建起点对点的产销对接网络。目前，长沙市区已建成3 000平方米以上鲜活农产品集配中心10家，年均采配农产品近40万吨。

推进监管体系建设。完善流通追溯体系是"网订店取"鲜活农产品安全的保障。通过安装追溯体系设施设备、运用互联网信息技术手段，不断拓展监控范围，加大监控力度。截至2016年12月，长沙市已完成了农产品追溯运行指挥中心、数据中心的建设，开通了农产品追溯门户网站，形成了覆盖农贸市场、定点屠宰场、农产品直销门店、种养基地等126个节点的农产品质量安全追溯体系。长沙市主要蔬菜产区、畜禽养殖基地和所有直销配送企业配备成套检测设备，确保每一批次产品出售前必检，所有检测信息联网上报，确保来源可追溯、去向可查证、责任可追究。

推进网络平台建设。充分利用互联网技术，建立了农产品市场信息统一收集、分析和发布平台，健全市场信息服务体系，实现市场动态实时更新，指导基地按计划生产。截至2016年12月，长沙市农村电商企业达900多家，其中如惠农网、搜农坊等规模农村电商平台企业已超过100家，田园香股份有限公司、隆禹蔬菜、乡里里手、湘康实业等农村电商实体企业已超过800家。

（2）农业生产资料电子商务试点

农业生产资料电子商务试点主要在湖南省浏阳市开展。浏阳市结合实际，在信息技术与农业农村应用新常态、信息进村入户与便民服务相结合的基础上，积极培育本地电商企业开展"鲜活农产品进社区、放心农资进农家"农业电子商务活动。

打造浏通天下、永康农业两家大型电商平台。浏通天下电商平台，打通农资订货渠道，建成40个农资销售网点，实行线上线下销售同步进行，探索实现浏阳市全市农资电商配送全覆盖。永康电子商务公司搭建"一城两网"框架，即微信商城、浏阳农产品信息网与淘宝网，创建"农村电子商务网上集市"，以方便农户、宅配到家为首要目标，密集排点、家家到户模式运营，在"农业信息进村入户"村级点的基础上，以走街串巷、每家每户、上门服务的形式，派发、填写、传递公司特别印制的日用消费品DM（印刷品直递广告）单（每期约60个产品）。村民通过公司产品DM单的填写，把需要出售的农产品信息发布出去，同时表达他们实际产品需求，通过各个乡镇点反馈的信息，一天之内完成物资的快速配置与递送。经过一年多发展，浏通天下、永康农业两家电商平台入驻商家180多家，上传商品1 700多种，实现农资下乡和特色农产品进城交易3 000多万元，取得了明显的社会效益和经济效益。

建设完善农资溯源监管平台。在信息进村入户的基础上，建设浏阳农资管理和农产品质量溯源平台，实行农资和种子生产、销售信息资源管理；依托12316三农服务热线，网上投诉处理平台，推动种植、畜牧、水产以及种子、化肥、农药、农机等行业监管信息共享和互联互通，加强农资电商监管，推行信用档案制度，确保网上销售的农资可信、可用、可管；开展联合执法，完善整合农资市场管理执法力量，建立监管保障机制，建立健全农资与种子电商监管体系，切实维护广大消费者的合法权利。

提供电商人才培训服务。浏阳市创建青年电子商务创业协会为平台，免费为广大农村的电子商务创业者和从业者进行电子商务事业相关的专业培训。全年实现点对点下乡培训 30 场，培训电商骨干 300 人次，为农业电商发展提供了坚实的人才力量。

## （三）试点的主要困难与问题

1. 农业电子商务意识比较薄弱

一是农民电子商务意识还需继续提升。农民对电子化设施及渠道仍不熟悉，对电子商务模式存有不信任感。二是涉农企业对电子商务认识不足。主要表现在对电子商务在农产品流通领域应用的缺乏足够认识以及在农业电子商务领域投入不足。三是各级政府和农业部门对农业电子商务重视不够。当前抓农业生产的各级政府和农业部门仍然存在"重生产、轻流通"的现象，还存在抓催耕催种多、抓市场流通不够的问题。

2. 农村信息化相对落后

一是网络基础设施薄弱。湖南省农村互联网入户率较低，绝大多数乡村网络基础设施比较匮乏，信息"最后一公里"问题没有完全解决。二是各级政府对农业信息基础建设的投入力度还需提升，方式和手段有待创新。湖南省不少地区仍然采用报刊、电台、宣传板报等传统形式传递和发布农业经济信息，信息化手段运用不足。

3. 农产品物流体系仍需完善

一是交通运输条件和设施落后，农产品批发市场、农产品仓储、冷链物流等物流基础设施和设备落后，农产品物流产业发展滞后，物流公司配送网络尚未深入乡村。二是物流标准不统一、不规范，湖南省农产品的分类、分级、分品没有标准化规范，农产品包装缺乏统一标准。三是农产品物流信用体系缺失，农产品物流体系的缺失导致农产品物流成本居高不下，发展缓慢，成为农业电子商务发展的障碍。

4. 农业电子商务人才比较缺乏

一方面，经营者缺乏系统的农业电商知识。农业电商经营者普遍没有接受过系统的培训教育，对农业电子商务知识仍缺乏全面了解和掌握，多处于"干中学"的状态。另一方面，专业电子商务人才十分缺乏。农业电商企业、农业部门对电商人才需求很大，有效人才供给仍有较大缺口。

## （四）下一步工作打算及政策建议

**1. 建立完善的农业农村电子商务群**

引导涉农企业和农民合作组织建立自己的电子商务网站。鼓励和支持湖南省内已初具规模、具有影响力的企业发展面向消费者的第三方电子商务平台。

加快电子商务的推广应用。鼓励中小企业、农民专业合作组织、种养大户和农民依托第三方电子商务平台开展农产品网上交易。

打造湖南省本土农业电商品牌。加强农业农村电子商务品牌建设，建立湖南特色农产品电子商务网站，打造湖南农业农村电子商务知名品牌，为湖南农产品交易提供优质快捷的通道。

**2. 加强农业电子商务标准化体系建设**

加快制定湖南省农业电子商务标准体系。依据国家农业电子商务标准，积极推进农产品电子商务标准化进程，制定农产品从生产到网络交易的农业电子商务标准体系。选择一批湖南特色农产品，开展农产品电子商务主客体的信息描述、电子商务交易过程监管、电子商务支付等关键环节的标准制定。

建立农产品质量安全可追溯体系和诚信体系。农产品的品质是发展农业电子商务的前提条件。因此，要建设"从源头到餐桌"农产品质量安全追溯体系。重点探索湘米、生猪、柑橘、茶叶等湖南农产品质量安全追溯体系，构建主要农产品"基地—配送中心—市场—消费者"全程监管、企业监测控制、消费者多途径查询体系，初步形成"产品源头可追溯、过程流向可跟踪、相关信息可查询、问题产品可召回"的农产品质量安全可追溯体系。改善农村及涉农企业的电子商务诚信状况，建立企业诚信体系，推动农村电子商务的健康发展，为湖南省农产品电子商务发展提供信誉保障。

**3. 推进农产品物流体系建设**

加强农产品物流基础设施建设。加强农村基础设施建设、产地仓储建设和农业物流标准化建设，将农业物流资源进行合理配置，培育和扶持农业大企业或物流中介组织，形成大生产、大流通、大市场的一体化物流格局。

构建湖南省农业物流运行体系。坚持以全球大市场为导向，以企业为主体，以提高效率、效益、客户服务水平和企业竞争力为中心，建立政府宏观调控、行业主管的现代农业物流服务网络运行体系。

打造一批湖南省农产品物流支柱企业。重点培育一批农产品物流企业，逐步建成一批湖南省农产品物流行业的支柱企业。鼓励利用第三方物流配送企业为农业农村电子商务提供物流配送服务，鼓励企业之间探索运用合作的方式，建立企业与企业间的协同配送模式。通过农产品物流体系建设，建立适应湖南省农业农村电子商务发展需要的现代化农业物流体系。

4. 加强农业电子商务宣传与培训

加强农业电子商务的宣传。依托政府资源优势，特别是湖南省的媒体优势，充分利用网络、广播、电视、电话、移动通信工具等多种信息传播手段，加强对农业农村电子商务知识的宣传与推广，强化社会各界的电子商务应用意识、信用意识、信息安全意识，形成发展农业农村电子商务发展的浓厚氛围。

加强农业电子商务培训。各级政府部门研究制定中长期的农业电子商务培训计划，建立湖南省农业电子商务人才教育培训体系。充分利用农业视频会议系统、远程教育网络等各种资源和机构，对政府部门、涉农企业、农业龙头企业、农产品批发商、专业合作社、种养大户、农村经纪人和农民进行培训，提高电子商务人才素质，健全农业农村电子商务人才队伍，提高行业和企业应用电子商务的能力。

完善农业农村电子商务人才服务机制。充分发挥湖南省省内科研院校的作用，加强农业电子商务学科建设和理论研究，培养农业电子商务人才，引导高校学生向农业、涉农企业集聚。支持地方和企业建立农业电子商务研究与培训基地，积极探索湖南特色的农业电子商务人才培训机制。正确引导大专院校的电子商务专业人才进入农村地区进行"技术扶贫"，为发展农业电子商务提供人才保障。

# 七、广东省农业电子商务发展报告

2016年,广东省重点开展鲜活农产品电子商务试点,探索"基地+城市社区"直配模式和"批发市场+宅配"模式,扶持了一批农产品电子商务基础实、成效好的农业企业及行业协会,以点带面、示范带动推进鲜活农产品电子商务试点工作,取得明显成效。

## (一)发展概况

广东省农产品加速抱团"触网"。广东省农产品电子商务发展迅猛,2014年广东省电子商务交易额达2.6万亿元,比2013年增长30.1%,占全国电子商务交易额的比重达20.2%,比2013年增长48.3%,其中,农产品电子商务交易额达98亿元。2012—2015年,淘宝网农村消费占比不断上升,从2012年第二季度的7.11%上升到2014年第一季度的9.11%。华南地区增幅尤其明显,在阿里巴巴平台上的广东省农产品卖家数量已经连续几年排名第一,2014年达到9.55万家,同比2013年的4.66万家翻了1倍。农产品网上卖家数量连续几年排名全国第一,广东十大名牌系列农产品、名特优新农产品集体抱团上线开展网络品牌推介,"中国淘宝村"揭阳市军埔村、梅州金柚、英德红茶、高州荔枝、新会陈皮等一批优秀典范擦亮了广东省农业电商名片。建设中的省农产品电商平台将集中汇聚全省6万个可溯源农产品,推动广东特色农产品"上网触电"。

广东省大力推进涉农电商企业发展,辅助本土特色农产品品牌推广,积极与各大互联网平台在广东省县乡农产品电子商务发展上达成战略合作,扩大销售渠道,拥抱"互联网+"农业,全省农产品电商消费与销售都得以蓬勃发展。据统计,2015年广东省农产品电商交易额约129亿元人民币,较2014年增长31.6%。

2015年广东省农业厅在全省范围内认定了80家省级名特优新农产品电商体验馆并给予资金扶持,进一步推动电子商务发展,促进农产品产销对接,实现展销一体，电商体验，线上线下营销。省级电商体验馆具备流通配送、保鲜仓储、展示展销、质量检测等功能，可为当地广东省名特优新农产品开拓电子商务业务，实现线上展销，具有良好的联结带动能力，通过购销关系等方式辐射带动周边农业生产，促进农业增效、农民增收。

### （二）主要政策措施及成效

按照农业部办公厅印发的《农业电子商务试点方案》要求，广东省重点开展鲜活农产品电子商务试点，探索"基地+城市社区"直配模式和"批发市场+宅配"模式。广东省农业厅根据《农业电子商务试点方案》的要求，结合自身实际，采取扶持一批农产品电子商务基础实、成效好农业企业及行业协会的工作思路，以点带面、示范带动，加快推进广东省农产品电子商务建设。主要政策措施如下。

1. 将农产品电子商务建设工作纳入省级财政专项予以安排

2017年"互联网+"现代农业财政专项中协调安排150万元，扶持5个省级农产品电商示范点。通过自主申报方式，重点扶持广东省名特优新农产品电商体验馆培育开展农产品电子商务和订单农业示范工作，推进农产品电子商务建设，重点打造食用农产品"基地+社区"电商直配模式。

2. 扶持和鼓励农产品电子商务企业开展试点

从粤东、粤西、粤北及珠江三角洲地区，遴选了10家农产品电子商务基础实、成效好的企业开展农产品电子商务试点工作，通过资金下达方式对企业予以扶持，并要求企业所在地市农业主管部门指定专人督促试点企业开展农产品电商试点工作。

### （三）主要模式和典型案例介绍

根据农业部《农业电子商务试点方案》要求，广东省积极推进"基地+城市社区"直配模式和"批发市场+宅配"模式，其中以粤北地区特色农产品蜜柚为主的线上线下全渠道多元化农产品电商模式取得了较好的成效。以广东十记果业有限公司为例，该公司自2012年10月成立以来，已发展成为集水果种植、收购、初加工、批发、销售及电子商务于一体的现代农业电商企业，电商销售体系已基本实现 B2C/B2B 全网覆盖，产业链已延伸到广东、海南、广西①、四川、湖北、云南、山东等地。基地建设方面，该公司在全国拥有 11 个果园种植基地（总面积 5 000 多亩），2 个柚果采后处理、仓储加工中心，占地面积 15 000 平方米，柚果年处理量超过 6 000 吨。批发市场方面，该公司在广州江南果蔬批发市场拥有 13 个档口，并在全国设有 23 个季节性销售网点，自有基地物流配送体系，并在广东、海南、广西建立了电商仓储物流中心，在北京、长江三角洲、武汉、成都、沈阳等地开展物流中心布点与前期规划，并联合顺丰、韵达、圆通、中通等各大物流公司，在全国范围内实现落地配，以保障生鲜类快件的配送时效和商品品质。

2015 年，广东十记果业有限公司实现总销售额 5 300 万元，其中线上销售额近 3 000 万元；2016 年全年线上销售额突破 1 亿元，线上+线下整体销售额达到 1.5 亿元。

### （四）存在的主要困难和问题

1. 农业电商企业面临的困难

（1）电商运营成本高，前期投入大

当前，农产品电商销售主要通过淘宝、天猫、阿里巴巴、京东等现有的交易平台进行交易，不但需要每年交纳几十万元的前期保证金，而且需要投入大量的资金进行广告宣传，甚至还需要通过降低价格来抢夺客户资源，投入成本很高。农产品电商运营成本普遍较高，尤其是生鲜电商，物流成本、包装成本、人工成本都比普通零售商品高出许多。此外，网店的图片、页面、界面都需要专业团队及时更新和维护，由此带来了额外的成本负担。这些前期投入和运营成本摊入微薄的利润中，使得资金回笼慢，成为制约企业发展的一个瓶颈问题。

（2）市场秩序混乱，价格竞争激烈

农业电商产品的种类、规格、质量等差异性很大，没有形成一个统一的市场规范，市场秩序混乱。同时，同质电商之间的价格竞争异常激烈，"五一""十一""双十一"等期间更可谓是硝烟弥漫。相对于工业产品，农产品本身

---

① 广西壮族自治区，全书简称广西。

的价值比较低,同时,网购用户往往对农产品的质量、品类要求更高,各大电商之间的价格竞争,无形中对其产生了很大影响。

(3) 农产品电商轻资产企业融资贷款难

一是商业银行从经营成本与风险考虑,在农村撤并网点,服务功能减弱,客观上造成了农村信用社在农村金融市场上"一农"支"三农"的格局。二是金融部门、机构与轻资产型企业信息不对称,对轻资产企业缺乏信任,不愿意给贷款。三是由于公司正处在发展壮大阶段,负债较大,固定资产不多,普遍缺少土地、资产等银行信赖的"不动产"抵押物,这也使银行在给中小企业贷款时产生了很多顾虑,难以准予贷款。四是农业龙头企业的资金需求具有季节性,时效性强,再加上生产周期长、见效慢、利润低,金融部门为了控制放贷风险,细化了贷款的审批程序和担保条件,轻资产企业难以达到贷款要求,即使能符合贷款条件也因程序烦琐,贷款批准后已无法支撑公司的投入和生产经营需求。

2. 政府部门亟待解决的问题

(1) 加大电商平台统一有效的扶持

近两年广东省各级政府在农产品电商上给予了一定的支持,有些地方政府也开发了一些平台,但后期的宣传成本太高,推进不力,最终不了了之。目前,农产品的线上销售,主要通过已有强大客户流量的淘宝、天猫、阿里巴巴、京东商城等知名电子商务平台,政府还应加大对电商平台的扶持和推广力度,提高知名度,降低使用成本,为企业带来便利。

(2) 安排农业电商专项发展资金

广东省农业厅高度重视农业电子商务建设和发展,从 2014 年起开始积极争取省财政配套资金专项用于开展农业电子商务工作,2015 年在全省范围内认定了 80 家省级名特优新农产品电商体验馆,并从省级品牌建设专项中协调 400 万资金予以全覆盖扶持。2016 年起根据农业部《农业电子商务试点方案》,从一二三产业融合发展的角度出发,拟订《广东省农业电子商务试点实施方案》并进行反复完善。虽然广东省财政已安排上亿元资金支持商务部门开展电子商务工作,但尚未安排专项资金支持农业电子商务建设。

(3) 加强农业部门与各部门间协调配合

农业部门虽承担农业电子商务建设职能,但缺乏有效手段和得力措施持续推动农业电子商务发展,基本处于零敲碎打、东挖西补的阶段,业务上也未能与商务部门形成合力。

### （五）下一步工作打算及政策建议

根据农业部的部署安排，以及广东省开展农业电商工作的实际情况和取得的成效，下一步主要从以下3个方面着力，推动农业电子商务发展。

继续推进并深化"基地+城市社区"直配模式和"批发市场+宅配"模式的探索。建设10个农产品物流及电商试点，在大宗农产品电子商务直配、品牌农产品社区宅配、区域特色农产品电商体验馆、农产品电子商务创新服务等方面先行先试。

提升本地化服务能力。积极引入电子商务运营服务商，加大力度培育本土农业电子商务服务商，完善四级电商公共服务网络建设，发挥中小企业创业基地和公共服务示范平台的集聚示范功能。同时，开展电商人才培训，加快培训本土农业电子商务人才，带动农业企业、合作社、家庭农场、专业大户与电子商务运营服务商对接，以此搭建本土化的基础设施、电商平台和人才服务体系。

农业电子商务品牌化发展路线。未来的农产品电商营销是品牌的战争，品牌化是农业电商脱颖而出的出路。以产品为核心，以创新营销和优质全程服务为抓手，进一步提升农产品品牌的影响力，建立产品差异化，并积极参与全国农业博览会等品牌推介活动，进一步提高广东省农产品品牌的知名度和影响力，打造具有竞争优势的品牌电商产品。

# 八、海南省农业电子商务发展报告

2016年,海南省主要在休闲农业电子商务方面开展试点工作,结合海南省"抓住'互联网+''国际旅游岛+'发展机遇,促进产业转型升级,加快旅游特区建设"的政策精神,通过推进互联网农业小镇建设,打造"电商+旅游"的休闲农业模式,取得了明显成效。

## (一) 发展概况

1. 农产品电子商务工作进展情况

海南省农产品电商从2013年年底开始规模化发展,2015年增长速度明显加快,截至2016年年底,农产品电子商务企业增加160家,累计达4 080家,累计销售额达118亿元,连续3年保持20%以上的增速。淘宝网特色中国海南馆平台截至2016年11月底,入驻商家总数为1 258家,入驻商品18 690个,开馆至今入驻商家GMV(Gross Merchandise Volume,成交总额)已达15.32亿元。2016年来,电商企业向多个平台拓展,先后开设"京东·中国特产海南馆"、1号店"屯昌馆"、淘宝特色中国"三亚馆"等交易平台。此外,海南农产品"微商"迅速发展,用微信销售海南特色农产品正在成为"新常态"。

2. 农村电子商务发展情况

自2015年12月28日阿里巴巴农村淘宝项目入驻海南省,白沙黎族自治县、陵水县和琼海市等市县已对接项目落地工作。农村淘宝项目分别在陵水、白沙和琼海3个市县组织农村淘宝合伙人4 000多名。到2016年12月为止,陵水县开设了85个村级服务站,白沙黎族自治县开设了36个村级服务站,琼海市开设了30个村级服务站,海南省全省共开设151个村级服务站,淘帮手共计203个。农村淘宝累计帮助村民购物成交金额3 500万元,节省700万元资金,累计订单数28万单,村民自助下单率35%,村民互联网普及率稳步提升,3市县累计开设新网店超过300个,过百位村淘合伙人扎根农村,有效带动了当地经济的发展,促进农民增收。

## (二) 工作思路、措施和成效

1. 实施互联网农业小镇建设,促进农业电子商务发展

"互联网+"战略提出后,海南省委、省政府积极响应,省农业厅认真贯彻落实中央"四化同步"要求,推动互联网技术在农业生产、监管、营销、服务等环节的应用,使互联网与热带特色农业充分融合。互联网农业小镇模式以镇为中心,以镇带村,村镇融合,以"互联网+农业"作为重要突破口,取得了明显成效。截至2016年12月,已启动10个互联网农业小镇建设,建成5个互联网农业小镇运营中心,11个村级服务中心,形成农业大数据,加快农村经济发展。

海南省互联网农业小镇建设取得新进展。一是全面推进光纤入户基础设施,让农民搭上"互联网便车"。如石山镇光纤已覆盖全部12个村委会,3个试点村已开展光纤入户,建成1个4G基站,部分村还实现了免费Wifi覆盖。二是大力发展农村电子商务,为海南农产品插上"双翼"。借助"优电联盟"电商平台,海南省澄迈县推出20款特色农产品竞购,一日的销售达到1 800万元。陵水县英州镇互联网种业小镇,建设"互联网+"基础设施,对传统种业发展模式进行升级,实现对水产、林业、草业、畜禽、微生物物种等的"大种业"统筹,打造产值过百亿的世界种业"硅谷"。三是做大做强特色农业。10个农业小镇突出地方特色、注重产业布局,将地方特色资源和产业优势融入"互联网农业小镇"建设之中。作为海南省首个互联网农业小镇,石山镇互联网小镇搭建起一个内容丰富、功能完善的线上展销平台,配套建设农产品线下集散中心,形成规模效应,带动区域经济发展。2015年,石山互联网农业小镇电子商务发展突破2亿元,实现农民人均纯收入同比增加3 200元。通过互联网农业小镇建设模式,解决城乡信息化差别,提供了农村社会管理、农村电子商务发展的新途径,具备推广借鉴意义。

2. 推进农产品"O2O"线上线下配送模式发展

鼓励支持农产品基地、农产品企业和从事网上农产品订购和实体店服务,发展电子商务"O2O"经营模式。海南省农博网、惠农网、食汇到家、海岛生活、哪里吃等电商平台经营"O2O"线上线下配送网络销售平台,主营休闲旅游、蔬菜、果品、畜禽加工产品,一年来累计网络销售2 000多万元。

3. 支持企业向多平台扩展

引导农业龙头企业、农民专业合作社开设第三方电商平台旗舰店，培育农产品网络销售品牌；支持市县入驻第三方平台；支持1号店"屯昌馆"、淘宝特色中国"三亚馆"、京东中国特产"三亚馆"、京东"海南馆"等运营完善，同时微商及涉农企业自建网站平台销售农产品发展迅猛。

4. 打造农产品销售模式"优电"平台

围绕互联网农业小镇建设，打造全新的农产品销售"优电联盟"电商平台，实行线上销售、线下体验相结合的营销模式。打造"优电"是依托海南省农业资源应运而生的全新模式B2B平台，把最优秀的电商企业和最优质的农产品生产者组织起来，通过期货竞购、订单交易、蚂蚁兵团等模式，把优质农产品推向全国，促进农民增收。

一方面，通过期货交易的方式，把海南省优质农产品推向全国，另一方面，为联盟的会员企业提供技术和资金支持，培育壮大新型经营主体。截至2016年12月，已与200余家生产企业建立了合作关系，包装设计销售的特色农产品达500多种。"优电联盟"作为流通市场的创新，运行以来取得了丰硕成果。2016年9月，石山互联网农业小镇举办黑豆推介会，推介石山镇特色农业资源，借力"互联网+"平台促进石山互联网农业小镇富硒特色农业发展，30多家优质电商及各大媒体走进石山互联网农业小镇，共同分享农产品电商发展经验，参与黑豆推介会，现场线上竞购黑豆近3.5万千克，总销售额达200万元。2016年12月，冬交会优电联盟优质农产品单品竞购会上，25款农产品通过优电联盟平台被来自全国各地18家专业批发市场、采购商网络采购，现场成交金额达到255亿元。优电联盟"充分发挥了"互联网+"优势，与农业、金融、旅游、民宿等资源整合，大力宣传当地特色农产品，引导农产品规模化、标准化、品牌化经营，促进农业增效，加快帮扶农民致富。

5. 探索电商+旅游创新模式

通过电商渠道与休闲农业相结合，成效显著。2016年，石山镇三卿村推出以火山石板烤肉为主题的原生态美食，每月有3 000~4 000人到村里游玩和体验农家乐。通过"互联网+"带动，三卿村月均收入15万元以上，年收入近200万元，解决了近50个村民的就业，带领全村同胞发家致富。澄迈县通过"互联网+农旅"的农村一日游形式，平时农民批发价在3元/千克的番石榴卖到10元/千克，促进农产品销售和休闲农业发展，同时也成为带动贫困户利用电商增收增效的途径。

## （三）主要模式和典型案例

海南省在实践中创新开拓，探索出了以建设互联网农业小镇为抓手，积极促进农业电子商务发展的模式，形成了"36524"的基本思路，建立了互联网农业小镇服务体系，使农业电子商务成为"互联网+农业"发展的新助力。

"3"是三大改变，改变农业生产经营方式，改变农民生活方式，改变农村生态发展方式。海南"优电联盟"上线以来，通过互联网在全国发起了多轮海南特色农产品竞购活动，销量十分可观，凡是经过"优电联盟"销售的农产品，均实行统一品牌、统一包装、统一检测、统一保险、统一结算的"五个统一"，有力提升了农产品标准化水平，对生产、电商、物流、金融、保险、快递、质监等涉农资源大整合、大协作，农业向标准化、规模化、品牌化迈进。目前，海南正在打造"百万亿"工程，即在100个城市设立优电竞购分会场、吸引100万名电商同步竞购、聚集1亿名消费者在线，将海南的优质农产品与全国乃至世界的优质电商进行对接，把"优电联盟"打造成消费者集中的平台，让海南省的优质农产品走向世界。

"6"是六大跨越，推动海南省农业向生态农业、智慧农业、资本农业、信用农业、一带一路国际农业，创业创新农业跨越。在10个互联网农业小镇生产基地率先启动农作物绿色防控、测土配方施肥、水肥一体化等农业清洁生产技术。如陵水润达配备了先进的垂直旋转耕种系统、水肥一体化控制系统、农业可视化远程诊断系统，做到了环境可测、生产可控、质量可溯、场景可视。联合海南股权交易中心以农业企业为切入点，开展农业众筹项目，截至2016年12月，已挂牌的农业企业有112家，金融资产交易额达98.4亿元，并成功推出了台湾蜜枣、牛奶莲雾和清补凉等众筹项目，举办了12期挂牌企业路演活动、14期培训活动、27期咨询活动、7期企业交流活动以及数次大型资本市场培训活动。委托专业公司对海南省互联网农业小镇300个优质特色产品进行包装设计，统一品牌，提高信用，2015年以互联网农业小镇农业生产企业为主，重点部署35家种植企业、15家畜牧企业进行质量追溯；海南互联网农业小镇众创中心、石山和福山互联网农业小镇青创中心相继成立，通过众筹、竞买、产品发布、擂台比拼等多种形式，助力农业企业做大做强、农产品增值。

"5"是实施五大工程,一个镇级综合管理平台,十类现代农业产业园,百个特色农业品牌,千个农业生产基地,万名创客,以此实现农民增收。海南互联网农业小镇与海南省农村信用社联合社、北京苍穹数码股份有限公司等部门密切合作,利用社会资本3600万元,建立海南农业大数据公共服务平台,省级建立管理中心,镇级建立运营中心,村级建立网络服务中心,将互联网向农村、农户延伸,实现数据化管理、信息化服务积极培育种植、养殖、加工、物流、互联网民宿、文化、体育等10类现代农业产业园区。

"2"指两个率先,率先实现农民致富奔小康,率先成为创业创新、文明卫生两个"双创"示范基地。发展农业,解决"三农"难题,根本上离不开文明和卫生。环境问题、食品安全问题,更多地反映了农民的素质。到2016年年底,海口市全城已进入"双创"模式,力争用3年时间创建全国文明城市国家卫生城市,2016年主城区域变化非常大,石山镇希望成为"双创"的农村区域样板。

"4"指四个全覆盖,光网进村入户全覆盖,生产经营管理服务体系全覆盖,以农村土地确权流转为基础的农村金融服务全覆盖,新农民创新创业行动全覆盖。如建设创业创新示范基地,营造创业创新的浓厚氛围,组织开展互联网农业小镇信息员培训370多人次,联合海南省团委在全省13所高校开展农产品微商培训3 000多人次,培养蚂蚁兵团;搭建石山互联网农业小镇青创中心、火山口众创咖啡厅等一系列创业交流平台,仅石山镇返乡创业大学生达到100多名。

### (四)农业电子商务发展存在的问题

虽然推行试点工作以来海南省农业电子商务发展迅猛,但还没有将"互联网+"运用到对农副产品的加工、包装、销售的整合,仍然面临着政策、资金、人才、管理、标准和物流不到位、不规范和严重缺乏配套建设的问题。具体表现在:

政策和资金扶持不够大。作为政府主导和扶持建设的"特色中国·海南馆"、京东"中国特产·海南馆"是第三方管理运营公共服务平台,但因缺乏活动推广经费和流量扶持费用,而制约扩容发展空间,政府扶持力度仍然较弱。

电商人才严重不足。海南省的农业企业、农民专业合作社以及种养大户电商意识不强，相应的专业电商人才也比较缺乏。

农产品标准有待提高。农产品电子商务要求网上交易的产品分级标准化、包装规格化以及产品编码化，但目前海南省农产品的标准化生产、农产品质量安全追溯体系和包装标准仍存在较大差距。

冷链基础设施不完善，物流成本过高。目前，海南省网销的鲜活产品90%靠空运，多数农产品需要通过冷链物流运输，以保证食品质量，减少食品损耗。由于冷链物流成本相比普通物流要高出几倍，导致物流成本过高，而海南当前冷链物流的基础设施建设落后，造成运输产品损耗率过高，鲜活产品质量难以保证，缺乏市场竞争力。

## （五）下一步工作打算及政策建议

加大资金扶持力度。在《关于加快发展互联网产业的若干意见》中建立海南省互联网产业发展专项资金5亿元，集中在仓储、物流、包装、配送体系建设中扶持，解决海南电商目前快递成本高，产品无品牌，服务无保障等多项后端难题，并积极探索建立以财政资金为杠杆，撬动企业投资为主体，吸引社会资本参与的农产品电子商务发展新模式。

加快电子商务专业物流园区建设。依托海口市罗牛山加工园区建设，构建农产品电子商务产业园区。通过罗牛山第三方质量检测机构，建立重要农产品电子商务可追溯系统，统一产品包装和冷链物流配送体系标准，推进海南省农产品电子商务标准化建设和发展。

扶持政府主导的电商样板示范建设。以"特色中国·海南馆"、京东"中国特产·海南馆"、惠农网、农旅网等政府主导扶持的电商平台建设为载体，完善基础设施和网络技术建设，树立优质电商示范典型，吸引更多更大企业入馆进网经营，推动海南省农产品电子商务的快速健康发展。

# 九、重庆市农业电子商务发展报告

2016年,重庆市着力探索"基地+城市社区"的农产品电商模式,推动了农产品电商标准体系建设,初步构建了生鲜农产品质量安全追溯及监管体系,农业电商平台得到较快发展,涌现出一批值得借鉴的农业电商模式。

## (一)发展概况

2016年是重庆农产品电子商务工作浓墨重彩的一年。2016年年初,重庆市政府组织召开了全市农产品电子商务工作推进会,出台了《促进重庆农产品电子商务加快发展的实施意见》,为全市农产品电商发展理清了发展思路。据初步统计,2016年前三季度,重庆市发展涉农电商平台230余家、农产品网商主体达到2万余户,其中农业龙头企业、专业合作社等农业新型经营主体达到6 000多家,农产品网上销售额超过30亿元,同比增幅超过50%,电子商务正成为推动农村传统流通模式创新和农业转型升级的重要途径。

农业电商平台得到较快发展,涌现出一批值得借鉴的县域经济模式。荣昌国家级生猪电子交易平台稳步发展,市场影响快速扩大。截至2016年12月,交易平台客户发展到3万余户,全国31个省市生猪生产、屠宰、加工及贸易商参与交易。截至2016年10月底,市场挂单量超5 000万头,交易1 200万头,交易额已突破200亿元,2016年实现生猪交易量1 500万头,交易额突破270亿元,初步实现建设我国生猪价格形成中心的目标。江津区启动了农村电商三级服务体系建设,学习借鉴全国知名农村电商"遂昌模式",结合实际自建"江津模式",已建成1 000平方米区级电商公共服务中心,建成镇(村)级服务站(点)50个;秀山按照线上"村头"、线下"武陵生活馆"的发展思路,建立起物流快递、人才培养、农产品上行、电商平台和电商服务五大体系,形成"互联网+三农"农村电商发展"秀山模式",涌现出了天农八步、香满园、奇易网、易采配、五彩田园等一批电商企业品牌。

## (二) 主要任务、工作思路、措施及成效

1. 主要工作任务及工作思路

（1）探索"基地+城市社区"农产品电商模式

针对较分散的产地农户和规模化生产的农业企业或专业合作社两类农产品生产基地，探索从基地到城市社区消费者的电商直配模式，农企宝、特产宝等农产品电商平台成功上线运营。

对于分散的个体农户，重庆市以村为单位，依托现有村级服务和管理体系，将农户及其产品组织起来，并统一进行产品和品牌包装，通过建立村级电商服务站，面向城市社区消费者进行销售；对于规模化生产的企业和专业合作社，帮助其提升电商能力、品牌传播能力，提供物流支持，增强其自身的市场营销能力，减少中间环节，节约营销成本。

在物流方面，重庆市与中国邮政集团重庆分公司签订战略合作协议，引入在本地拥有完善的农村物流体系的全国和地区物流企业，为试点区域提供周到的物流服务；在社区消费者方面，除直接对接社区居民外，还探索对接社区小商超、餐饮等社区商业网点的模式，拓展电商渠道的覆盖面。在此基础上，依托社区商业网点，设立农产品展示体验及提货点，强化第一、第三产业的联动机制。

（2）农产品电商标准体系建设

分品种建设电商标准。针对蔬菜、畜禽产品、水果等几种典型鲜活农产品类型，重庆市探索建立农产品分拣加工、包装、分等分级、物流配送等标准作业流程和业务规范，并总结建立标准和规范的方法和依据，获取重要和关键参数。

明确农产品电商标准体系的具体试点区县和试点任务。确定铜梁区、彭水县作为蔬菜电商标准试点，以长寿区作为生猪电商标准试点，荣昌区作为柑橘电商标准试点，在合川区开展蛋、禽电商标准试点。

（3）构建生鲜农产品质量安全追溯及监管体系

利用已经建成的农产品质量安全追溯系统，与电商平台全面对接，对电商平台所销售农产品在生产、包装、物流等过程实施质量安全监管。消费者可以在电商平台上查看农产品的质量安全信息，增强消费信心，同时帮助农户和企业获取消费者信息。农产品质量安全数据将在农业生产者、消费者、电商平

台、监管部门之间实现共享,依托试点电商平台建立起较为成熟的农产品质量安全监管服务体系。

此外,坚持在电商平台对接的农产品基地中推广实施"三品一标""一村一品",帮助企业和农户建立和加强品牌意识,旨在通过电商平台建立生产者和消费者之间的直接联系,建立基于诚信基础上的监督机制。生产者能直接收到消费者的质量和安全反馈信息,有助于农产品生产者明确自己的责任,促使产品质量改善。农产品生产者具备了较强的品牌意识,加上消费者的信任和监督,配合政府部门的监管,农产品质量安全得到较好的保证。

2. 试点工作主要措施

严格按照农业部《农业电子商务试点方案》的要求,确定重庆卓展科技有限公司作为试点实施企业具体组织项目实施,并会同平台支撑企业重庆安冉科技有限公司、生鲜农产品营销企业重庆沐晖农业科技有限公司、重庆市澳凯农业等制订试点工作实施方案,明确了以政府统筹协调组织,重庆工商大学等科研单位技术指导,重庆卓展科技有限公司牵头的试点方案,分工协作推进试点工作。

根据《农业电子商务试点方案》的要求并结合重庆市实际情况,经过会商访谈、总结提炼、实战模拟确定试点期间对三大内容开展研究。

一是模式研究。规模化农业生产企业、家庭农场、专业合作社生鲜直配模式的适应性研究,基于现有电商平台功能、社区终端在定制、配送、提取、结算等环节进行相应模式探索。

二是标准体系研究。直配模式下的生鲜农产品分等分级、分拣包装、物流配送、电子结算、会员管理、客户服务、推广流程、促销模式的标准体系研究。

三是质量安全与追溯体系研究。现有电商平台与农产品质量安全溯源平台的无缝对接与数据存储,研究便于生产者容易提供、消费者便捷获取的溯源信息服务产品及模式。

3. 试点工作成效

相关试点企业遵循"先行先试、边行边试"思路,经过1年的努力探索,试点工作取得阶段性成效。

(1) 农产品电商平台得到优化

项目试点平台支撑企业之一的重庆安冉科技有限公司对已经具备生鲜农产

品直配营销模式的农企宝电商平台进行了一轮升级、改造，改造后的电商平台除了服务于规模化的农业企业外，还适合个体生产经营者参与。平台一端连接农业企业，汇集农产品；一端连接城市社区，汇集消费者。初步实现微信、APP、网站一站式全网营销，客户资源、产品资源共享与分销功能。平台初步引入了质量安全追溯功能，部分产品实现源产地的追溯；同时，配合电商企业的标准流程，以及不同种类的农产品销售和品牌传播需求，进行适应性修改和功能研发，方便用户使用。截至2016年12月，40家农业企业和合作社已入驻平台，累计发展会员超过3万个，实际电子交易客户数量超过8 000户，平台累计交易金额超过1 100万元；2016年12月，农业科技成果转化项目（重点项目）"农企宝农业电子商务云平台研发及推广应用"顺利通过重庆市科委验收。

（2）鲜活农产品直配模式已成雏形

鲜活农产品直配模式逐步成型。按照配送主体不同，重庆市形成社区直配、企事业单位直配、城市餐饮直配3种鲜活农产品直配模式。电商平台与部分社区物业公司签订合作协议，组织电商企业到城市社区开展促销活动，培养社区用户网上下单习惯。社区物业通过分销企业的产品，以租让方式提供配送场地，为农企提供送货、存货等服务，形成社区直配模式。农业企业与城市企事业单位后勤部门合作，将农产品直接配送到企事业单位，为企事业单位节省采购成本，为员工增加福利。农业企业通过对接城市餐饮企业，向餐饮企业免费推广手机自助点餐系统，餐饮企业可直接向农业企业订购食材，完成直接向城市餐饮企业配送。

（3）农村"O2O"电商模式已见成效

在荣昌区、铜梁区、酉阳县等区县，结合信息"进村入户"工程和乡村旅游工程，依靠村级基层组织的领导和带头作用，将各村分散的农户组织成统一的电商主体，统一包装产品和品牌，有组织地将乡村"土货"和旅游产品销往城市社区。例如荣昌区通安村打造"在村头"乡村电子商务示范点，已发展6个专业合作社1 000多户农户成为电商会员，农产品网上销售超过200万元，探索形成了具有重庆特色的线上与线下相结合的农村"O2O"电商模式。

（4）相关标准体系构建思路逐步成熟

试点企业对鲜活农产品采摘/屠宰、分割、分级、分拣、包装、运输都进行了各种尝试和探索，总结经验和方法，形成了构建标准体系的思路。同时，对鲜活农产品电商业务各环节进行梳理，初步形成了标准流程和经验，并将标准化作业程序在试点企业内部试行，以此作为全市制定农产品电商标准的重要基础。

### （三）主要模式和典型案例

1. "生产基地+城市社区"的蔬菜宅配模式

重庆沐晖农业科技有限公司创立沐晖农园高山蔬菜品牌及电商移动平台，一方面整合当地农户以及合作社，按照统一的标准进行耕种，另一方面，将原生态蔬菜推向市民，坚持主打社区宅配，并摸索出一套"生产基地+社区宅配"的蔬菜直供模式。

首先，社区推广，发展会员。沐晖农园通过社区品鉴方式让广大的社区市民了解彭水高山原生态环境，并品尝原生态蔬菜，重点发展会员消费制。其次，线上消费，社区配送。沐晖农园实行线上消费模式，提供多种当季蔬菜供客户一键选择，所有客户需求均可以清楚的记录在订单系统里面，消费者可随时查看自己的消费记录，基地端根据订单实现分拣、包装、配送。配送方式以周期性宅配为主，按月、按季、按年推出各种周期配送的套餐。最后，向定制模式发展。根据几年的运营数据，沐晖基地对电商平台数据进行统计分析制订每年的种植计划，同时从满足会员的建议及需求出发，会员可以承包、认领土地、开展农户代种等。

截至 2016 年年底，沐晖 VIP 会员已达到 600 多名，普通会员 5 000 多名，与 106 户农户（其中贫困户 47 户）进行合作，实现线上销售 180 余万元，线下销售 60 余万元，其配送范围覆盖了重庆主城所有区域，涵盖 126 个社区物业，并与顺丰速运达成战略合作协议，开辟从区县到主城生鲜配送通道。

2. "线上拼猪+线下直配"的畜产品宅配模式

重庆市澳凯农业开创性以互联网营销掀起了一股拼猪浪潮。首先，从消费者需求出发，将产品合理分割。根据市场需求与市民消费习惯，电商平台将一头猪的主要部分进行"分割"，并对每一"分割"部分进行精准标价。其次，消费者根据购买意愿在线拼猪。按照分割的各个部位通过互联网生成一头猪的全貌，消费者喜欢哪个部位就点击直接下单购买，直到一头猪通过互联网快速拼完，即进行活猪宰杀，现场直播，根据订单现场真空打包。最后，畜产品线下直配。澳凯农业采用直配模式，将消费者选购的猪肉直接配送至社区，并通过平台开放评论及晒图端口，消费者可以直接做评论，并将制作出来的各种猪肉菜品晒至网上。澳凯农业通过线上线下的运营模式最大限度满足消费者需求，实现了产品的有效利用，节省了配送环节，为发展畜产品电商模式探索提供了思路。

3. "在村头"村级电商服务平台模式

荣昌区安富街道通安村"在村头"村级电商平台近几年快速发展。"在村头"以市场需求为导向，将农民最需要的服务融于电商平台，以本地村官或创业青年为主体，通过平台信息化手段，促进农户农产品销售增收；通过产品生产销售标准化和溯源体系建立，解决农产品安全问题；通过平台服务功能的管理，实现协助村委会村级治理；通过平台宣传引导，转变农户的生产生活方式，实现农业信息化进村入户；通过平台的共享，让城里人及时享用高品质原生态农产品。

"盈利+公益"集聚起上万农村人才创业创新。"在村头"平台注册了"在村头"PC 端电商平台、APP 和微信公众号，在荣昌铜鼓镇高山村、清流镇马草村、盘龙镇禾苗村等地建起 12 个村级服务站点，迅速在荣昌全区推开。截至 2016 年年底，"在村头"依托大学生村官、返乡创业农民、本土人才等，已建成行政村（农特产品企业）级的成熟基层站点 300 个，覆盖了荣昌区所有的行政村。通过"在村头讲堂"栏目，开展免费的电商课程，提供农产品包装、物流方面的知识，促进信息员们的经验分享，既给参加培训的信息员提供了学习的平台，更给大家提供了交流和成长的途径。同时，创立"创客咖啡"定期举办创客交流会，还在荣昌农特产品电商产业园内设立"在村头"讲堂，定期为创业青年免费提供创业培训和技术指导，在盈利中促进自身发展，在公益中带动更多的人创业增收。

促进当地特色产业发展。通过"在村头"平台，带动当地特色农产品产业发展。盘龙镇禾苗村的咸鸭蛋是传统特色产品，村里建起"在村头"电商服务站后，通过电商平台销售咸鸭蛋，价格逐步提升，2016 年年底已卖到 3.5 元/个，还经常供不应求。在信息员带领下，30 余户村民对咸鸭蛋进行统一包装销售，提升农产品的标准化水平，价格也随之水涨船高。如今，咸鸭蛋已成为当地一项特色产业。

全程追溯，诚信保障。"在村头"平台建立溯源体系，解决农产品安全问题。平台出售的每个"在村头"原生态鸡蛋都有二维码，消费者通过扫描二维码即可看到鸡生长环境、鸡蛋包装前的图片及视频。"在村头"平台还给消费者提供产品等级评定服务，从供货质量、速度、售后等方面对供货农户进行星级评定，从5星农户到一般农户不等，建立起消费者的信任，保障了农产品质量安全。

### （四）试点工作中的主要问题及政策建议

1. 农业电商专业人才缺乏

由于农业企业对电商人才的吸引力不够，加之相当多的农业企业无力担负过高的人力成本，农业企业供应端及终端社区消费端普遍缺乏电商专业人才，开展电商业务所必需的市场营销、IT技术和电商业务方面的人才缺位。电商相关人才比较紧俏，从业人员的薪资需求普遍较高，是大多数农业电商企业普遍面临的困难。

在试点工作中，通过合理引导，政府将以有偿或无偿的方式为农业企业提供电商代运营、市场营销策划等公共服务。前期主要是提供无偿服务为主，帮助企业解决燃眉之急，待电商业务步入正轨后，采取灵活的方法收取一定的服务报酬。

2. 物流成本偏高

农业企业在开展电商业务时，不论是采用自主物流或是第三方物流，物流成本都普遍偏高。特别在开展电商的初期，货运量比较小的时候，问题更加突出。

为此，重庆市政策将采取相关措施，缓解物流压力，一是鼓励农业企业互助，引导有物流能力的企业将其能力和服务共享，共同减少成本。二是促成农业企业抱团联合，采取联合的方式与物流服务商谈判，避免单打独斗。三是切实提高工业品下乡的返空运力的利用率，降低物流成本。

3. 农产品包装的问题

农产品包装设计不合理、不环保、成本高、不能重复利用问题仍然存在。以鲜活农产品为例，肉类产品通常采用泡沫箱加冰袋的方式包装运输，运抵消费者后，包装箱及冰袋即被丢弃，不能重复利用，造成浪费和环境污染。

  为此,政府将组织相关包装企业研究设计农产品电商专用包装,由某个企业面向农业企业提供出租服务,农业企业以低廉的成本租用,可方便回收并重复使用。随着模式推进,还可以设计一定的经济利益,引导消费者回收包装。

# 十、宁夏回族自治区农业电子商务发展报告

2016年,宁夏回族自治区在鲜活农产品质量安全追溯及监管体系建设方面开展试点工作,以"互联网+现代农业"信息技术为支撑,大力开展农产品质量安全追溯体系、农业物联网、县区农业信息化平台、电子商务企业集货能力建设试点,在全区菜篮子主产县区建立农业投入品在线管理系统和农产品质量安全追溯体系,构建从产地、生产投入品到产品的农产品全过程可追溯体系,农产品质量安全监管水平不断提升。

## (一)基本情况

2016年宁夏回族自治区政府印发了《关于实施农村电子商务筑梦计划的意见》,会同商务厅、发改委等部门制订了全区《2016年电子商务进农村综合示范工作方案》,进一步明确了宁夏农村电子商务工作发展目标和具体任务,开展产业园区、人才培训、服务体系、示范创建等工作。积极争取国家产业政策,实现了宁夏各县区国家电子商务进农村综合示范县的全覆盖。支持龙头电子商务产业园区集聚发展,加快推进宁浙电商园产业集聚发展。打造"五市特色馆",搭建电商创业就业筑梦平台,促进各市特色产品触网上行,截至2016年年底,宁夏全区电商企业680家,联合商务厅等部门举办"全国电商专业讲师大赛西北区域选拔赛暨宁夏首届农村电商创新创业大赛"活动,策划电子商务进农村宣传月活动,发挥自治区内主流媒体舆论导向作用,开辟专题专栏,推介电子商务进农村典型案例,加大宣传和普及电子商务知识力度,引导农村市场主体通过电商渠道经营致富。

## (二)试点工作措施及成效

围绕推进全区农业现代化,聚焦特色优势产业,注重农业标准化、集约化、品牌化、信息化,以不断提升宁夏农产品质量安全水平为目标,按照生产

有记录、信息可查询、流向可跟踪、质量可追溯、责任可追究、产品可召回的基本要求，以二维码为产品标识，运用物联网、互联网等信息化技术手段，融合政府监管、主体生产、消费服务等功能，构建自治区、市、县统一的"宁夏农产品质量安全追溯平台"，建立规模以上农业生产主体信息库，整县制推进建设与电子商务相适应的鲜活农产品质量安全追溯平台体系，着力打造质量安全放心的宁夏特色农产品品牌。

1. 农业综合信息服务平台建设试点

探索构建"政府、服务商、运营商"三位一体的推进机制。2016年宁夏安排农业产业化资金660万元，重点建设县级农业信息服务中心22个，建设村级信息服务站220个。推动12316农业综合信息服务向村延伸，开展农业信息进村入户示范，组建12316坐席专家队伍326人，向农民提供农业公益服务、便民服务、电子商务、培训体验等服务。通过建立农业生产经营产业链电子商务公共服务平台，实现生产、流通、服务等电子商务信息共享和互联互通。

2. 农产品质量安全追溯体系试点

2016年宁夏安排农业产业化资金500万元，在兴庆区、金凤区、永宁县、贺兰县、灵武市、平罗县、利通区、青铜峡市、彭阳县、西吉县、沙坡头区、中宁县等12个菜篮子产品主产县区建立农产品质量溯源系统，覆盖辖区内270个主要蔬菜和枸杞生产基地、畜禽屠宰和水产品捕捞点。在规模化蔬菜、枸杞、定点屠宰场、水产品捕捞点配备电脑、二维码打印机、监控及耗材，实现系统功能包括农残检测、农事记录、动物来源登记、无害化处理、养殖用药、运输车辆、二维码生成等。2016年设备基本配备到位，两年内确保系统正常运行及数据更新维护。

3. 农业投入品在线管理试点

2016年宁夏投入农业产业化资金1 100万元，在11个蔬菜、枸杞、肉、禽主产县区，建设农业投入品在线管理系统。覆盖辖区内1 486家农药、兽药、种子、肥料、饲料及饲料添加剂、保鲜剂、防腐剂、添加剂等投入品经销店，实现投入品属地备案、交易监测、流向追溯、质量预警全程信息化监管。

4. 农业物联网应用试点

在蔬菜、牛羊肉、葡萄、枸杞等鲜活农产品生产、加工、流通环节加快物联网、互联网等信息技术的推广应用。2016年，农业部支持宁夏实施畜禽养殖节本增效物联网应用模式示范推广项目资金100万元,积极争取自治区财政配套资金1 300万元,宁夏农牧厅自筹资金950.52万元,引导社会资金投入2 375万元,建成了自治区级农业物联网平台,将物联网技术应用由畜牧养殖业扩大到设施农业、水产养殖等32个基地进行应用示范,全面推动农业节本增效。

5. 建设农产品网络集货平台试点

支持西部电子商务公司建设宁夏"三品一标""一村一品",宁夏农产品"中国驰名商标""宁夏名牌产品"等电子商务基础数据库,探索与电商企业建立数据共享机制。通过支持知名电商企业建设宁夏农产品特色馆,引导更多企业、农民专业合作社、农户通过宁夏农产品特色馆平台销售优质农产品。农牧厅与宁垦电子商务公司共建"淘宝特色中国·宁夏馆"、与顺丰速运集团共建"顺丰优选·宁夏馆",并推荐银川宁谷缘农牧科技公司成为京东商城"中国特产·宁夏馆"的总运营商。投入100万元支持县区建设8个田头市场建设及电商产销对接项目。通过电商企业与传统的生产企业、生产基地、合作社的产销对接,构建"网上交易、网下配送"的产销对接模式。通过开展建设电子商务数据库、知名电商平台、电商产销对接等工作,不断健全农业电子商务支撑服务体系。

## (三) 存在的主要问题

市场主体参与意愿不高。由于农产品初级生产环节生产规模小,技术水平低,产业化、标准化程度低,农产品质量安全可追溯体系建设的成本高和难度大,农业电商主体参与意愿不高。

农产品质量安全追溯体系不完善。可追溯数据的录入、跟踪,主要依赖龙头企业、农民合作社、农户的自觉自律,农产品质量追溯信息仍不完整、真实性难以保证。

配套体系和市场环境有待规范。在农产品电商发展过程中,产品质量追溯体系、电商统计监管体系等相关配套支撑体系尚未完全建立。政府监管、行业自律及部门间的协调与联系不足,多部门分头操作,追溯链条不对接,追溯信息不能共享。不同地区、不同部门分头开展追溯工作,追溯区域难以突破,追溯领域各自为政,易出现信息孤岛。

## （四）下一步工作计划

深入推进农产品追溯体系建设。依托电商平台在线交易形成的市场倒逼机制，通过安全认证和可溯源产品优质优价的示范效应，以及平台信息资源的有效利用，来促进农产品追溯体系主客体的加快覆盖。

实现数据平台的共建共享。探索已建成的宁夏优质农产品电子商务基础数据库与电商企业的数据共享机制、县区农业综合信息化平台、农业物联网试点企业与全区建立的农产品质量安全追溯平台的对接共享机制。

## （五）政策建议

加大政策扶持力度。建议采取以奖代补、专项补助、项目支持等多种形式，加大对西部网络基础设施、电子商务公共服务平台、电子商务园区、电子商务运营服务体系和电商人才培训工作的扶持。

加强电商人才队伍建设。建议加强农村电商人才培训长效机制建设，为西部定向培养一批兼有电商理论和实操能力的复合型人才。通过政策吸引一批具有实践经验的电商从业者、职业经理人到西部创业发展。

加强农产品溯源平台建设。建议支持西部地区建设农产品电子商务监测平台，为政府决策提供数据支持。支持西部地区建设农产品溯源平台，保障农产品安全流通，带动农业产业化发展。

# 第三章

## 农业电子商务发展地方案例

2016年，全国范围内涌现出了许多农业电子商务快速发展的地区，这些市、县级地区发挥各自资源优势、推进农产品上行和发展休闲农业电商，形成了各具特色又相对成熟的发展模式。这些市、县农业电子商务的快速发展与政府的扶持政策都是密不可分的，政府的扶持政策与各地的农业产业基础、电商发展基础相适应，积极培育农业电商新业态，帮助联系或搭建电商平台，助力农业电商成为当地农民增收、农业农村社会经济发展的重要引擎。本章选取了甘肃省陇南市、江西省赣州市2个地级市，以及山东省蒙阴县、山西省武乡县等8个区县，作为典型案例，以点带面，反映2016年市县级农业电子商务的推进成效和存在问题。

农产品上行一直是农业电子商务发展的重中之重。甘肃省陇南市选择大力发展以农特产品为主的电子商务，助推贫困农村实现跨越式发展；江西省赣州市依托赣南脐橙等特色农产品，推动农业农村电商与特色产业、创新创业、精准扶贫的深度融合。山东省蒙阴县主打特色农产品、手工艺品、特色食品的上行，构建独具特色的农业电商产业体系；山西省武乡县以武乡小米为突破点，多渠道、全网络打造具有武乡特色的农产品营销体系，开辟电商扶贫的新途径；浙江省丽水市莲都区依托丰富的农业资源优势，着力提升特色农产品和休闲农旅的市场竞争力和影响力，助推电子商务产业迎来跨越式发展；湖北省秭归县从供给侧做文章，变资源优势为经济优势，强化服务培育主体，打通脐橙线上线下营销渠道；辽宁省东港市，平台、品牌与物流"三管齐下"，全方位运用互联网营销手段，创新了草莓等时令生鲜农产品的流通方式。

休闲农业和乡村旅游是许多县市发展农业电子商务的重要着力点。江西省大余县以发展休闲农业电商为切入点，形成了市场经营主体、政府、服务商和网商协会"四轮"驱动的休闲农业电商生态体系，着力推进农、旅、商融合创新；蒙阴县、武乡县将农产品电商与休闲农业和生态旅游有机融合，打造高效的特色农产品和休闲农旅的综合营销服务体系。

农业电子商务是精准扶贫战略的重要选择，精准扶贫也是时代赋予农业电子商务的重要责任。在本章的典型案例中，陇南、蒙阴、武乡、江永等市县均将推进电子商务发展与扶贫开发深度融合，把农业电子商务打造成解决农产品卖难、增加农民收入、助推精准扶贫的有效载体，不断开辟电商扶贫的新途径，助推贫困农村实现跨越式发展。

# 一、发展农产品电子商务，助推贫困农村跨越发展

## ——甘肃省陇南模式的发展与启示

### （一）总体概况

陇南市地处甘陕川三省交界处，属亚热带向暖温带过渡地带，是甘肃省唯一的长江流域地区，也是国家确定的秦巴山片区特殊困难地区。全市辖1区8县，195个乡镇，3 201个行政村，面积2.79万平方千米，人口283万人，其中农业人口245万人。截至2016年年底，陇南市还有贫困人口36.9万人，贫困发生率14.8%，农民人均可支配收入6 108元，是全国最偏远和贫穷的地区之一，也是甘肃省贫困面最大、贫困人口最多、贫困程度最深的市。

早在2013年，陇南市委、市政府就认识到贫困是制约陇南经济社会发展的最大短板，贫困问题是最主要的市情。在电子商务已深刻影响发达城市人们的生产和生活方式的大背景下，为了顺应信息化发展趋势，调整经济结构，转变发展方式，稳定经济增长，促进社会消费，拓宽陇南市名优特产的销售渠道，促农增收，宣传推介陇南市丰富独特的旅游文化资源，2013年12月，立足陇南市情实际，陇南市委、市政府确立了以"有所为有所不为、扬长避短、后发赶超"为发展理念的"433"发展战略，把扶贫攻坚作为"一号工程"，把电子商务作为"三大集中突破"之首，市委书记孙雪涛提出要"大力发展电子商务，把空间上的万水千山变为网络里的近在咫尺"，拉开了电子商务助推精准扶贫的序幕。

1. 陇南发展农产品电子商务的出发点

陇南市选择大力发展以农特产品为主的电子商务，主要基于3点考虑。

一是意图解决农特产品卖难的问题。陇南市是甘肃省唯一全境位于长江流域的地市，生态良好、资源丰富。多年来，陇南围绕扶贫开发，大力发展农业特色产业，花椒、油橄榄种植面积和产量均为全国第一，核桃种植面积居全国第二，是甘肃省最大的中药材生产和出口基地，有"千年药乡"之称，全市

有 24 个产品通过了国家地理标志产品认证。但由于点多面广、经营分散和产业链短等，长期以来生态、绿色、环保的优质农产品"养在深闺人未识"，普遍存在着销售难的困境，严重制约着农民增收。发展以农特产品交易为主的电子商务，虽对 GDP（国内生产总值）增长、扩大固定资产投资和税源影响甚微，但却非常有利于产销双方直接对接，能够成倍拓宽销售渠道，有效帮助农民群众增收。

二是决心打破信息长期闭塞的局面。陇南市地处甘陕川三省交界地带，山大沟深，交通不便、信息闭塞一直是经济发展的主要瓶颈。电子商务把空间上的万水千山变为了网络里的近在咫尺，可以使陇南市扬长避短，把优势资源与外面市场精准对接，通过打破信息流瓶颈带动人流、物流和资金流等要素聚集，改善产业集群规模小、实力弱和集约化程度低的状况，快速培养新的经济增长点，助推陇南市建设成为甘肃省向南开放的桥头堡。

三是有助激发干部群众观念的转变。对于陇南而言，在电子商务这一特定领域发力，能够极大拓展干部群众视野，学会应用互联网思维进行创业创新，是"扶贫先要扶志"的重要内容，将给农民群众特别是年轻一代带去受益一生的精神财富，从而阻止贫困现象代际传递，真正实现自我发展。

2. 陇南电子商务发展的简要历程

2013 年 12 月，陇南市委三届七次全委扩大会议召开，确立了"433"发展战略，提出电子商务集中突破的目标。之后，市委、市政府相继出台了《关于推进电子商务实现集中突破的意见》《电子商务扶持奖励办法》《电子商务培训工作方案》和《电子商务宣传营销方案》等一系列文件，确立了"平台支撑、产业整合、重点突破、保障有力"的电子商务发展顶层设计框架。2014—2016 年重点在以下方面开展工作，全面推进农业电子商务的发展。

（1）与国内电商企业深入合作，加强电商平台建设

与阿里巴巴集团合作相继建成了淘宝网"特色中国·陇南馆""阿里巴巴·陇南产业带"等重点电商平台，在国内最大电商平台上打造了陇南城市名片。2015 年，陇南市成县、武都区被确定为阿里巴巴"千县万村"农村淘宝项目西部第一个和第二个试点县，礼县也于 2016 年落地实施农村淘宝项目。苏宁、京东等国内电商企业的农村电商项目也相继在陇南市落地实施。

（2）加大投入力度，加强电商基础支撑建设

3 年硬化通村公路 10 000 千米，全市行政村公路通畅率达到 95% 以上。利

用国开行中长期贷款融资100亿元，一揽子解决所有贫困村的基础设施"短板"问题。同时，探索实施"宽带进村流量补助工程"，实现了陇南市全市城区和乡镇4G网络全覆盖，行政村网络覆盖率达到70%以上。整合发展各类物流企业200多家、快递服务站900多家、村邮站1 200多个，基本建成了"县区有物流园、乡镇有快递服务站、村有代办点"的物流快递服务体系。建成了陇南电子商务产业孵化园、西和电子商务"双创"园、陇南东盛电子商务产业园以及陇南顺通电子商务物流园等一批有代表性的电子商务园区，夯实了电商发展的基础条件。

（3）着力开展电商培训，加强电商人才队伍建设

筹建了西北首家电商职业学院——陇南师专电商学院，依托电商职业技术学院和市内外电商培训机构及电商龙头企业，累计开展电商培训17万余人次。对贫困群众开展农业实用技术、网货生产加工及网络宣传营销等基础知识、基本技能的培训，推动"网吧变网店、网民变网商，贫困户变电商扶贫户"，带动农村致富带头人、农产品购销和贩运商、专业大户、返乡青年、"两后生"自主创业，壮大网商队伍。

（4）大力发展农业特色产业，破解贫困乡村产业发展薄弱的难题

依托贫困山区特色资源优势，面向市场需求，加快培育"一村一品""一乡一业"，大力发展花椒、核桃、油橄榄、苹果、茶叶、中药材和食用菌等传统优势主导产业，积极培育发展适宜网上销售的土鸡、土鸡蛋、土蜂蜜、亚麻油、小杂粮、刺绣、手工艺品等致富产业。3年来，全市开展核桃高接换优1 000万株，全市特色农业基地面积达到1 100万亩，总产量373万吨。

（5）积极申报和争取国家电子商务发展项目

陇南电子商务产业孵化园被列为全国第二批电子商务示范基地之一，全国电子商务进农村综合示范县项目相继落户成县、礼县和宕昌县；2016年，陇南市被国家发改委、商务部等7个部委确定为第三批国家电子商务示范城市。

将推进电子商务发展与扶贫开发深度融合，着力把电子商务打造成解决农产品卖难、增加农民收入、助推精准扶贫的有效载体，被甘肃省省委、省政府明确为贫困地区电商发展的"陇南模式"。2015年，陇南市被国务院扶贫办和甘肃省扶贫办确定为电商扶贫试点市，试点工作顺利实施，陇南市也因此荣获了"2015中国消除贫困创新奖"。2016年9月24日，全国电商精准扶贫现场会在陇南市召开；10月16日在全国电商精准扶贫论坛上，陇南市被国务院扶

贫办授予"电商扶贫示范市"荣誉称号。在国务院第三次大督查中，国务院第十四督查组将陇南市"电商扶贫"的做法列为典型经验。

## （二）主要做法

在充分尊重市场规律的同时，陇南市采取了许多非常规的措施，特别是充分用好政府推动这一"有形的手"，探索出政府引导、市场推进、社会参与、协会运作、微媒助力"五位一体"的发展模式。

1. 政府推动，先托后扶再监管

立足于发展基础薄弱，确定电子商务发展不同阶段的思路：初期，政府像托管婴儿一样精心呵护，耐心提供服务，全方位提供帮助；中期，加强指导，出台扶持政策，培育壮大电商产业；各项工作走向正轨时，政府退居幕后，强化对市场主体的监管，推动电子商务健康持续发展。注重强化组织领导，市、县均成立电子商务工作领导小组及办公室，明确职责任务，人员定岗定编，强力推动电子商务快速发展。同时，把电子商务纳入全市目标责任书管理体系，进行评价考核，形成电子商务加快发展的责任倒逼机制。注重加强金融支持，市、县分别设立电子商务财政专项扶持资金，以贴息和以奖代补等方式对发展电子商务给予支持。

2. 市场运作，企业为主生活力

尊重市场规律，发挥企业主体作用，一方面，招商引资，建设阿里巴巴·产业带、电商产业孵化园、农产品交易中心、顺通电商物流园等基础服务平台，大力推进农村信息化建设，支持电信、移动、联通运营商加快宽带网络配套步伐，鼓励群众采取集资的办法架通光缆；另一方面，引导传统企业转型，激活民间资本投资，加快建设网货供应平台、物流中心、产品研发中心和包装仓储中心。通过双轮驱动，不断完善电商发展的链条，唱好电商发展大戏。

3. 百姓创业，广泛动员齐参与

积极探索"网吧变网店、网民变网商"的路子，注重通过广泛宣传和开展培训，有效凝聚各方力量。多方筹措经费，通过"走出去、请进来"等多种办法，选派骨干人员和青年电商讲师外出学习培训，组建陇南电子商务协会培训中心。在政府的强力动员引导下，各行各业、不同群体积极参与电商发展，大学生村官、返乡青年、农村"两后生"（初中、高中毕业未能继续升学的贫困家庭中富裕劳动力)、致富带头人、农产品购销商、专业大户纷纷开办网店,形成了男女老少齐上阵的电商创业热潮。

4. 协会服务,三商联动一盘棋

坚持依靠行业协会提高发展层次,建立市、县区、乡镇和村四级电商协会合计达 327 个。充分发挥组织、协调、服务、监管功能,建立行业自律规则和退出机制。引导龙头企业按照网店销售特点生产加工适销对路的产品,改进包装设计,突出文化元素,彰显地域特色,注重品牌培育,提高陇南特产的影响力。建立健全部门协作机制和落实监管责任,规范网上交易,建立质量追溯和监督管理体系,及时处理交易中出现的纠纷,严厉惩处违规行为,树立陇南电子商务的良好形象。着眼于解决制约陇南电商发展的深层次问题,充分发挥职能作用,全力推进电商资源整合,提出了促进三商(网商、供货商、物流商)形成产业链条,搭建区域行业共享平台的思路,力求推动电子商务向更高层次、更高水平发展。

5. 微媒营销,绿色产品传美名

坚持把"新媒体营销"作为宣传推介贫困乡村特色资源、打造电商扶贫名片、实现电子商务集中突破的"助推器",充分发挥电子商务的宣传促销和增值作用,不断扩大陇南特色农产品的知名度和影响力。积极创建微媒体宣传矩阵,全市共开设了政务微博 2 690 个,开通政务微信公众平台 180 个、政务网站 385 家、商业网站 27 家,培育了一批知名博主和"陇南美"等影响较大的自媒体。市县乡村广大干部带头,利用微博、微信等新媒体广泛宣传推介电子商务知识和特色农产品,通过挖掘产品特色和文化内涵讲故事、自编微视频等方式,叫卖特色产品、旅游产品,宣传良好生态、民俗文化,品牌效应不断增强。成县"核桃书记"、礼县"苹果县长"等微媒体应用的成功案例,打响了陇南电子商务的品牌。全媒体矩阵的多层次、大范围、多角度的宣传营销,促进了全市电子商务的发展,传播了陇南电商扶贫的声音。

## (三) 电子商务扶贫的 5 种模式

陇南市紧盯建档立卡贫困村和贫困户,突出到户扶贫措施的落实,充分发挥电商的带动作用,追求对贫困户增收带动作用的最大化。

一是电商网店带动模式。采取以奖代补的形式,推进贫困村"一村一店"

建设，探索出了贫困农户创业型、能人大户引领型、龙头企业带动型、乡村干部服务型等贫困村电商扶贫网店建设模式，所有的电商扶贫网店都与贫困户建立利益联结机制，形成了"一店带多户""一店带一村""一店带多村"的网店带贫模式。截至2016年12月，陇南市全市网店数量达到1万余家，3年来累计销售收入达45亿元，其中电商扶贫试点贫困村开办网店800多家，带动贫困群众15万余人，试点村网店销售总额达到3.2亿元，建档立卡贫困户人均增收达620元。

二是电商产业带动模式。通过"电子商务+特色产业+贫困户"的方式，将电商扶贫与特色产业发展紧密结合，将贫困户直接作为电商企业的供货商，贫困户按标准生产可供网商销售的产品，电商企业以保护价保底收购，确保贫困群众利益，带贫效果十分明显。康县兴源土特产公司通过电子商务，将产品远销北京、上海、广州、成都、重庆、西安等一线、二线城市，2015年销售各类产品358吨，其中贫困户产品占35%，帮助76户建档立卡贫困户稳定脱贫。

三是电商创业带动模式。通过鼓励、引导、扶持具有一定发展能力的建档立卡贫困户、返乡青年、未就业大学生、残疾人带头进行电商创业就业，并带动其他贫困户就业增收。陇南市利用电商开展"双创"的人数达到18 000余人，其中贫困户直接开办网店285个。西和县积极实施电商扶贫"千人计划"，以建档立卡贫困户中未就业的大中专毕业生为主要对象，扶持其开办网店、开展电商创业，全县已有200多名大中专毕业生成功参与其中，开办网店近百家，带动贫困群众1 500余人，户均增收180元。

四是电商就业带动模式。通过打造电子商务生产、加工、包装、物流、营销全产业链，吸纳建档立卡贫困户劳动力务工就业，增加贫困群众工资性收入。通过引进农村淘宝、京东商城、苏宁易购等大型电商平台，并自建农村市集、蚂蚁市集等电商平台，扩大销售渠道，增加就业机会。陇南市电商企业、物流快递企业、网货供应企业等经营主体，为全市提供就业岗位8万多个，其中吸纳贫困户就业1.4万多人。

五是电商入股带动模式。积极引导动员没有创业能力的贫困户将精准扶贫专项贷款、土地等入股到电商企业，享受不低于银行利息的入股分红。礼县良源电商公司吸纳40户贫困户以每户5万元的精准扶贫贷款入股，按10%分红，每年每户可增收5 000元。

## (四) 主要成效

陇南市的实践充分证明，发展农产品电子商务符合贫困地区发展需求，符合农业产业化发展方向，电商扶贫符合精准扶贫的要求，在推动贫困地区脱贫攻坚进程中发挥着越来越重要的作用。

1. 培育了转型升级的新产业

电子商务作为一种新兴产业，在陇南大地已成燎原之势。电子商务有效带动了农业产业结构的调整，促进了农业供给侧结构性改革，激发了农村经济活力。广大贫困群众以市场需求为导向，网络上什么好卖、什么能赚钱，就种什么、养什么，消费者需要什么就生产什么。过去陇南只有核桃、花椒、木耳等为数不多的网货，截至2016年12月，已开发网络适销产品1 100多种，认证"三品一标"产品220多个，特色产业迅速发展壮大。

2. 开拓了商品流通的新渠道

通过电商扶贫，实现了贫困户特色农产品从田间地头到消费者餐桌的直接对接，有效解决了贫困乡村农产品卖难的问题，陇南市贫困乡村特色产品"养在深闺人不识"的困境得到彻底打破，特色农产品更多地走向了全国，也吸引了更多网上消费者和网下收购商。过去陇南市的农特产品只能"翘首期盼"外地客商，现在通过网络直销全国，而且卖上了好价格。礼县苹果过去在当地销售最多卖到每千克5元，通过电子商务网上销售，现在可卖到14元/千克。陇南蜂蜜过去最高卖40元/千克，现在通过电商卖到160元/千克。武都花椒去年以来在网上一直卖120~140元/千克，比市场上高40元/千克。过去陇南的群众羡慕城市的大型商贸城，现在通过网购，足不出户就可以用低于市场价格随意购买生产生活用品，实现了减支增收。

3. 培养了锐意创新的新农民

电子商务的发展推进了产业基地扩张，带动农村土地流转步伐加快，一大批农民从传统农耕农业中解脱出来，加入到了电商创业队伍，催生了一大批有文化、懂技术、会经营的新型农民。礼县青年农民康维起，组建电商团队，在天猫、淘宝等线上平台开设网店7家，年交易额达3 000余万元，拓宽了礼县苹果的销售渠道，有效助推了当地群众脱贫致富的步伐。康维起也因电商发展被评选为第三届"全国十佳农民"，受到农业部表彰。电子商务的发展，也给一批身残志坚的农村残疾人员带来了自力更生创业致富的机会。礼县残疾人张攒劲带领当地15名残疾人组建了礼县爱心电商残友互助协会,通过淘宝网发起众筹项目,完成线上交易30多万元,线下交易50多万元,实现了团队盈利和残疾人增收的双赢。

4. 开辟了精准扶贫的新途径

通过电商,让扶贫形式变得更加灵活多样。在2015年举办的全市众筹扶贫大赛中,有80多名贫困村第一书记、驻村帮扶队员、大学生村官等一线扶贫干部,通过众筹的方式,帮助贫困户在网上销售农特产品。陇南市武都区从热播电视剧《芈月传》提到的"武都崖蜜"中敏锐捕捉商机,及时注册了"武都崖蜜"商标并申请了原产地地理标志保护,中国农业科学院蜜蜂研究所已将陇南市列为蜜蜂产业精准扶贫示范基地,所有养蜂专业合作社都与贫困户签订带动协议,仅此一项可带动6万贫困群众脱贫。

5. 塑造了创新发展的新形象

电子商务打开了陇南市发展的"创新之门""开放之门"和"致富之门",已成为陇南创新发展的最佳案例、群众增收致富的最新路子和扶贫开发的新模式,得到国家有关部委和社会各界的广泛关注,人民日报、光明日报和中央电视台等主流媒体多次报道陇南电子商务工作,先后有10多个国家部委、14个省市的200多个考察团、约5 000多人赴陇南考察电子商务工作。陇南正在以创新的精神和改革的勇气谱写脱贫攻坚的新篇章,塑造甘肃省乃至大西北地区向南开放的桥头堡的新形象。

## (五) 主要经验

1. 政府引导是关键

陇南市将发展电子商务作为推进全市转型跨越发展的战略任务之一,纳入经济社会发展总体规划,列入重要议事日程,作为各级党委政府的重点工作内容。同时市、县、乡层层成立电子商务领导小组和办公室,在人员、机构、经费上给予保证,并将电子商务的发展作为干部政绩考核的重要内容。在信息化水平较低,远离大市场的贫困地区,如果没有陇南市市委、市政府强劲有力的推动,陇南市的电子商务很难在短期内取得突破性进展。

## 2. 搭建平台是基础

在起步阶段，要借助淘宝网等大平台，引导大家在淘宝网上开办网店，形成大家齐心协力推销陇南名优特产的强大攻势，迅速提高陇南特产的知名度和影响力。政府主动牵头推动，积极招商引资，建设淘宝网特色中国地方馆、阿里巴巴陇南产业带，在网上建起一个永不落幕的展销窗口。同时要采取多元推进的路子，在其他网络平台上建立旗舰店，逐步建立自有平台，培育当地品牌，开展专题营销，为电子商务发展搭起广阔的平台。

## 3. 配套服务是保障

物流配送、宽带网络、园区建设等基础配套建设如果满足不了需要，电子商务的发展就是一句空话。在西部欠发达地区，发展电子商务，首先应当帮助当地改善电子商务发展的基础条件。在推进农村信息化建设和电子商务示范城市建设中，应当把贫困地区摆在优先位置，帮助落后地区消除"数字鸿沟"，共享发展成果。同时，电子商务的发展需要建立和完善多方面的服务体系，包括全方位、多层次的电商人才培训，周到便利的网店装修、摄影、文案、营销专业服务，快捷廉价的物流服务，还有方便灵活的金融服务等。服务水平的高低，决定当地电商发展质量的高低。

## 4. 产品质量是根本

电子商务的发展需要遵守相应的规范。在起步阶段，可能有一些不规范的地方，但是要做大做强，必须强化产品质量监管，包括网货质量、服务质量、交易纠纷的处理、违规行为的惩处，等等。监管的主体责任在政府，重点是工商、质量监督、食品药品监督等部门，都要依法进行监督，打击制售假冒伪劣的行为。电商协会也要履行行业监管责任，倡导诚信经营、合法经营，促进电商持续健康发展。要及时研究解决电商发展过程中出现的新情况、新问题，堵塞漏洞，完善制度，确保持续健康发展。

## 5. 微媒宣传是重要手段

电子商务是网络经济的一种形式，需要强有力的宣传作保证。如果不开展宣传，再好的产品、再有特色的网店，也不会得到关注，难以吸引来大家的眼球。在宣传上要充分利用网络媒体，如微博、微信等新型媒体，抓住产品的特色和文化内涵，讲好故事，引人入胜。要善于制造热点，借力营销，"贴大V、骑骆峰"，加强与电子商务研究机构和知名专家的沟通联系，听取他们的意见建议，要突出自己的特色，强化宣传推动，培育和打造自己的品牌。

## (六) 存在的主要问题和困难

1. 支撑电商发展的网络、物流等配套体系仍然滞后

陇南市物流配送和农村信息化还处在较低的发展阶段，制约了电子商务的快速发展。特别是一些边远乡村网络宽带覆盖率低，发展电商缺乏基础条件。物流配送网络不健全，快递企业管理不规范，覆盖面小，导致物流费用居高不下，快递运送时间长。

2. 全市网店整体质量还不高，销售规模大、品牌有影响的网店还比较少

近年来，陇南市涌现出了一批产品质量优、运营水平高、服务意识强、发展潜力大的优秀网店，引领带动了全市电子商务的发展，但全市网店发展质量不平衡，许多网店存在货品单一、质量不稳定、服务不周到等问题，网店运营水平普遍较低。大多数网店没有下工夫推广营销，缺乏具有文化内涵的产品介绍，导致网店转换率低、销售差。

3. 高水平的电子商务专业人才依然十分匮乏

在发展农村电子商务中，普遍存在专业人才缺乏的问题。陇南市乡镇农村和企业都普遍缺乏电子商务运营管理的专业人才。电商发展迫切需要的运营、美工、视觉、创意、客服、品控等方面专业人才较少，特别是后台软件技术开发、电商应用技术、电商营销策划等人才严重缺乏。

4. 网销产品品牌培育不够

电商主营农特产品品牌培育不够，还没有形成知名品牌，农产品整体竞争力不强，影响力不大，经过注册认证的特色网销商品较少，缺乏相对稳定的供货渠道和专业的供货商，质量检测等品控要求还不能达到网络销售的需要。有些特色产品比较零散，收集包装难度大，部分产品数量稀少，难以形成规模，加工包装费用较高，既难以满足市场需求，又缩小了商品的利润空间。多数农产品季节性强，上市时间相对集中，产品同质化高、标准化难。

## (七) 下一步发展打算

1. 加强基础设施建设，完善电子商务支撑体系

一是加快网络基础设施建设。加强统筹协调，整合电信、移动、联通等网

络运营商力量,重点扶持边远地区宽带网络建设,提高网速和网络服务水平,努力实现陇南市行政村有线、无线宽带多种网络接入方式基本覆盖。二是加快现代物流体系建设。建设县(区)物流园区服务中心、乡镇电子商务物流服务站、村组物流便民服务点的县乡村三级物流配送体系,整合国有、集体、民营及个体的物流资源,进一步完善物流市场主体,培育物流服务体系,加快推进网货配送物流体系建设。三是推进电子商务园区建设。构建陇南市电子商务园区体系,形成电子商务孵化园、电子商务创业园和电子商务产业园"三园一体"的格局,为电子商务产业发展提供环境、技术、政策、资金等多方面支持。

2. 升级特色产品产业链,增强电子商务综合竞争力

一是加强网货基地建设。充分发挥陇南市绿色、无公害农特产品的品质优势,加快推进陇南市特色产品的标准化、电商化,探索制定主要农产品及其加工产品的质量标准,指导企业、合作社和农户按标准种植、生产、管理、加工,从源头上保证网货产品的质量,积极研发适应网络销售的新产品,打造网货集中供应平台,为电子商务发展提供稳定可靠的产品基础。二是实施品牌建设计划。积极引导陇南市电子商务企业增强品牌意识,大力培育网络知名品牌,鼓励传统品牌向网络延伸,扩展品牌网上知名度,着力推进国家地理标志保护产品和"名优产品"的网络推介和销售。

3. 提高电商主体运营质量,切实提升电商发展水平

一是全面提升网店运营水平。对全市网店进行分层分类指导,从资金支持、宣传推广、营销运营等方面综合施策、集中发力,进行全方位的扶持,不断提升网店运营水平,把网店做活、做大、做强。二是培育电商品牌企业。引导优秀网店树立核心理念和文化,走诚信经营之路,积累信誉度,打造在同行业中富有影响、耳熟能详的网络品牌名店,带动陇南市电商提高发展水平。

4. 稳步推进电商扶贫工程,如期实现脱贫攻坚目标

一是构建完整电商扶贫体系。以完善提升全国电商扶贫示范市为契机,把电商扶贫作为一项系统工程来谋划,建立完整的电商扶贫行政推进体系、网店服务体系、网货供应体系、网络物流体系、人才培养体系和考核评价体系,提高电子商务在贫困乡村的普及程度和应用水平。二是创新电商扶贫模式。以电子商务进农村综合示范县、全国农业农村信息化示范基地、国家电子商务示范基地等项目为依托,开展网店带贫、平台带贫、信息带贫、就业带贫、工程带

贫等多种电商扶贫方式,在农产品电商扶贫、旅游电商扶贫方面实现集中突破,不断探索和创新电商扶贫的模式和路径,形成可操作、可复制、可推广的电商扶贫经验,实现陇南市脱贫攻坚目标。

5. 加大电子商务人才培育与引进力度,实现人才强市

通过多方式、多手段培育和引进电子商务各层次的人才,缓解陇南市电子商务发展迫切的人才需求。加快电子商务中高端人才引进,依托本地及电商发达地区的教育资源加强电子商务运营人才的培训与培育,推动形成以电子商务企业、院校、培训机构为主体的电子商务人才招聘、培训、培育一体化机制。

6. 促进电子商务在各领域中的应用,推动一二三产业融合发展

一是普及和深化电子商务应用。促进个人和企业利用国内外多个电商平台开展电子商务经营活动,全面推进县乡电商中心、村社网店建设。鼓励区域内商贸集聚区、大型商场、批发市场、连锁超市和专业市场利用电子商务,开展网上交易,应用电子商务促进传统流通企业转型升级。二是提升传统企业电子商务应用水平。加强对传统实体企业的电商培训,支持传统企业加快信息化建设,围绕企业业务流程再造和管理信息系统等环节,积极发展电子商务,实现运营环节应用自动化和智能化,提升效率,优化流程,创新机制。三是拓展电子商务应用领域和形式。在各行业、各领域拓展电子商务的应用,主动适应移动电子商务的发展趋势,大力发展农特产品微商、移动电子政务、移动旅游电商等新型服务,提高全社会电子商务应用水平。

## 二、推动三个深度融合，培育农业电商新业态

### ——江西省赣州市农业电子商务发展实践

近年来，随着信息技术飞速发展，电子商务迅速崛起，成为新常态下推动经济增长的新动力，促进产业转型升级的重要引擎，推进大众创业万众创新的有效途径。赣州市委、市政府审时度势，高度重视电子商务发展，认真落实国务院"互联网+行动计划"，积极培育电商新业态，农业农村电商产业迅猛发展。

### （一）总体概况

赣州市作为江西"南大门"，又称赣南，辖18个县（市、区）、3个国家级经济技术开发区、1个综合保税区。赣州是江西省国土面积最大、人口最多的设区市，素有"红色故都""江南宋城""客家摇篮""生态家园""世界钨都""稀土王国""世界橙乡"等美誉。作为革命老区，赣州市依托赣南脐橙等农产品，农业农村电子商务发展态势迅猛，获批创建第二批国家电子商务示范城市，16个县（市）列入国家电子商务进农村综合示范县，实现了除中心城区外的全覆盖。南康家具市场获批创建国家电子商务示范基地，有力促进了赣州市经济转型升级和农村市场发展。2016年，赣州市电子商务交易额313.5亿元，其中，农村电商交易额达到237亿元，不仅成为了拉动经济增长的新动力，而且带动了包括贫困群众在内的20多万人创业就业，电子商务在农村扶贫成效显著，开辟了精准扶贫的新路径。此外，先后与阿里巴巴集团、京东集团、顺丰集团、苏宁云商集团签订了战略合作协议，举办了"互联网+革命老区"农村电商发展（赣州）峰会、第七届中国电商文化节、全国网络扶贫现场推进会、中国·赣州首届"互联网+"电子商务创新创业大赛等活动。淘宝网特色中国赣州馆、1号店赣州馆、苏宁易购赣州馆、京东商城赣州馆先后上线，土购网、零息网等一批本地特色电子商务平台如雨后春笋，迅速发展，一批电子商务培训机构也纷纷落地。

## （二）主要推进模式

为做好农村电商工作，赣州市充分发挥电子商务进农村综合示范试点县引领的带动效应，全面推进电商进农村试点工作。

一是高定位上层建筑。成立了由市长任组长的农村电商工作领导小组，并设立办公室负责具体工作。各示范县（市）也已成立由当地政府主要领导任组长的电子商务进农村工作领导小组，印发了电子商务进农村试点工作实施方案，出台了有关农村电子商务产业发展扶持政策及资金管理办法，配套资金8 690万元，已补助14 425万元。部分县（市）还组建了专职的电商办，有12个县（市）成立了电商协会。

二是广布局乡村服务网络。截至2017年年初，各示范县（市）已建成19个县级电子商务产业孵化园，共建有40个县级运营中心、146个乡级服务中心、1 929个村级服务站。赣州市县、乡、村三级农村电商服务网络基本建成，对促进农产品进城带动农民增收，取得了较好的成效。

三是深挖掘农业农村电商示范带头人。各示范县（市）通过广播、电视、网络、高架宣传牌、宣传册、横幅等大力宣传电子商务进农村，把"互联网+"新经济形态引入农村。通过龙头企业培育孵化了一批本地农业农村电商龙头企业、创业带头人。2016年，各示范县（市）累计举办电商知识培训539期，免费培训55 259人次，通过电子商务带动创业就业41 935人。全市从事农产品销售的电子商务企业总数已突破3 000余家，从事农产品销售的电子商务个体达5万人。

## （三）主要工作措施

一是给政策，优化电商发展环境。在江西省率先出台了《赣州市电子商务产业发展规划（2014—2020年）》，提出了发展"一县一品"农产品电商，打造中国脐橙电子商务交易平台等涉农电商规划布局。并先后出台实施了《关于加快电子商务产业发展的实施意见》《赣州市电子商务扶贫专项实施方案》《加快推进农村电子商务发展的实施意见》等一系列政策文件，设立农业农村电商发展专项资金，从园区建设、平台搭建、物流配送、自主品牌建设、人才引进、乡村服务站点建设、氛围营造等方面，为农业农村电商发展提供全方位支持，鼓励依托电子商务新型业态推动贫困农民创业就业，提高贫困户增收致富能力。各县也纷纷出台了农业农村电商发展扶持政策，为电商扶贫提供了有效的资金保障，如南康、安远、信丰、会昌等地已配套1 000多万元资金扶持电商发展。

二是强基础，打通农村电商网络及物流"最后一公里"。一方面，建立完善覆盖乡、村的农村信息网络，提升宽带网络普及和接入能力，打通信息化基础设施建设的"最后一公里"。截至2016年12月，赣州市100%行政村和90%的自然村实现通宽带，100%的行政村和45%的自然村通光纤，农村宽带用户平均接入速率达到12Mbps。另一方面，抓好农村公路的建管养，近3年累计新建改造农村公路8 200千米，同时强化县、乡、村物流配送体系建设，打通物流配送的"最后一公里"。2016年累计完成快递业务4 485.68万件。

三是搭平台，加强与知名电商的合作。与阿里巴巴、京东、顺丰、苏宁云商等知名电商签订合作协议，在农业农村电商服务、菜鸟物流、人才培训、金融服务等方面开展全面合作，高起点打造电商运营平台。2016全国网络扶贫现场推进会在赣州市宁都县召开，阿里巴巴、京东、去哪儿网等一批电商企业与赣州市签订对口帮扶协议。淘宝网特色中国·赣州馆、1号店赣州特产馆、苏宁易购赣州馆、京东商城赣州馆先后上线，土购网农村e邮等一批本地特色农产品电商平台快速发展，其中土购网被农业部信息中心评为"中国农业百强网站"，2016年平台交易额达5.7亿元。

（四）推进经验

赣州市在农业农村电子商务的具体实践中，着力推动"3个深度融合"。

一是推动农业农村电商发展与特色产业发展深度融合。把电子商务作为助推特色产业发展的新引擎，推动传统特色产业借力电子商务转型升级，大至家具产业、脐橙产业，小至宁都孔明灯、肉丸等，都通过电子商务开辟了新天地。例如，为推动赣南脐橙销售，解决脐橙"卖难"问题，赣州市自2000年开始成功举办了16届中国赣州脐橙节（后更名为中国赣州国际脐橙节）。并自2013年开始，随着电子商务的蓬勃发展，赣州市将原来线下的脐橙节转为线上的赣南脐橙网络博览会。与阿里巴巴、苏宁云商、京东集团、顺丰集团等，在推动赣南脐橙上行、物流快递等方面开展合作。2016年，举办了赣南脐橙网络博览会首届电商节开幕式、赣南脐橙电商扶贫网络大赛、工行融e购赣南苏区馆上线仪式、顺丰速运赣南脐橙寄递解决方案专题发布会，以及淘宝网、京东商城、苏宁易购、1号店、顺丰优选、平安付壹钱包、百诚源、萌店、天天果园等平台系列营销推广活动，并首次采取直播的方式，与阿里巴巴农村淘宝、湖南卫视、优酷视频合作，竞选镇店之宝，3分钟"点赞量"达到256万次。高峰期，赣南脐橙日均快递发送量已达到1 500余吨，20万余单，2016年电商交易额突破20亿元。不仅有效地推广了赣南脐橙等农产品互联网品牌，并且极大地带动了赣南茶油、土鸡蛋、酸枣糕、土蜂蜜等一批本地农产品网络销售，帮助果农收入增长33%，带动70余万农民脱贫致富。李克强总理充分认可并回信肯定了赣州市"互联网+赣南脐橙"通过电商帮助果农销售增收的做法，省委、省政府主要领导亲自批示。

二是推动农业农村电商发展与创新创业深度融合。加快电商示范基地、电商孵化基地、电商产业园建设，积极开展电商知识培训，培育电商示范企业和示范带头人，充分激发"双创"活力。设立了赣州市电子商务培训中心，中国国际电子商务中心培训学院赣州分院、苏宁云台商学院等培训机构正式挂牌。一大批在外务工人才返乡创业。2016年，全市累计开展农业农村电商培训500余期，免费培训5万余人次，通过电子商务带动创业就业3.7万余人。此外还开设了"电商大讲堂"电子商务免费公开课。同时，为电商创业人员提供物流、办公场地，"财园信贷通""再就业小额担保贷款"等金融信贷支持，扶持农村青年通过电商创业。寻乌县、于都县充分发挥财政资金杠杆作用，设立电商信贷通，扶持小微电商企业及创业网商，为电商企业及创业人员提供金融支持。赣州邮政、顺丰速运、"四通一达"均扩大在赣州的物流快递布局，菜鸟物流、京东云仓陆续进驻赣州市，解决家具、赣南脐橙等农特产品网销物流快递问题。万吉物流、云堤网络等一批本地电商企业设立了吉集号电商物流信息化平台、赣州市电商物流信息化平台等，推动物流快递与电子商务协同发展。截至2016年12月底，仅顺丰速运赣南脐橙发货量就达172万余件。

三是推动农村电商发展与精准扶贫深度融合。出台《电子商务扶贫专项实施方案》，市、县两级财政安排专项扶持资金，免费为贫困群体提供电商技能培训，对扶贫对象到电商孵化园或产业园落户创业给予补助。同时，积极探索"电子商务+创业孵化+贫困户""电商企业+专业合作社或产业基地+贫困户""电商企业+就业岗位+贫困户"等电商扶贫新模式,帮助贫困群众通过直接开办网店创业、参与相关产业链、分享电商发展的溢出效应等途径实现增收脱贫。2016年,赣州市累计为1.94万人次贫困农民提供免费电子商务知识培训,全市有6 800余个贫困户通过电商实现就业脱贫,通过电商扶贫间接带动实现就业的贫困对象达4.4万人。如廖奶奶咸鸭蛋通过电商打开销路,创立品牌,带动全村脱贫致富,获得全国扶贫表彰;宁都县电商孵化园扶持残疾人曾北方在电商园建立了残疾人电商运营团队"励志园",在网上销售农特产品,截至2016年12月,每天发单量在1 000单以上,每月净利润达10万元;安远县通过众筹模式,1个月帮助贫困户销售了20余万斤紫山药。中央电视台、新华网、人民网、新华社、中新社、中国青年报、第一财经日报、新浪网、光明网、央广网、央视网、中国经济网、未来网、澎湃新闻、江西日报、江西广播电视台、江西网等一批省内外媒体宣传报道了赣州市电商扶贫经验做法。

## (五) 存在的问题

一是电商人才紧缺。本土严重缺乏电商专业知识人才,特别是农村电商人才匮乏,电子商务高端人才难引进,难留住。

二是农业农村电商产业基础弱。虽然在试点推进过程中,赣州市挖掘了不少适合网络销售的农产品,但农产品大多产业化程度不高,难以实现规模化生产,一些有规模的产品又具有明显的季节性,多数农村电商企业、创业个人都处于"小、弱、散、单"状态,体量小,难以实现发展壮大。

三是农产品标准化程度不高。目前,大部分上行的农产品都是非标准化产品,很多所谓特色产品没有取得QS等资质,只能通过淘宝、微信等模式销售,渠道窄,也存在安全隐患。

四是物流成本偏高,物流配送"最后一公里"依然是制约农业农村电商发展的突出瓶颈问题。全市有19个县(市、区),地广村多,尤其是很多贫困村地处偏远,人口居住分散,交通不便,是制约赣州市农业农村电商发展的一个瓶颈,虽然一些县已经通过整合资源,并采取政府补贴的方式来推动农产品进城、工业产品下乡,但成本还是很高,光靠财政资金补贴难以长远。

## (六) 下一步工作打算

一是加快打通农村电商物流配送"最后一公里"通道。加快推进电子商务与物流快递协同发展，完善物流配送信息化平台建设，整合邮政、阿里巴巴菜鸟物流、顺丰速运等龙头企业资源，鼓励社会物流拓展乡村物流市场，建立覆盖市县乡村的四级物流配送网络。

二是加大农村电商人才培养与引进力度。鼓励院校、社会培训机构开展农业农村电商培训，培训一批本地电商创业人才。加大宣传，吸引一批返乡创业人才。加快推动各县（市）设立电商人才孵化中心。

三是扶持一批本地农村品电商平台。推动赣南脐橙、赣南茶油等富民产业电商发展。建设运营好淘宝网"特色中国·赣州馆"、1号店"赣州特产馆"、苏宁易购"赣州馆"、京东商城"赣州馆"的同时，扶持土购网、城乡买卖网等一批本地平台。引导农民通过电商创业致富，从电商企业带动种养殖户增收，拓展到电商园区、企业就业脱贫。

四是继续完善县、乡、村三级电商网络。推进县级电商服务中心、电商产业园、乡镇分中心、电商孵化基地，行政村电商服务站建设，全面提升电商服务网点覆盖率，完善服务网点的功能，在赣州市各县打造一批集培训、物流、仓储、网络购销、中转等功能为一体的电商服务中心。

五是推动农产品产业化、规模化、标准化体系以及公共服务体系建设。引导各地做好电商产业发展规划，发展"一村一品"，建立农产品质量追溯体系。

## 三、主攻特色农产品上行，建设电子商务名县

### ——山东省蒙阴县农业电子商务发展实践

随着"互联网+"时代的开启，农村电子商务已经成为转变农业发展方式的重要手段和精准扶贫的重要载体，是"大众创业、万众创新"在农村的具体实践，对改善农村消费环境、促进农业转型升级、带动农民增收致富都具有重要意义。山东省蒙阴县生态环境良好，农产品种类繁多、品质出众，以农产品上行为核心，以转变农业发展方式、增加农民收入为根本，以蒙阴蜜桃、蒙阴苹果、蒙山蜂蜜、蒙山全蝎、五谷杂粮、农村手工艺品、特色食品为主打产品，全力构建独具蒙阴特色的农村电商产业体系，形成了"联万户、接地气、广受益、可持续"的农业农村电商蓬勃发展态势，真正实现"网货下乡"和"农产品进城"，"互联网+绿水青山"就是"金山银山"。

### （一）发展概况

1. 电子商务发展的背景和条件

（1）产品种类丰富，品质优良

蒙阴县是典型的农业大县、果业大县，是全国果品生产十强县、中国桃乡，果园面积达100万亩，果品产量稳定在13亿千克左右；其中蜜桃65万亩、产量11亿千克。均居全国县级首位。全县累计认证"三品一标"169个，蒙阴蜜桃、蒙阴苹果、蒙山蜂蜜、蒙山全蝎4种产品通过地理标志认证，蒙阴蜜桃品牌价值266.44亿元，居全国桃品牌第一位。同时，蒙阴县还是中国长毛兔之乡，年产兔毛4 000吨，有五谷杂粮、蜂蜜、麦饭石、煎饼、奇石、桃木工艺品等20余种特色产品。把电子商务的重点放在农村电商，把农村电商的重点放在农产品上，以"群众得实惠、产业得发展、经济增活力"为根本，以"全省争先进、全国进百强"为目标，以"接地气、土味浓"为特色，全面对接大市场，全力抢占制高点，构建以特色农产品上行为主的农村电商产业体系。

(2) "一红一绿"品牌优势显著

结合蒙阴县实际,巧妙将"一红一绿"两大品牌有效应用于电商发展中。一是红色诚信品牌。蒙阴县作为沂蒙精神发源地,把"诚信"作为电商发展的首要条件。对外,通过孟良崮党性教育基地、沂蒙六姐妹纪念馆等窗口,积极推介红色文化展示淳朴民风;对内,通过宣传、标杆示范,引导广大群众以电商树老区形象、以老区形象促电商发展。二是绿色产品品牌。发展电商,关键是质量有保证。蒙阴县坐拥蒙山、云蒙湖和岱崮地貌,是国家级生态示范区、山东省生态文明建设示范县和山东省长寿之乡,山清水秀风光好,具有无与伦比的生态优势。在此基础上,始终高度重视农产品质量安全,大力推行标准化生产,严禁高毒高残农药使用,有效推动化肥农药使用减量化,逐步健全可追溯体系,蒙阴农产品成为了"生态沂蒙山、优质农产品"的代表品牌。在电商策划营销过程中,形成最佳消费"需求点"和特色"卖点",为电商发展赢得了优势、争得了主动。

(3) 电子商务萌芽形成,政府借势推动

蒙阴县虽然处于山区,但是外出务工人员较多,容易接触到新鲜事物。21世纪初我国电子商务进入大发展时期,蒙阴县在外求学、务工的年轻人首先接触到了电子商务,在2007年左右一些思想先进的年轻人开始回乡创业,其中以垛庄镇古泉村刘元江和深山蜜坊王朋为主要代表,开始销售蒙阴县当地的地瓜干、蜂蜜等特色农产品,在刘元江的影响下,原先的客服工作人员也自己创业开店,到2013年年底古泉村已经有10多家网店。中通、圆通、顺丰、韵达等多家快递公司进驻县城,并在乡镇布点,电子商务的萌芽在蒙阴整个县域范围内已经形成,为电商产业的发展奠定了基础。2014年蒙阴县委、县政府高瞻远瞩,顺应潮流发展,大力推进电子商务产业的发展,拉开了蒙阴电子商务产业跨越式发展的大幕。

2. 电子商务发展的历程

(1) 2013年以前电商发展萌芽期

2013年以前电商发展处于自发阶段,电商的成长和发展依靠自身的力量,已经涌现出了美味沂蒙、深山蜜坊、小李土特产店等代表性的电商,但整体发展缓慢。从电商产业链条来看,在电商服务方面,没有专业的培训机构和电商服务公司;在电商思想传播方面,主要是在外求学务工人员回乡创业,仅限于电商公司内部,整个农村对电商认识不足;在快递物流方面,虽然中通、圆通、申通、韵达和顺丰等快递公司进驻县城,但乡镇布点较少,且整体快递价格较高;在包装方面,蒙阴县本地生产技术低,成本高。

(2) 2014—2015年电商产业起步发展期

2014年蒙阴县委、县政府高瞻远瞩、顺应潮流发展,高度重视电商的发展。一是在电商机构方面,成立了蒙阴县电商发展推进领导小组,下设专门办公室,安排一位副县长主抓电商工作,让共青团蒙阴县团委、蒙阴县商务局、蒙阴县供销社3个单位负责电商发展工作,在乡镇成立电商办,安排专职工作人员。二是开展电商思想的宣传工作,邀请省外电商专家对蒙阴县领导干部进行授课,由上而下进行推动电商发展;三是进行电商培训工作,邀请专业培训团队来蒙阴县对有意从事电商创业的年轻人授课,并与蒙阴高新职业技术学校合作对12个乡镇街区进行电商基础知识的轮训;四是在电商考核方面,出台了电子商务发展考核办法,并把电子商务发展考核成绩纳入蒙阴县综合发展考核中;五是举办各类电商活动,成立电商协会组织。2015年8月成功举办了中国蒙阴首届网络蜜桃文化节,并组织多次电商沙龙交流活动,成立了蒙阴县电子商务协会,凝聚了全县电商的力量。此阶段蒙阴县电子商务进入了发展的快车道。

(3) 2016年至今,电商产业发展提升期

2016年是蒙阴电子商务发展里程碑式的一年,被评为临沂市第一个"山东省电子商务示范县",11月被评为山东省首个"中国电子商务示范县"。2016年结合脱贫攻坚工作,蒙阴县县委、县政府把电商产业作为精准扶贫的五大产业之一,号召全县电商企业发挥自身优势投身到电商扶贫中去,并建立了蒙阴县电商扶贫基地—青年创业园,对电商扶贫起到了带头示范作用。随着蒙阴县电商产业发展环境的转变,出现了第二次在外求学务工人员回乡电商创业的浪潮,这些人眼界开阔、起点高、市场把握准、品牌意识强,在短时间内涌现出了粮舍生香、老区小兵、果熟蒂落、桃小弟、桃小蒙等多个代表性的电商品牌,经过3年多的推动发展,蒙阴县电子商务产业链条基本完善,并逐步走向成熟。

### (二) 主要做法

1. 精心打造"三级平台",畅通产品上行渠道

围绕"县里有综合服务中心、乡乡有运营中心、村村有电商、户户有产

品"的目标，全面加强电商平台建设，畅通农产品上行渠道。

（1）建设县级综合服务中心，发挥龙头带动作用

积极规划建设电子商务实训基地、电商扶贫基地、电商孵化基地、众创空间基地，以及沂蒙商城产业园、电商物流园、沂蒙农业创业创新示范园等"四基地三园区"。截至2016年12月，已建成3万平方米的蒙阴电商产业园，入驻电商、物流快递、金融服务等企业58家。整合农业、质监等部门的资源，投资3 000多万元，建成了蒙阴县检验检测中心。正在加紧推进的沂蒙农业创业创新示范园，也一并规划建设了高标准的农业电商园区。

（2）完善乡镇网络，畅通上下链接渠道

依托有实力、有经验的企业或电子商务带头人，科学规划布局，加快建设镇级电子商务运营中心。2016年12月已有10个乡镇的运营中心投入使用，入驻电商100多家，农村e站已发展镇村站点130家，为农民提供代买代卖等服务，全县日均单量超过3万单，高峰期达5万单。

（3）拓展村级阵地，打通电商"最后一公里"

支持本土电商企业米云电子商务公司加快农村网店布设，充分整合乡村资源，围绕消费品下乡、农产品进城、本地生活三大服务环节，建设了县、乡、村三级服务站，自建物流网店，解决农村物流"最后一公里"难题，为农村居民提供购物、销售、话费充值、物流运输等便捷服务，把农村消费者的网购商品送货到村，使村民享受到了网络购物的实惠和便捷，同时采用B2B、B2C等多种形式，积极对接农超和大型公司，与当地合作社以及农户进行深入合作，对于个人订单一件代发，促使当地农产品走出去，让农产品可以便捷地从地头到城市餐桌，打通了特色农产品的上行通道，共吸纳了300余人就业，带动了1 000多人从事电子商务，2016年实现农产品销售额4 000余万元。

2. 大力实施"四方联动"，助推农业农村电商发展

（1）县委县政府全力推动

蒙阴县里明确由1名副书记、2名副县长主抓电子商务，在县商务局设立了办公室。设立了1 000万的专项资金，将采取以奖代补、贷款贴息和财政补助等方式，对特色园区、高端平台、物流快递等项目给予扶持，并将电商工作纳入了蒙阴县科学发展综合考核。

(2) 部门单位联合促动

确定由蒙阴县商务局牵头抓总，从规划制定、宣传发动、平台建设、政策争取等方面提供最大服务，组织蒙阴发改委、国土资源局等部门为电商项目办理手续、保障用地，组织移动、联通、电信等加快农村互联网布设，组织政府网站、电视台、连线蒙阴客户端等几十家媒体推广经验，营造良好电商生态圈。

(3) 乡镇村居有效互动

各乡镇街区均成立了电商工作领导机构，制订了实施方案，排出具体计划。各村居社区均明确了电子商务工作人员，制订了村级服务站发展计划，大多数村已经在具体经营品种策划、群众动员、场所提供等方面有了实际行动，为农村群众和合作社发展电商提供了及时周到的服务。

(4) 企业网点积极行动

引导支持县内企业积极对接第三方平台，把实体店与电商有机结合。积极开展战略合作，与1号店合作建设了"特色中国·蒙阴馆"，与京东商城合作建设了县级运营中心，与苏宁易购合作建设了特色产品馆，与阿里巴巴对接构建特产中国"蒙阴馆"和"农村淘宝"项目。

3. 着力推动"五项融合"，实现全域"互联网+"

(1) 与特色农业有机融合

围绕促销售、卖高价，力促果品上行，做活网上果品销售文章。2015年蒙阴县成功举办了全国首届网上蜜桃文化节，开展了丰富的网上宣传活动，关注点击1.2亿人次，既提升了蒙阴蜜桃的知名度，也巩固了果农网销蜜桃的信心。蒙阴蜜桃品牌价值从2014年的36.18亿飙升到2016年的266.44亿元。围绕助力兔毛、果品、菌蔬等特色产业，力促农产品上行，高标准规划建设蒙阴县电商产业园。正在加紧建设全国兔产业体系示范基地，以兔为主的畜牧业电商很快将有大的突破。蜂蜜作为蒙阴网上交易的主打产品，深山蜜坊的蜂蜜销售在淘宝网稳居前列。清园农业的地瓜干、紫薯苗等特色产品都曾位居过淘宝网销量榜第一位。五谷杂粮、煎饼等蒙阴特色产品在网上持续热销。

(2) 与商贸流通有机融合

传统企业纷纷触网，干煸拉肉丝、十足全蝎酒等中华老字号、山东老字号企业都在淘宝、京东上开设了店铺，积极开辟网上销售渠道。蒙阴县是运输物流大县，有相关企业88家，营运车辆达1.2万辆，每个乡镇都有一批专业村、专业户，是财政增收和农民致富的重要来源。近年来，引导支持物流运输企业和专业户，积极转变传统营运模式，与电商有机融合，实现信息来源更加广泛、配货更加便捷快递，推动了产业提质提效。此外，积极推动知名快递企业落户蒙阴县，顺丰、中通、申通、圆通等18家物流快递公司在镇村设点300余个，12个乡镇街区均有物流运输网点覆盖，有力支撑和拉动了电商发展。

（3）与生态旅游有机融合

蒙阴县有A级以上景区10个，省级旅游强镇3个、特色村6个，升级农业旅游示范点、自驾游示范点、精品采摘园21个，省市县三级农家乐246个。结合全县丰富的旅游资源和县里实施的"11351"旅游精品工程建设，不断丰富运营促销手段，孟良崮、岱崮地貌、刘洪文化园景区均开通了景区官方网站。与同程、去哪儿等10多家网络预订平台签订了协议，支持线上支付、线下体验，提供网上订票、订餐、订房、订路线等服务。土特产超市也开通了线上业务，打通了旅游商品线上线下流通渠道。同时，广泛开展互联网、微信、微博等新媒体营销，大大增强了旅游宣传促销效果。

（4）与扶贫攻坚有机结合

蒙阴县确定五大精准扶贫主导产业，农村电商扶贫是其中一项。专门研究制订了电商扶贫实施方案，将电商项目向贫困村倾斜，鼓励农民专业合作社、大型农产品代销点开办网店，对贫困家庭开设网店给予小额信贷支持，为贫困户依靠电商脱贫提供平台。垛庄镇古泉村返乡青年刘元江创办的美味沂蒙等网店，2015年营业额达到3 000多万元，刘元江通过政府贴息小额扶贫贷款，在进村入户摸底调查的基础上，先后和32个贫困村结成了帮扶对子，按照信贷政策，每帮助一个贫困户脱贫，就可享受贴息贷款5万元，网店共获得160万元的贴息贷款，在此基础上采取保底回收、股份合作、吸纳就业、培训创业和代销服务5种合作模式，逐户签订帮扶协议，助推贫困户率先脱贫。蒙阴县组织开展了"百家电商帮扶贫困户"活动，促进电商与有意向的贫困户对接，带动贫困户增收。截至2016年12月，已经有116户贫困户有意向在电商平台就业或向电商提供农产品，建立了直采直供关系。

（5）与大众创业、万众创新有机融合

全力支持年轻人发展电商，一方面从场所、信贷、环境等方面为年轻人提供服务。桃墟镇"粮舍生香"、垛庄镇"小李土特产"、坦埠镇"桃子姐姐的手工小店"等一批示范电商都由返乡的研究生、本科生创办,年销售额均过百万元,有的还突破了千万元。他们不仅自己通过电商致富,还带动外地同学一块来蒙阴创业,开办小工厂,并成立了蒙阴电子商务协会,该协会会员已经有200多人。另一方面,全面实施"燎原"计划,培育电商人才。贯彻落实山东省电商培训"千县万人"计划,邀请山东省电子商务促进会、阿里巴巴讲师来蒙阴县进行农村电商和跨境电商培训,把高新职业技术学校推荐为市级电子商务人才培训机构,打造高水平的电商人才培训平台。在全县开展巡回讲座、举办各类培训班150余场次,培训各类人员2万余人次,培育了一批农村电子商务带头人和后备军。

### (三) 主要成效

2016年蒙阴县被评为"山东省电子商务示范县"和"中国电子商务示范县",全县电子商务交易额达到27.8亿元,网商、微商达到1500家,电商从业人员30 000人。2017年计划全县电子商务交易额达到36.53亿元,增长35%;跨境电子商务年交易额达到3 000万美元,电商从业人员40 000人,年增长30%以上;网商、微商达到2 000家,年增长40%以上。目标是建成竞争有序、诚信守法、安全可靠的电子商务市场环境;电子商务与其他行业深度融合,成为促进创业、稳定就业、改善民生服务的重要平台。

### (四) 电商发展过程中存在的问题

1. 平台、园区建设不足

蒙阴县电商点多、面广、分散,欠缺大型电商龙头企业带动和大平台支撑,园区建设相对滞后。电商往往不缺少办公场所,却缺少一个面积大、操作空间广的物流、仓储集聚区,目前的电商产业园能够提供展示和办公的需求,但不能满足物流和仓储的迫切需要。

2. 网络、物流等基础设施建设薄弱

网络基础设施建设相对薄弱,周末或晚上等用网高峰期还存在网络不稳、卡顿、缓慢等问题,影响网上与客户沟通,对网店销量和排名影响较大。同时,蒙阴县是纯山区,电商物流成本比平原县区高出许多,一些农产品本身价格不高，快递费用占较大成本，特别是生鲜产品运输成本较高。

3. 实战型专业人才缺乏

高水平的运营推广、美工设计和数据分析等专业人才不足，具备互联网思维、熟悉电商运作的"新农人"偏少，很多从业人员也面临能力不足的问题，从职业学校新招聘的电商人才往往重理论，轻实践，很难立刻胜任实际工作。

4. 电商企业贷款融资难

电商企业发展速度较快，但电商多数是草根电商，多是年轻人、返乡创业人员，快速发展需要资金的支撑，但大部分电商企业的特性是固定资产少，面临贷款途径少、贷款难的问题。有许多好的项目、创意，因缺乏资金运作而无法正常开展。

5. 地域品牌和产品质量有待加强

蒙阴电商大多数是卖蒙阴县本地生产的农产品，但是形不成有影响力的地域品牌。在购销两端缺少现实沟通的电子商务中，品牌是获得关注、获得信任、获得订单的关键和基础，需要形成具有蒙阴特色的、有影响力、叫得响的品牌。同时，网上销售农产品在质量方面还需要进一步加强，新的《中华人民共和国食品安全法》颁布后，对食品的质量安全要求进一步提高，如何提高生产者的安全意识，减少施农药化肥的使用量，采取农产品分级销售等问题亟待解决。

# 四、依托优质农产品,开辟电商扶贫新途径
## ——山西省武乡县农业电子商务发展实践

2015年7月,武乡县成功申报国家第二批电子商务进农村综合示范县,县委、县政府高度重视,切实加强组织领导,着力推动电商与脱贫深度融合,持续加大资金投入,围绕宣传发动、健全机制、完善基础、铺设网点、畅通物流、培育典型、打造品牌等内容同步推进,为武乡脱贫攻坚开辟出了一条新路径。

### (一)总体概况

武乡县位于太行山西麓,山西省东南部,长治市最北端。总面积1 610平方千米,辖9个乡、5个镇、1个农业开发区,377个行政村,942个自然村,总人口21万,其中农业人口17.8万。

武乡县是著名的革命老区,也是国家扶贫开发工作重点县。到2016年年底还有151个贫困村、22 804名贫困人口,脱贫任务艰巨。2015年以来,武乡县以脱贫攻坚统揽经济社会发展全局,坚持政府主导、农民主体、上下联动、多方参与,大力实施产业扶贫、易地搬迁、教育扶贫、生态扶贫、金融扶贫,特别是依托电子商务进农村工作开展,积极探索电商扶贫新路径,实现了54个贫困村有序退出、9 868名贫困人口稳定脱贫,顺利接受了国务院扶贫办和省政府第三方评估,得到了汪洋副总理的充分肯定,脱贫攻坚取得首战首胜。2016年实现全县农民人均可支配收入5 950元,增速9%。

截至2016年年底,在武乡县377个行政村建设乡村电商服务站230个,累计开展电商培训10 081人次,全县新开办网店、微店832家。武乡小米、核桃、小杂粮、黑花生等特色农产品上线销售,2016年完成网上交易额9 708万元,其中农产品网上销售额1 535万元,电商产业带动1 518户贫困户5 125人,促进1 900多人实现就业。

## （二）主要推进措施和成效

**1. 加强领导，组织保障有力**

武乡县县委、县政府坚持把电子商务进农村作为脱贫攻坚的重大战略，作为产业转型升级、加快农业供给侧结构性改革的重要载体，作为促进大众创业、万众创新的主要抓手。成立了由县长任组长，县委副书记、分管商务和农业的两位副县长任副组长的工作领导组，定期召开领导组会议，及时研究、协调解决工作中的问题和困难。

制定出台了《武乡县促进电子商务发展扶持政策（试行）》《武乡县电子商务专项资金实施方案（试行）》和《武乡县电子商务专项资金管理使用办法（试行）》等10多个规范性文件，为电商发展提供政策支撑和制度保障。进一步规范和完善电商专项资金的管理和使用，研究出台《武乡县电子商务项目管理制度》和《武乡县电子商务项目验收制度》，对每个项目都采取领导组研究制定项目规划、网上公开招标、签订项目合同、按验收进度拨付资金，做到了所有项目和资金公开、公正、公平、透明。

武乡县财政每年拿出200万元，3年共600万元配套资金支持电商发展。加大金融支持力度，用200万元作为担保资金与邮储银行合作，设立小微企业创业基金，放大10倍，为电商发展融资贷款。

**2. 宣传培训，营造电商发展环境**

武乡县委、县政府以学习党中央、国务院和山西省省委、省政府政策文件精神，武装全县干部队伍发展电商头脑，激发干部群众参与电子商务进农村工作为重点，定期组织专题培训。邀请农业电商领域知名专家，为武乡县干部群众开阔视野、解放思想、答疑解惑。2016年年初召开了全县三级干部参加的电子商务进农村工作推进会，组织召开武乡县电子商务进农村工作现场推进会，村委支部书记代表、电商企业、物流企业、农产品加工企业代表都参与其中，形成"横向到边、纵向到底"的网格化培训体系。整合县委组织部大学生村官培训、县人事部门人才培训、县党校干部轮训、县工青妇创业培训、残联的残疾人创业培训等资源，加入电商课时，进行电商专题培训，孵化出了一大批电商创业典型。

武乡县累计举办县乡村干部电商培训20多次，培训2 000多人次；培训精准扶贫户122人次,残疾人电商创业者15人。通过培训,直接从事电商创业和电商工作的人员已达1 200余人,全县掀起了"人人懂电商,全员干电商"的热潮。

3. 完善网络,夯实电商发展基础

以"县有中心、乡(镇)有服务站、村有服务点"为重点,利用武乡县红星杨物流中心的闲置场地,投资700多万元改建完成2 000平方米的县级公共服务中心,中心分为培训中心、孵化中心、创客中心、体验中心、(京东)运营中心五大板块。2016年培训中心完成了多批次培训,为电商企业输送电商人才150多名,储备人才200多名,新孵化网店150多家。依托邮政公司,投资200万元,改建占地面积2 700平方米的县级电子商务仓储配送中心,到2016年12月已经有9家企业进驻。

协调督促移动、联通、电信运营商加大基础网络铺设力度,武乡县共建通信基站411座,377个行政村电话覆盖率达到81.6%,宽带覆盖率92.3%,2G网络覆盖376个行政村,覆盖率99.7%,3G网络覆盖256个行政村,覆盖率67.9%,4G网络覆盖216个行政村,覆盖率57.3%,光纤覆盖率83%,全县共建光纤宽带端口27 368个,宽带网络实现了全覆盖,为电子商务进农村提供了坚实的网络支撑。

截至2016年年底,武乡县在建和建成的乡镇、村级服务站点230个,15个乡镇实现了全覆盖,377个行政村覆盖率61%,一店多平台接入了京东、苏宁、乐村淘、扶贫购等平台,实现了网络代买代卖、快递包裹代收代发、金融服务和在线便民支付等功能。依托邮政公司"村邮乐购"和"邮掌柜"铺设了88个村级配送点,实现了县城到村双向流通"次日达"或"两日达"。

## (三) 主要发展经验

1. 项目带动,大力引进电商平台

武乡县以县红星杨物流公司为主体,改建4 000多平方米的创业中心和近1万平方米的电商产业园,构建电商产业发展集聚区。创业中心已经正式运营,26家电商企业进驻,产业园已经完成了电商公共服务中心、O2O体验中心、创业中心、创客中心、京东服务中心、电商仓储配送中心等建设。加大招商引资力度,引入国内大型电商平台及专业电商团队,撬动更多的社会资本、智力资源参与,推动武乡电商高位发展。先后引进京东集团、苏宁易购、太原慧生活、乐村淘公司,建成京东武乡服务中心、苏宁易购武乡O2O直营店、武乡农特产品O2O体验中心及太行山农副产品展示馆。

2. 培育特色,推动农产品上线销售

着力打造富有武乡特色的县域农产品公共品牌,与杭州常春藤有限公司合作,编制《武乡县电子商务发展规划》。依托武乡小米、黑花生、梅杏、陈醋、大黄梨等特色农产品,多渠道、全网络打造具有武乡特色的农产品营销体系,在全县发展3万亩电商订单农业。投资1 600万元,建设农业检测技术综合服务业务楼,建立完善农产品质量安全追溯体系,推进无公害农产品、绿色食品和有机产品"三品"整体认证工作,全力确保上线农产品质量安全。

对接大电商平台,分别在京东、苏宁、乐村淘开设了武乡特产馆,举办了康达陈醋限量"1元秒杀包邮"、乐村淘武乡太行山小米节、康达陈醋"山西品牌中华行—大连站"展销活动、武乡权店梅杏赏花节与采摘节、武乡岭头梨花节等一系列农产品促销和宣传推广活动,带动武乡农产品网络销售增长了50%以上,农产品产地收购价提升15%以上。

武乡小米是武乡县优质特色农产品,也是武乡县发展农业电商的突破性产品和明星产品。武乡小米主要是通过挂职武乡县县委常委、副县长张志鹏的代言,借助其"小米县长"的网红身份(张志鹏因代言武乡小米,而被誉为"小米县长"),以及行业传媒、全国各种商会等资源平台,通过社交电商形式,为900多万千克积压谷子找到了销路,解决了武乡米农的"卖粮难"问题。同时,引发了品牌效应,仅仅8个月时间,让武乡小米从一个地产名变成了区域品牌名。武乡小米团队还精心打造了全国第一款顶级品牌小米——晋黄羊肥小米,其市场价格升至160元/千克,成为高端小米市场的标杆,全县建立了4 000亩的小米产业基地,直接带动了产业基地农户的大幅增收。2016年,武乡小米保持了每千克16~160元的优势,带动全县3万多农户种植小米8万多亩,助推增收500多万元。

3. 助力脱贫,电商扶贫成效明显

着力推动电子商务与脱贫攻坚深度融合,武乡县各级干部齐上阵,特别是通过"小米县长"张志鹏代言和推介武乡小米和武乡梅杏等农特产品,举办梅杏节、小米节、梨花节等一系列宣传推广活动,帮助农民上线销售时令果蔬、滞销粮食;大力开展贫困户电商培训,激发其开网店、开微店创业热情,逐步形成了4种电商扶贫模式：一是农家老魏的"一店带多户"模式，二是晋黄羊肥小米的生产商、服务商、网商"三商联动"模式，三是以岭头为代表的打造微信村"整村微商"模式，四是电商公共运营中心建立的扶贫购"平台运营"模式。通过电商扶贫，仅销售小米一项，就为全县5 000多户贫困户增收200多万元。

武乡县上司乡岭头村是发展"整村微商"，实现整村脱贫的典型。岭头村通过打造"三晋第一微商村"，全村孵化和培养100多人开设了微店，仅几个月时间，带动贫困户增收20多万元，2016年该村如期实现整村脱贫。电商扶贫专家汪向东专程到岭头村考察指导，对岭头村发展微商大加赞赏，提出在全国打造县域微商"南砀山，北武乡"的发展思路。在岭头村的示范带动下，全县新发展微商400余户，10个村计划推进整村微商。

武乡县电商扶贫模式吸引了海南省琼中县、晋城市泽州县等10余个省内外兄弟县市来考察交流，新华网、山西电视台等30余家媒体实地采访、宣传报道。2017年1月14日，国务院副总理、国家扶贫开发领导小组组长汪洋同志亲临岭头视察电商扶贫工作，给予了高度评价。

## （四）未来发展规划

电子商务为武乡县脱贫攻坚蹚出了一条新路径，为全县经济社会发展注入了新活力，为农民增收插上了互联网的翅膀。下一步，武乡县将以电商扶贫为重点，继续推动电子商务进农村为核心，集电商创业、智慧农业、生鲜冷链物流、培训等为一体，打造电商发展的"生态洼地"。深入挖掘电商扶贫潜力，进一步提升"一店带多户""三商联动""整村微商""平台运营"4种创新模式带动能力，争取2017年建设10个微商村，培育贫困户微店500~1 000家。依托八路军太行纪念馆、八路军总部王家峪、砖壁旧址及"两园一剧"，大力发展"互联网+红色文化旅游+特色农产品"，促进文化旅游与农业特色产业深度融合发展，借红色旅游品牌助推武乡特色农产品上线上景区，成为特色旅游产品。

# 五、依托资源优势，打通农产品上行渠道

## ——浙江省丽水市莲都区农业电子商务发展启示

### （一）总体概况

丽水市莲都区地处浙江省西南腹地，生态高效农业发展良好，莲都区近年来围绕"建绿色精品基地、打造绿色品牌、创绿色效益之路"的发展思路，先后获得"中国水果百强县""中国椪柑之乡""浙江省九坑桃之乡""全国第二批无公害农产品（水果）生产示范基地县""浙江省蔬菜、水果、食用菌产业强县""全国蔬菜产业重点县"等荣誉。全区农特产品丰富，处州白莲、白枇杷、皇菊、铁皮石斛、山茶油、高山蔬菜、土鸡蛋、碧湖黑猪等优质农产品极其适合网络销售，为发展农产品电子商务提供了丰富货源。

近年来，莲都区委、区政府高度重视农村电子商务发展，在全区各部门和所有电子商务企业从业人员共同努力下，莲都农村电子商务产业迎来跨越式发展。并先后涌现出浙江讯维电子商务有限公司、丽水市山山股份有限公司等电商服务企业，丽水宏义电子商务有限公司、丽水市绿盒电子商务有限公司等农业电商实体企业，以及喵街、莲淘推荐等农产品电商运营服务平台，着力助推莲都特色农产品市场竞争力，快速提升莲都农产品电子商务、休闲农业、旅游业的综合实力和影响力。

同时积极推进莲都区与丽水市电商公共服务中心、农村电商服务中心、莲都区电商公共服务中心的战略合作，以莲都区电商产业园、智慧商圈、生鲜农产品冷鲜系统建设等重点项目为抓手，有效发挥电商服务中心的带动效应，在区域内集聚了一大批电子商务产业链企业。2016年"双十一全球狂欢节"莲都区交易额再创新高，达到7 025.7万元。积极建设农产品上行销售渠道，开展上海—莲都社区对接和特色农产品上行地推、养生农产品众筹、电商扶贫、三月桃花节、六月赏莲花等各类活动。

以着力打造电子商务产业高地为目标，成功举办农旅电商研讨会、互联网

创业创新大赛、电子商务进农村示范县建设研修班、中国莲都·乐淘节暨 2016 莲都电商精品展、"互联网+"沙龙等一系列活动,以互联网新思维搭建电子商务交流大平台,提高莲都农村电子商务产业的知名度和影响力。

## (二) 主要做法

1. 积极开展农产品电子商务相关知识的宣传培训

农产品电子商务宣传培训主体包括农民、专业合作社、家庭农场和农业企业,其对电子商务的认知直接关系到农产品电子商务的发展速度。许多涉农企业没有充分认识到电子商务的巨大商机,认为风险大、投资周期长,维护难。针对他们在具体应用中出现的问题,加强对广大农业企业、专业合作社、家庭农场、产业大户等生产经营主体进行电商应用培训,促进从事传统农产品贸易的企业向电子商务转型,进一步拓宽农产品销售渠道。

(1) 开展全区乡镇电商巡回宣讲普及推广

2016 年安排国内外知名农产品上行专职讲师和莲都区本土多年从事农产品电商人才,对莲都区各乡镇进行巡回宣讲、推广和普及电商知识,培育新农人,在乡镇电商基础班的基础上,同时举办了电商应用提升班,提升广大农业主体的电商综合水平。

(2) 举办市级以上农业主体电商精英培训班

2016 年 9 月,为加快推进莲都区农产品转化为旅游地商品,根据《丽水市加快推进农产品转化为旅游地商品三年行动计划》,丽水市委、市政府与莲都区委、区政府签订的 2016 年度农产品转化为旅游地商品行动计划任务书,以及《莲都区加快推进农产品转化为旅游地商品实施方案》和任务分解表,经研究,决定针对莲都区市级以上农业主体开展电子商务知识精英培训班。培训班由莲都区范围内的市级以上农业主体(专业合作社、农业产业化龙头企业、家庭农场)的经营管理者、负责人、网络营销专员 80 余人。邀请国内知名讲师,主要分析当前农产品电子商务发展形势、解析优秀农产品电商案例、研究目前农产品电子商务开展中存在的问题与瓶颈及发展新出路、讲解网店经营与管理、进行电子商务运营水平提升与应用实训。

(3) 举办新农人互联网对接沙龙

2016 年多次组织莲都区农业龙头企业、农产品网商、莲都区水果种植大户等代表等开展互联网对接沙龙。沙龙内容主要包括产品研究、竞争研究、模式研究、地理文脉,进行莲都特色产业与产品价值提炼。沙龙目的是推进莲都新农人群体核心资源圈建设与跨界融合,开展新农人群体合作的市场化实操项目推动。

2. 积极扶持农产品电子商务运营服务机构的建设

整合省市区出台的相关电子商务扶持政策,加大对发展农产品电子商务的整体规划和技术支持力度,加强农产品电子商务销售服务运营组织进度,进一步提升运营组织电商服务和推广能力,助推"中国莲都·养生农业"区域公共品牌,最终实现生产者、消费者和运营商的互利多赢。

(1) 互联网平台建设

依托丽水山山股份有限公司、浙江讯维电子商务有限公司等服务团队,借助淘宝网、阿里巴巴网、京东商城、1号店等大型电商网站,鼓励莲都区县域农产品入驻网络销售。截至2016年12月,已建设或已在建的农产品专业运营平台有淘宝的"丽水生态精品农业馆"、1号店的"丽水馆"及在建的自营平台"山山商城"等。2016年新建了"莲淘推荐""草摩家""农耕源"等多个移动微商销售平台。通过该综合性电子商务平台,与莲都区农产品加工生产企业或者农民合作社建立深度合作关系,开拓农产品电商代理业务,运作莲都区本土名优农产品的网络销售,实现农民与企业的双赢。

(2) 加强"农产品电子商务服务组织"建设

2016年联合一批农业创业青年,在全市率先成立莲都区新农人创业联盟,提升莲都区农产品电子商务从业者的专业水平,增强新农人间的交流互动,以新农人联盟所产的养生农产品为基础,以莲都区莲淘网科技有限公司所创立的"莲淘推荐"为平台运营,作为农产品网络销售平台之一,主打绿色、健康的品牌价值。

(3) 加强农产品电商运营水平

通过莲都区新农人创业联盟、莲都区网商协会,统计从事电商业务的企业及个人名单,建立QQ群、微信群,将相关从业者聚集起来,并周期性的举办分享沙龙以及其他相关活动,增加区内农业电商从业者有凝聚力。建立健全相关沟通交流机制,让从业者积极交流,将自己的困惑说出来,好的经验分享出来。多次邀请淘宝大学的讲师来协会讲课,通过基础班和提高班的举办,让协会会员及时获取第一手的信息。

3. 提升现有农业品牌走上电商之路

近年来,莲都区打造了一批具有市场竞争力的品牌农业,当前已培育的省名牌农产品有梅中田茶叶、山水椪柑、山水龙剑茶叶、六江源油焖笋、处州山茶油;省、市著名商标10个,包括山水、梅中田、富来森、处州绿园、处州山茶油、六江源等省著名商标;通过有机食品、绿色食品、无公害农产品认证的农产品有86个,如何将以上现有农业品牌由传统渠道销售走上电商之路也是农业、农民新的经济增长点。

(1) 着力打造莲都区农产品电商品牌

2016年莲都区立足农产品资源和产业优势,以实施"互联网+品牌农业"为重点,着力健全平台支撑、主体培育、政府推动3个体系,推动了农村电商风生水起。以"丽水山耕""山水莲都"为区域公共品牌,主打绿色、健康的品牌价值。将品牌文化具体实现到产品包装、快递包装、生产加工等各个环节,让消费者形成一致的、深刻的品牌印象,从而让品牌更有价值、更加持久。建立"田间地头到餐桌"的全过程可追溯体系,让消费者信赖品牌。

(2) 组织莲都区特色农产品品牌包装设计

根据莲都区开展养生农业对好产品销售的需求,为让莲都区好农产品插上互联网的翅膀,促进农户增收,助推莲都区打造"中国莲都·养生农业"总目标,经研究,组织实施了莲都区特色养生农产品电商化包装设计,以展示莲都区当地特色农产品文化,提升农产品附加值,进一步优化莲都区优质农产品上行通路,2016年共组织设计具有莲都区地域特色的养生农产品包装10款。

(3) 组织莲都区养生农产品加强与大城市对接

由区农业主管部门依托杭州绿谷品牌管理有限公司在杭州开设莲都养生农业社区门店。该企业已有3年从事营销生鲜农产品的经验,企业总经理是莲都人,已有采购经营莲都农产品的渠道和路径。在杭州市余杭区勾庄镇建成4 000平方米集办公、仓储、质检分拣、冷链配送为一体的运营中心。同时,已在杭州主城区选定3家社区门店,其中一家已装修完成标准的社区生鲜样板店。该公司原本为杭州市多家单位提供生鲜农产品直供,2016年曾是杭州G20峰会特许生鲜供应商,借此机会,企业开通直属特供渠道,将莲都区的养生蔬菜直供西湖国宾馆。若该企业能在杭州成功开设养生农业社区门店,必将快速实现订单农业促农民增收,加速莲都农产品旅游地商品的转化,有效打响"莲都养生农业"的品牌。

(4) 制定莲都区生鲜农产品网货化冷链物流技术标准

为打造"中国莲都·养生农业"区域品牌，助推莲都区特色农产品上行，提升莲都区生鲜农产品网货化，依托生鲜农产品网货化冷链物流技术标准，全方位展示莲都区特色养生农产品，提升产品附加值，进一步优化农产品的上行之路，促进农业增效、农民增收。委托制定 10 款生鲜农产品网货化冷链物流技术标准。每款产品技术标准内容主要包括：每款产品包括采收标准、分拣标准、处理标准、包装标准、运输标准、每款产品附上实操冷链物流运输素材。最后提交形成每款产品冷链贮运标准操作手册 1 份，制定的技术标准著作权全区共享。

4. 开展形式多样的农产品上行相关活动

(1) 开展上海—莲都社区对接和特色农产品上行地推活动

构建莲都区特色产业与产品的管理组织体系，并构建管理规范体系，引荐战略推进所需要的组织或平台。2016 年在上海相关住宅区重点区域开展对接活动，开设 O2O 体验店，买赠、积分、试吃活动，对莲都区生态精品农博会公共品牌展位推广。

(2) 利用互联网开展养生农产品众筹活动

莲都最具乡土味农家辣酱众包项目，为乡村旅游启动农家菜的商品化市场对接，开展农家辣酱评选预订活动。完成莲都区最具乡土味农家辣酱评选活动，开设农家辣酱市区 O2O 体验预订点，形成一套可复制的活动方案。

老竹稻荷鸭共生众筹项目、联城梅花鹿众筹项目利用莲都特色生态资源，开展养生农产品市民众筹预订，探索产业叠加与预订式农业生产模式，区相关部门提供相关技术指导与产品质量检测服务。

(3) 积极开展电子商务扶贫项目

2016 年根据莲都区推行的养生农业发展实际，利用春牧土鸡蛋和散养土鸡项目、黄村土面和养生蔬菜项目、峰源农耕体验和高山蔬菜项目、太平白枇杷和养生桃项目等开展"互联网+"的精确扶贫模式，在具备条件的自然村开展众筹众包的乡村农业模式，移动电商销售平台等一些快捷销售模式，积极开展形式多样的电商扶贫项目。

同时针对莲都养生食材开展特色乡村美食节，进行特色菜肴及城市中产阶级消费人员、酒店的产品开发，对接农产品电商、农家乐主体进行推广应用。

(4) 积极参与各类节庆活动,增强活动的宣传力

以桃花或莲花,以及民宿、农家乐高铁游作为活动主线,在电商平台开展营销推广,组织莲都三月桃花节活动、农产品电商化营销莲都六月赏莲花活动,在电商平台开展营销推广。以丽水绿盒电子商务服务有限公司为依托,建设与莲都区"农产品上行"工作相匹配的配送中心、初级加工处理中心,投入相关硬件设施进行建设。

(5) 开展养生农业莲都社区门店农产品销售活动

为发展养生农业,促进养生农产品销售,建议积极引导莲都区各机关事业单位工作人员率先消费养生农产品,积极鼓励各机关事业单位工作人员购买养生农产品,不仅引领市民去消费养生农产品,促进养生农产品的营销,而且也倡导了市民去追求一种健康养生的生活方式。区直属有关单位食堂消费卡可以到市区两家养生农业社区门店直接消费,直接培育莲都区市民养生农产品消费习惯。

(6) 积极开展农产品电商化冷链体系建设

依托丽水市绿盒电子商务有限公司(简称绿盒电商)积极开展农产品电商化冷链体系建设,绿盒电商是以"品牌为前端驱动(丽水山耕)""供应链为核心保障(生鲜加工处理)""政企互动协作推进(混合制经济体)"的区域生鲜电商模式。

充分利用丽水得天独厚的生态优势,先后为丽水的山菌、茗茶、果品、鲜蔬、中药、禽畜、笋竹、茶油、粮食、渔业十大主导产业成功代言。提升了原先丽水零散的山区农产品的包装形象设计、质量安全认证,实现了价格的回归,保证了销售的畅通。带动了本市土鸡、缙云麻鸭、高山蔬菜等一系列生鲜蔬菜产品销售,为欠发达地区的农民增收作出贡献,受到老百姓的赞誉。

在冷链设备方面,除了引进日本原装进口制冷机完善了冷鲜鸡加工处理生产线,还引进国外先进肉类气调包装设备和蔬菜预处理流水线,为公司生鲜冷链加工环节提供了保障。在销售方面,企业在上海、杭州、宁波、绍兴、温州等地开设的生鲜社区O2O店销售稳步上升。

## (三) 取得的成效

**1. 电子商务产业发展迅速**

先后涌现出农业互联网、传统企业电商化、旅游互联网、移动互联网、跨境电子商务、同城O2O、农村电子商务、互联网金融、互联网保险、生鲜农产品O2O、互联网服务商等一批互联网经济新业态。农业、制造业、旅游民宿等一二三产业电子商务产业链日趋完善。

2016年，莲都区实现农村电商销售额18.47亿元，同比增长79.17%，其中农特产品网上销售额达8.53亿元，农特产品销售企业达451家。新建莲都区农村电子商务服务网点50个，其中邮政网点18个，赶街网点32个。全区累计建成农村电商区级服务中心2个，村级服务点249个，其中邮政村邮乐购服务点131个，赶街服务点118个，顺利完成市商务局下达的年度目标任务。全区共举行各类电子商务培训班40期，参与培训人数2 025人。

**2. 电子商务平台初具规模**

莲都区电商产业园坐落于丽水市智慧小镇核心区块瓯微大厦内，占地2 500平方米，是一家集"集聚、孵化、培育"为一体的综合性电商产业园。园区主要招募互联网创业公司或团队、网店店主、配套电商服务类企业等群体入驻。配置"运营、推广、设计、咨询、数据、服务"六大运营中心，力求通过"专业化、一站式"的配套服务，吸引、聚集莲都区电商企业及电子商务创业者，并以产业园为龙头，培育打造一支数量充足、结构优化、符合莲都区经济社会发展需求的高素质电子商务人才队伍。

该产业园于2015年12月底投入建设，2016年3月16日正式开园运行，至当年12月已入驻企业22家，入驻率超过85%。园内设立莲都区电子商务产业园公共服务中心，按照"政府指导、市场运作、公益为主"的模式进行运营，为网创青年和电商企业提供"技术支持+信息服务+营销推广+管理咨询+其他增值业务"的全方位服务。建立莲都特色产品库，为广大电商提供网销供货平台。依托莲都规模较大、发展较为成熟的电子商务企业，积极发展网店分销商，按照"大电商"与"小网店"合作模式，建立电商企业网货供货平台。

**3. 电子商务基础不断夯实**

近年来，莲都区不断加大电子商务发展基础设施建设。先后成立莲都区电子商务公共服务中心、赶街莲都运营中心、邮政莲都区级运营中心等公共服务中心3个，专门服务于莲都区农村电子商务建设，提供专业化电子商务培训、设计、咨询、服务，形成一批活跃于农村地区的"常规部队"。圆通、申通、中通、汇通、韵达、顺丰、邮政EMS、DHL、FedEx、UPS等物流企业纷纷进入莲都市场，邮政在城区布局社区物流终端E邮柜建设完成65个，莲都区快递物流运输体系不断健全。积极推进宽带工程，城区和主要乡镇已经实现了光纤宽带100%覆盖接入的能力，在农村区域有98%的行政村和自然村实现了光纤宽带的接入。4G移动电信网络建设（LTE）已经完成对城区和乡镇的全覆盖，形成第三代和第四代移动通信网络同时全面覆盖莲都区的格局。

4. 电子商务氛围逐步浓厚

近年来，莲都区从组织、宣传、活动等举措入手，营造电子商务创业创新浓厚氛围。2013年4月，莲都区成立电子商务协会。协会吸收会员企业20家，会员43人，评选青年网上创业见习基地10家，组织开展各类沙龙论坛活动近20场次，形成良好创业创新交流氛围。先后成功举办莲都区首届电子商务创业周、莲都区农产品电子商务高峰论坛、莲都区电子商务创业大赛、莲都区电子商务网货展销会等系列活动，涌现出一批电商创业人才和创业典型。利用淘宝网"特色中国·丽水馆"资源，开展"处州白莲节"网上节庆活动，网上节庆活动上线以来，活动初期单品日均流量5 000件以上，现日均流量保持1 000件以上，在销售白莲等农产品的同时，宣传了莲都养生福地品牌，更提高了处州白莲地标的知名度和美誉度。连续举办"奋斗青春、圆梦电商"青年网商创业周等系列活动，以活动营造氛围，凝聚力量。围绕干部电商知识普及，组织开展"红五月——电子商务进乡镇"系列活动，活动内容包括乡镇干部电子商务夜学讲座、区域农产品调研座谈、网商及种养户对接等，将电子商务发展成为全区领导干部的统一工作方向。

5. 电子商务企业快速成长

电子商务产业发展，重点在电子商务示范企业带动。随着莲都区电子商务发展环境不断优化，创业氛围不断浓厚，先后成长起一批富有莲都区特色并具有示范带动作用的电子商务企业。

（1）"倪老腌"淘宝店，打造全网最贵的辣椒酱

"倪老腌"主打农家纯手工自制、不添加防腐剂、可定制的辣椒酱，全店只有9种风味2种包装，一瓶重400克"香辣剁椒酱"标价45元，成为淘宝

上售价最高的辣椒酱，红遍全淘宝，被称为辣椒酱中的"土豪金"。2015年实现销售额1 000万元。"倪老腌"还在古堰画乡景区塑造游客手工体验辣椒酱制作的O2O模式，并发动周边农户定制种植辣椒，带动周边农户增收。

（2）丽水市宏义电子商务有限公司，致力于打造脱水蔬菜及农产品中高端品牌

丽水市宏义电子商务有限公司"咕咕鲜"品牌旗下网店4家，主营丽水农副产品干货、脱水蔬菜全系列产品，搭配当地特色食用菌产品，开发了水煮蔬菜、食用菌釜饭辅料等百余种产品。2015年度累计销售总额达1 500万元。2016年累计销售总额突破2 000万元。先后荣获"丽水十大网销产品""丽水市莲都区电子商务实训基地"等相关荣誉。

（3）丽水市绿盒电子商务有限公司扎根农村，扛起了农产品生鲜电商大旗

该公司成立于2014年，注册资本金1 000万元，绿盒电商是以"品牌为前端驱动（丽水山耕）""供应链为核心保障（生鲜加工处理）""政企互动协作推进（混合制经济体）"的区域生鲜电商模式。

该公司在吕埠坑地块已完成建设有2 500平方米生鲜处理中心，包括产品集采品控、质量检测、产品加工、冷鲜贮运、产品中转等一系列服务，拥有禽肉、蔬果加工流水线各1条，产品冷冻保鲜库共3间，生鲜操作车间共有臭氧消毒机、真空预冷设备、肉类切割机、异形包装、气调包装等设备。

2016年该公司在上海、杭州、宁波、绍兴、温州等地实施生鲜社区O2O模式，线上线下互动带动流量，销售产品取得了生鲜农产品销售的突破，月销售额150万元。同时公司与顺丰集团达成合作，"丽水山耕"产品全面进入杭嘉绍（杭州市、嘉兴市、绍兴市）127家顺丰嘿客社区店，从2016年5月18日起，杭城91家门店全部上架销售"丽水山耕"系列生鲜农产品，截至当年12月底累计总销售额近1 600万元。

### （四）当前存在的主要问题和发展对策

1. 当前存在的主要问题

（1）农产品电子商务处在初级发展阶段

近年来，随着计算机和网络的普及，农产品亦悄然涉及电子商务领域，产

生了一定的经济效益和社会效益。莲都区农林水等涉农部门都建立了自己的信息网站,对农产品产供销不定时进行信息发布,相关部门各为自己主管的业务及产品进行宣传。当前莲都区范围内的涉农企业特别是重点龙头企业只有少部分建立了自己的网站,部分企业和农产品销售门店开设淘宝门店,但产品品种单一、规模不大、物流配送成本高,电商经营知识有待普及,没有把其当作营销的重要手段和渠道来经营。

(2) 农业龙头企业电商销售力度有待提高

如丽水六江源绿色食品有限责任公司等虽开设淘宝店推荐自己的产品,但销售半径小,相比全国各大农产品相差较远。大姆山有机茶、老竹镇处州白莲、太平白枇杷等本地特色农产品,销量都局限在周边地区。春牧土鸡蛋、处州蜂业、轩德皇菊、康源油焖笋等虽开通网上销售模式,但没有形成一定的网上交易规模。

(3) 农业生产主体对发展电子商务意识不足

受小农生产意识和传统农业生产模式的影响,农业企业、专业合作社及分散经营的农户对发展电子商务意识滞后。已触网的许多企业思维存在局限,没有考虑到特殊性,目标人群与服务范围定位不清,发展模式选择欠佳,不注意优化和整合各类资源,电商大数据分析欠缺等问题。

2. 发展农产品电子商务的几点建议

(1) 进一步加强农产品电子商务相关知识的宣传培训

农产品电子商务主体包括农民、中介机构、农产品经营者和农业企业,其对电子商务的认知直接关系到农产品电子商务的发展速度。许多涉农企业没有充分认识到电子商务的巨大商机,认为风险大、投资周期长、维护难。针对其在具体应用中出现的问题,应加强对中小农业企业、园区业主、种养大户等生产经营主体进行信息化应用培训,促进从事传统农产品贸易的企业向电子商务转型,进一步拓宽农产品销售渠道。

(2) 进一步加快农产品电子商务运营服务机构的建设

整合省市区出台的相关电子商务扶持政策,加大对发展农产品电子商务的整体规划和技术支持,支持农产品电子商务销售服务运营组织,进一步提升运营组织电商服务和推广能力,助推"中国莲都·养生农业"区域公共品牌,最终实现生产者、消费者和运营商的互利多赢。

（3）进一步加强本土农产品电子商务示范企业培育

一是通过政策吸引、鼓励专业人才从事农产品电商；二是依托农业园区、家庭农场、农民专业合作社等新型农业经营主体，培育一批带头人，通过能人带动，培育农产品电子商务人才；三是通过职业农民培训等途径，对农民进行信息技术和电子商务培训，帮助农民掌握和使用网上交易的方法和技术，提高电子商务运用综合能力。

（4）进一步加快农产品网货化步伐

结合未来农产品电子商务发展趋势和相关要求，建立生产、加工、销售标准化经营模式，延长农业产业发展链条，增加农产品商品率的比重。同时加快农产品"三品一标"质量认证，注重品牌打造，建立科学、规范、操作性强的农产品网货化生产经营，提升农产品上行竞争力。

（5）进一步健全农产品物流配送体系

建设现代物流配送体系，是农产品电子商务发展的关键环节。目前生鲜农产品电子商务真正实现物流配送的份额很少，物流配送需要高质量的保鲜技术和设备、一定规模的运输设备和人力，前期需要投资大。从原材料供应、生产、销售等过程中都贯穿着物流，物流成本和效率的高低直接影响企业在市场上的竞争力。发展电子商务就必须合理运用现代物流系统，提高物流效率，缩短生产周期，降低物流成本，及时满足客户需求。

# 六、供给侧结构性改革掀起"全民电商"热潮

## ——湖北省秭归脐橙电子商务发展启示

2016年秭归脐橙电商交易量和交易额达历史峰值,总交易量近9万吨,占总产量的23.4%,总交易额高达11.8亿元,秭归县"全民皆商"的电商热潮已经形成,全县脐橙产业亩平均产值达5 208元,高出全省柑橘亩平均产值1 700元,脐橙已成为当地农民增收致富的支柱产业。

### (一)立足优势促改革,奠定"全民卖橙"新基础

秭归县是湖北省主要脐橙产区,因产品风味浓郁、化渣性好、糖酸比适度而深受市场欢迎,但由于品种单一、熟期集中,效益难以发挥。近年来,秭归县立足三峡库区"冬暖"等独特资源优势,以市场需求为导向,推动熟期结构向早熟、晚熟方向发展,实现鲜果周年上市。

1. 强化引导,做"优"产品

2003年,秭归县开始试种晚熟脐橙,表现为品质优良,抗性强、丰产性好。为扩大推广面积,湖北省农业厅先后出台了脐橙产业发展指导意见、召开"三峡河谷地区甜橙品种更新改良现场会",并通过国家标准园创建项目、省级板块基地建设项目、省级现代农业特色产业发展专项等项目资金进行引导,秭归脐橙发展步入快车道。2016年,秭归县脐橙面积达28.8万亩,产量38.4万吨,邓家坡村脐橙产值过亿元,成为首个产值过亿的脐橙主产村,归州镇屈原庙村、水田坝乡王家桥村等12个村的产值超过5 000万元。

2. 因地制宜,做"特"产品

经多年试验示范,秭归县探明了不同脐橙品种适宜发展区域,即在海拔300米以下发展晚熟脐橙品种,在海拔300~500米发展中熟脐橙品种,在海拔500~600米发展早熟脐橙品种,形成了春有"红肉""伦晚"脐橙,夏有"夏橙",秋有"九月红"早红脐橙,冬有"长虹"纽荷尔脐橙的产业发展格局。

3. 集成技术,做"精"产品

近年来,秭归脐橙集成创新了一系列科技成果,先后获省科技进步一等奖

2 项，农业部农牧渔业丰收奖一等奖 1 项，制定地方标准 5 项，为秭归脐橙供给侧改革的深入推进提供了技术支撑。同时通过精品果园创建，推动了种植方式由"矮密早丰"向"稀植大株"转变，改善了果园通风透光条件，减少了病虫害发生，完善了基础设施，亩平均节本增效 150 元。2016 年秭归县在水田坝乡王家桥村、归州镇屈原庙村、郭家坝镇烟灯堡村等地建设脐橙精品果示范园 10 个，全县精品果园总面积达 6 万亩，占总面积的 20.8%。

## （二）强化服务培育主体，畅通线上线下新渠道

秭归县以国家电子商务进农村综合示范县建设为契机，围绕脐橙产业发展，扎实推进电子商务进农村示范工作，全县所有行政村光纤覆盖率达 100%，建设的农村电子商务服务体系包括 1 个县级服务中心、1 个县级物流中心、12 个乡镇服务站、150 个村级服务站，营造了电商发展的良好环境，培育出了一批多元化的电商主体。2016 年，全县新开网店 400 家，电商企业达 3 000 多家（含个体户），从业人员达 8 000 多人，形成了"全民电商"氛围。

1. 龙头企业带动明显

秭归县依托仕外田园、屈姑食品、一苇电商、七公主果园、果趣等电子商务龙头企业，在天猫、京东商城等平台开设各类旗舰店 15 家，"苏宁中国特色馆·秭归馆""京东秭归馆""阿里巴巴秭归农产品大市场"也上线运行。七公主果园与顺丰速运签订 5 000 万元的购销合同，仅春节前后 3 个月，每天发货近 3 000 箱，销售额达 2 300 万元。仕外田园严格执行原产地准出制度，由村委会出具原产地证明，保证了产品质量，2016 年电商销售额达 2 000 多万元，净利润达 200 多万元。

2. 微型电商销售活跃

经营主体主要包括农村青年、返乡大学生、返乡农民工、农村妇女等群体，以淘宝、微商销售为主。水田坝乡是秭归县脐橙生产重点乡镇，截至 2016 年 3 月底，注册电商已达 100 余家。"果然橙"店主是大学生白领，2016 年从杭州市返乡创业，以微信朋友圈销售为主，2016 年 9—12 月，平均每天销售近 200 箱，累计销售达 3 万多箱，纯利润近 40 万元。

3. 物流企业无缝对接

电商发展，物流是重要环节。秭归县物流与快递公司已突破 20 家，服务

网点延伸到乡村,全县所有乡镇集镇和部分中心村都有快递超市和代发点,实现了乡镇到行政村路段的货运全覆盖。华维物流公司通过干线甩挂运输、县乡道厢式货车配送、村道通村客运捎带小件,形成了"货运班线+客货联盟"的物流格局,实现了"站到站、站到点、点到户"的无缝对接,其经验在湖北省全省推广。2016年10月至2017年3月,华维物流公司累计运送秭归脐橙鲜果数量达82.8万箱,重量达3 087.5吨。

## (三) 加大宣传培养品牌,激发电商发展新活力

2010年,秭归脐橙被湖北省农业厅评为"湖北三大名果",拉开了品牌整合打造新序幕。连续6年,秭归脐橙在CCTV-1、CCTV-7做品牌宣传推介,在北京、武汉、哈尔滨等地开设专卖店或直营店,成功举办了5届脐橙交易会和开园节。2016年11月下旬到12月底,通过三峡秭归在线微信服务号(sxzgzx)开展"我为秭归脐橙助力 秭归免费送我脐橙"活动,来自全国各地及海外地区近百万人次网友参与点击浏览,有力提升了品牌知名度。2016年12月中旬,在北京举行的全国果菜产业质量追溯体系建设年会暨十四届中国果菜产业论坛上,秭归脐橙、秭归夏橙、秭归桃叶橙等地理标志产品同时荣膺"2016全国果菜产业百强地标品牌"。2017年3月,秭归脐橙荣获"中国驰名商标"称号,成为宜昌市第一个既是地理标志保护产品又是中国驰名商标的农产品。品牌知名度的提升,带动了网上抢购热潮,激发了电商活力。在2016年11月底举办的首届网上秭归脐橙节上,"开园"仅5分钟,就销售2.2万箱,平均每秒卖出74箱。水田坝乡的"果然橙"微店在脐橙节当天订单量突破2 000箱。

## (四) 发展启示

1. **培育比较优势,变资源优势为经济优势**

一个地区、一个产业的发展,关键要培育差异化的比较优势,核心是要将资源优势转化为经济优势。秭归脐橙供给侧结构性改革的显著成绩,最重要的一点就是紧扣特色资源优势做文章,尊重自然规律,因地制宜发展特色产品。秭归县所处的三峡河谷地区具有冬季气候温暖、无霜期长、生态良好等资源优势,为晚熟脐橙安全越冬提供了理想的自然环境,进而将鲜果上市周期由4个

月拉长到周年上市，与其他产区产品打了个"时间差"，实现了由"卖橙难"到"一橙难求"的转变，显著提升了种植的经济效益。

2. 坚持市场导向，"卖得好"倒逼"种得好"

"卖得好不好"是检验产业发展的试金石。农业供给侧结构性改革要立足市场需求，做到"人无我有，人有我精，人精我强"。纽荷尔等中熟脐橙品种是秭归县主栽品种，面对赣南脐橙的强大冲击，秭归脐橙以精品果品为突破口，"啃"出了一片市场，5千克装的精品果电商售价高达85~135元/盒。良好效益推动了秭归脐橙老果园改造，通过高接换种、推倒重建等方式加大了精品果园创建力度，提高了精品果产出率，优化了产业结构，形成了脐橙产业由"种得好"向"卖得好"转变，依靠"卖得好"倒逼"种得更好"的良性循环局面。

3. 注重创新发展，强化科技支撑作用

农业产业发展没有捷径可走，技术是前提。秭归脐橙产业取得的一系列原创性科技成果，得益于华中农业大学、湖北省农业厅、湖北省农业科学院等一批教学、科研、推广机构多年如一日、持之以恒创新的结果，并通过新型经营主体、科技示范户等主体的示范带动得到有效推广，不仅在湖北省内广泛应用，而且在重庆、江西赣州等地也活跃着一大批秭归本地技术能人传经授宝，可以说，秭归县已成为全国脐橙产业技术集成创新的高地。

4. 打造公共品牌，发挥品牌引领作用

推进区域农产品公用品牌建设是2017年中央一号文件的重要内容。秭归县成立"秭归脐橙"品牌创建工作领导小组，依托屈姑食品、宜昌泽侬公司等龙头企业扎实推进品牌建设。在加大品牌宣传的基础上，发挥财政资金的杠杆效益，撬动社会民间资本投入，形成了政府、市场、社会"三位一体"协同推进的局面。秭归县利用财政10万元资金在哈尔滨市成功设置投资500多万元的直销店和分级、清洗包装企业。利用5万~30万元引导果农标准采摘、商品化处理与服务，提升了产地市场服务质量与水平。同时，利用省级现代农业特色产业发展、中央财政等项目资金，推广高效栽培技术，加快果品质量提升，赢得了消费者青睐。

# 七、平台、品牌与物流"三管齐下"

## ——辽宁省东港草莓电子商务发展启示

近年来，辽宁省东港市委、市政府加快发展以农产品（草莓）为主要内容的农业电子商务，创新农产品流通方式、促进农民收入特别是贫困村镇农民收入较快增长。

### （一）总体概况

1. 电子商务发展基础

自中共中央提出"互联网+"以来，东港市委、市政府紧紧抓住有利契机，把电子商务作为一项重要工作任务，特别是被国家确定为第二批全国电子商务进农村综合示范县后，东港市委、市政府将创建电商进农村示范县项目作为一把手工程来抓。通过电子商务进农村综合示范，构建农村电商支撑服务体系、物流配送体系、电商培训体系，扩大电子商务在农村的应用服务，改善农村电子商务发展环境，提升电子商务在农村的普及应用水平。完成4个县级电子商务公共服务中心、1个物流配送中心、3个镇级服务中心、62个村级电子商务服务站。通过强化基础，建设网络，加强电子商务园区、平台建设等措施，引导市场转型升级，促进全市大中小企业、农村地区合作组织及个人广泛开展电子商务应用。截至2016年年底，全市现有各类网店15 000多家，已注册的电子商务企业由2015年年初的10家猛增到290家，主要销售草莓、水产品及水产品深加工产品等。

2. 草莓产业优势

东港市是我国最大的草莓生产和出口基地，是农业部命名的"全国优质草莓生产基地"和"无公害农产品生产基地"，是"中国草莓第一县"，是辽宁省"草莓美食之都"，是辽宁省政府首批命名的"一县一业"（草莓）示范县。2004年东港草莓被国家工商总局核准注册为国家地理标志，2010年被中国社会科学院等评定为"辽宁省十佳农业品牌"，于2011年跻身全国300个最具综合价值地理标志名单。2012 年被国家质量监督检验检疫总局确定为"出口草莓质量安全示范区"。2013 年被辽宁省评为"辽宁出口草莓示范区",2014 年被辽宁省评为"辽宁草莓标准化示范区"。东港草莓品牌价值为 41.67 亿元,2011—2015 年连续被评为全国最具影响力的农产品区域公用品牌。

### (二) 主要做法

1. 加强与大型电商平台合作,改变销售模式

2015 年 10 月 13 日,市政府与中国网库信息技术股份有限公司正式签署了东港市草莓产业电商基地战略合作协议,建立了"草莓产业网"销售平台;2016 年 12 月 27 日,市政府与京东集团签署了战略合作协议,拉开了首届京东东港草莓节的序幕,与此同时联手京东集团合力打造的京东中国特产·东港馆、京东美食地图·东港生鲜馆、苏宁易购东港特色馆也相继上线,改变了东港草莓的销售模式。

2. 开展宣传推广活动,提高品牌知名度

2016 年 1 月,由辽宁省电子商务协会、辽宁双增集团共同主办的"2016 东港电商草莓节"暨中国首届国际微商节在东港市召开,并邀请了全国知名电商微商及多家媒体参加,提高了"东港草莓"的知名度。

3. 开展多种电商销售模式,拓宽销售途径

2016 年 12 月 26 日,东港金信通达商贸有限公司携手大连百橙电子商务有限公司,全方位运用互联网营销手段,在阿里巴巴平台上发动一次猛烈攻击,在短短的 3 个小时内,销售冰点草莓 10 680 千克;在第十二届中国(辽宁·东港) 草莓文化节期间,在淘宝、天猫、京东中国特产·东港馆、京东美食地图·东港生鲜馆、苏宁易购东港特色馆等电商平台进行众筹;与大连百橙电子商务有限公司合作进行淘宝网红直播销售草莓,均达到了很好的效果。2017 年 1 月 9 日,京东东港生鲜馆在北京京东集团总部举办了东港生鲜馆年货节暨"东港 99 草莓"狂欢季,以现场线上下单,现场线下取货的形式进行。活动集中展示东港地区五大地理标志产品,即东港草莓、东港梭子蟹、东港黄蚬子、东港杂色蛤、东港大米。在活动现场由小甸子镇省级贫困村西上坡村准备 2 吨"东港 99 草莓"发售品尝。在 2 个多小时的时间内销售一空。2017 年 2 月 14 日情人节当天,京东东港馆在京东集团北京总部举办了"浪漫情人节,

爱你'莓'商量"草莓销售活动，以现场线上下单，现场线下取货的形式进行。在3小时内，将来自省级贫困村东港市小甸子镇西上坡村的3 000余箱、5吨"东港草莓"销售一空。2017年2月22—25日，京东东港馆在北京新中关购物中心地下一层大厅举办"东港99草莓走进北京中关村"活动，以现场线上下单，现场线下取货的形式进行，活动展现了东港99草莓特点优势、历史故事、生长过程、培育环境、政府监管等，穿插了制作草莓花束、评选草莓吃货、情侣合吃草莓、古典乐器表演等调动气氛，为主要来自省级贫困村东港市小甸子镇西上坡村的10吨草莓找到了销路。

### （三）取得的成效

在东港市委、市政府的高度重视下，草莓产业稳步高效发展，已经形成"一县一业"的特色经济产业，2016年全市草莓生产面积已达19万亩，产量47万吨，分别占全国草莓总面积和总产量的6.4%和12%，总产值达49亿元。农民年人均草莓收入9 423元，占农民总收入的60%以上，全市9万户农民，2 000多名经纪人，以及上百余家企业从事草莓生产、加工和商贸，年出口草莓制品近4万吨，出口创汇达3 500万美元，东港市已经成为全国最大的草莓生产和出口基地。东港草莓多次在世界草莓大会及中国草莓文化节上斩获殊荣。依托电商平台，积极发展"互联网+"业务，使东港草莓畅销全国各地，草莓价格提高20%~30%，电商销售占销售总量的60%以上。

### （四）存在的问题

目前，制约草莓产业发展的主要问题是：物流成本过高，时效性不强，严重影响了电子商务发展。从2015年草莓物流情况看，每千克物流成本最高达到20元，平均物流成本也要在每千克14元左右。特别是在草莓旺销时期，各家快递物流竞相抬价。

### （五）解决措施

2016年通过对物流快递资源进行整合，以产业为主体，与中国邮政集团东港分公司进行洽谈，做到省内零散件物流价格为 3 千克 6 元，续重每千克 1 元。协议大客户和电商、微商代理物流价格为 3 千克 5 元，续重每千克 1 元。省外标准件按协议客户最低标准，即标准资费的 50% 执行。通过降低物流成本，促进销售，为东港市农产品上行提供保障。

# 八、巧布局、使实劲，开辟电商扶贫新途径

## ——湖南省江永县农业电子商务扶贫实践

2015年以来，湖南省永州市江永县以实施全国电子商务进农村综合示范县项目为契机，坚持高位推动布好局、政策撬动使实劲，立足县域特色资源，克服江湖之远、资金之紧、人才之缺等不利因素，把电商进村与精准扶贫、美丽乡村、乡村旅游有机融合，积极组织实施"电商+精准扶贫"工程，大力营造电商扶贫氛围，大力培育电商扶贫主体，大力引导电商与扶贫的对接，大力改善电商扶贫的发展环境，为江永丰富的供给侧开启了全新的销售端，开辟了攻坚脱贫的新途径。

截至2016年10月底，江永县62个贫困村中有49个创建了电商服务站，其中创建省级贫困村示范电商服务站21个，贫困户开办网店296个，其中创建省级贫困户示范网店10个，发展贫困户电商就业800人。全县电商交易总额实现10.3亿元，其中贫困群众销售产品1.1亿元，带动贫困户人平增收560元，6 600名贫困群众通过电商实现脱贫。

### （一）探索"互联网+精准扶贫"新模式

经过1年多的实践与探索，江永县电商扶贫初步形成了"直接到户""参与产业链""分享溢出效应"3种"互联网+精准扶贫"新模式。

"直接到户"即通过教育培训、资源投入、市场对接、政策支持、提供服务等形式，帮助贫困户直接以电子商务交易实现增收。最便捷的方式就是帮助贫困户在电子商务交易平台上开办网店，让他们直接变身为网商。

"参与产业链"即通过当地从事电子商务经营的龙头企业、网商经纪人、地方电商交易平台和贫困户有效对接，促进贫困户融入产业链，实现"电商+基地+农户+就业"，从而达到减贫脱贫效果。

"分享溢出效应"即县政府组织相关部门营销地域，铸造品牌，拓展渠道，打好电商产品营销组合拳，提高产品销售价格，让贫困户共享发展成果。

## (二) 以规划为引领，勾绘电商扶贫路线图

江永县委、县政府坚持"有所为有所不为、扬长避短、后发赶超"的发展理念，确立了"政府主导、企业主体、市场运作、平台集聚、模式创新、产业融合"的发展思路，特别是立足于农产品销售难的实际，作出了实现电子商务集中突破的战略决策。借鉴外地做法、结合江永实际的基础上，制定了《江永县电子商务发展战略规划》，确立了借力发展、聚力发展、造力发展的大战略。明确2017年前实施"1520"工程，即培育销售额超亿元电子商务企业1家以上、销售额超5 000万元的电子商务企业5家以上、全县电子商务购销总额超20亿元，其中销售总额达到10亿元以上，从业人员超过5 000人，初步建成国家电子商务进农村综合示范县。到2020年实现"2545"发展目标，即全县实现规模以上电商企业200家，电商从业人员达5万人，电子商务总额超过40亿元，销售过亿元电子商务企业5家，5年内把江永县打造成湖南省电商创业孵化基地、湘南桂北电商领跑中心和"全国电子商务工作一流县"。

该规划本质上就是要充分利用好互联网这一工具，做好"大众创业、万众创新"这篇大文章。为此，该县整合包括国家电子商务进农村等方面的资金共计3 000多万元，突出建好"一街"（电子商务一条街）"一园"（湖湘商贸电商产业园）"一城"（江永县特香产品电商城），形成特色明显、产业链清晰、服务体系完善的电子商务产业、创新创业孵化区，进驻集聚区的创业者都可得到保姆式的服务，3年内场地、网络、公共服务全免费、示范引领全县电商茁壮成长。其中"电商一条街"作为大众创业、万众创新先导区，汇集全县电商精英，入驻电商企业和第三方服务公司60多家，建有电商运营中心、电商产品展示馆、电商体验馆、电商平台汇报厅、电商服务中心和电商培训孵化基地，涌现出了一大批创业典型，成为江永电商发展的一张名片。

与此同时，出台优惠政策，鼓励电子商务集聚发展、创新发展、鼓励电商做大做强、鼓励传统企业转型发展、鼓励引导现代家庭农场开设网店直销产品，助推产业升级。

江永县电子商务发展路线图的勾绘与实施，以农村、农产品、农民为核心，以脱贫为目标，切合江永实际，对于加快脱贫步伐意义深远。

### (三) 以贫困户为中心，培育电商扶贫明白人

1. 扶贫先扶志

人是生产力中最活跃的因素，电商扶贫首先要解决的问题是激发贫困户了解电商、学习电商、使用电商的热情，通过使用电商实现增收节支。为此，该县把电商知识技能培训作为重中之重来抓，采用"请进来，走出去"的方式，加快培育农村电商扶贫带头人和骨干人才。2015年以来电商培训投入200余万元，贫困户参加电商培训1 500人次。

2. 普及性培训日常化

贫困户参加培训包吃包住，在理论基础上，还进行实战培训、免费提供电脑网络、专人跟进服务。2016年电商培训28期，期期都有贫困户参加培训。通过培训后网店创办率达到53%，贫困人口电商创业人员增加到812人。千家峒瑶族乡贫困村刘家庄村，以张艳玲、卢昌琴为代表的15名返乡农民工，集体报名参加电商培训后，积极筹划创建电商专业村。他们突出瑶山特点，挖掘和开发瑶族特色产品，形成了山茶油、山野味、山野菜、山竹笋等系列生态、天然、绿色无公害电商产品，带动本村、辐射周边近100户农户组织特色产品的开发和生产。

3. 精英型培训经常化

2016年春节期间，江永县政府发出召集令，遴选、组织电商从业者64人到义乌进行升级培训，耗资40余万元，其中贫困户电商创业精英19人。这样的培训，只要电商骨干有要求，就尽可能地安排，从而使他们开阔视野，增长才干。贫困户大学生蒋文洪通过培训后所创办的大角牛电商公司，以家乡为基地，与30多户村民建立了香姜、香芋供销合作社，发展生产基地300亩，2016年实现电商销售600余万元。

4. 创新培训基地化

2016年5月18日，江永县与新华网正式签署战略合作协议，以县职业中专为基地，合作开办新华网江永创客大学，报名入学学员达1 100多人，其中贫困户学员383人。江永成为全国43所创客大学中唯一一所县级创客大学。2016年创客大学夏令营活动，40%的学员产生了订单，销售业绩40多万元，获得"2016全国创客大学夏令营"创意大赛团体第三名。通过双创项目，江

永香柚作为"一县一品"推向全国,实现销售 10 万单。

5. 线上线下培训一体化

江永县成立了电商协会,吸收包括贫困户在内的加工企业、电商公司、电商从业者、农产品专业合作社、生产大户等 1 000 余成员加入电商协会,建立了专门微信、QQ 等培训学习交流群,通过微信公众号推送专家文章、政策资讯、供求信息,不定期组织线上线下扶贫专题论坛。许多贫困户通过该平台,破解了"丰年困局"。桃川镇大地坪村贫困户龚江丽自家种了 10 多亩蜜柚,利用平台信息为电商创业者代发蜜柚,不到半月销完全部产品,并获得超出本地市价 2 元/千克以上的收益。上圩村聂金漂种了 20 亩葡萄,借助供求信息服务平台,1 个月全部卖完,每千克价格 10~15 元。退伍军人朱海波创办的嘉果赞合作社,利用该平台实现了线上线下融合,与友阿果园、和顺集团等大型集团型公司建立了合作关系。

## (四) 以产品为基础,优化电商扶贫产业链

江永县以"五香特产""三千文化"为产业基础,做实电商扶贫产业链。

1. "做好货",让"吃货""驴友"舒心

江永县自然条件得天独厚,人文底蕴深厚,以"香"为特色资源富集。"三千文化""五香特产"久负盛名。江永香柚、香芋、香姜均获得绿色食品、国家农产品地理标志和国家地理标志证明商标认证。2015 年跻身为国家级出口食品农产品质量安全示范区。他们以"五香"农特产为基础,开发电商产品,优品走线上,倒逼生产者精耕细作、经营者精挑细选,保证产品质量的一致性、稳定性。湖南季丰农业有限公司利用互联网拓展产品的销售渠道,深入开发乡村流转农村土地 1 500 余亩,打造从苗木繁育到多业态营销一体化的柑橘生态产业链,常年吸纳贫困人口就业 70 多人,带动周边 5 000 多人口种植优质柑橘 3 000 余亩。打造"互联网+"休闲农业、乡村旅游、民宿经济、养生养老等"美丽业态",留住乡愁。

2. "打好牌",吸引消费者"上心"

积极打造农产品电商品牌,让江永农产品通过互联网声名远播。江永县对特色农产品实施"统一品牌、统一品质、统一包装"和"引导市场、引导价格、引导电商"的"三统一、三引导"模式,建立地理标志及地理标志证明

商标，培育保护体系，较好地解决了农产品同质性及价格恶性竞争的问题。夏层铺水源头村贫困户高连军、高林英兄妹，2015年在广东一家服装厂从事设计工作，2016年春节回厂复工时，工厂却倒闭了。看到家乡良好的电商发展环境，他们回到家乡创办了农夫子电子商务公司。没有电商经验，他们从浙江请来同事帮忙，没有产品品牌，他们申请县里的品牌服务体系支撑，很快把公司做得红红火火。

3. "溯好源"，打造看得见的放心

为实现江永名优特产的"来源可追溯、去向可查证、责任可追究、质量有保障"，打造江永县"特香"农产品电子商务优质卖点，江永县投入600多万元建立可视化溯源系统，用户可免费运用系统数据及图像。同时引进杭州甲骨文满天星防伪溯源系统，让特色产品都有了"身份"。"旭日升""瑶妹子"家庭农场利用溯源系统的优势，创造了江永香柚的网上最高销售单价和口碑。

4. "畅其流"，快递物流省心

设法破解物流仓储瓶颈，在构建县、乡、村三级物流体系上，支持和鼓励现有的邮政物流体系延伸到村的同时，由湖湘商贸公司牵头，联合7家县城一线品牌代理批发商，组建了江永县湘村快线物流股份有限公司；通过阿里巴巴村淘项目，引进菜鸟物流加盟，打通了"工业品下乡、农产品进城"双向通道，解决县到村、村出县物流的"断崖"问题。至2016年年底，已初步建成县、乡、村三级现代物流体系，乡镇快递覆盖率达100%，村级电商服务站快递投送覆盖率100%，二段物流全部实现2天内送达。在解决电商创业者的仓储、配送上，该县通过工业发展基金配套295万元，支持湖湘商贸在县工业园筹建一个面积达50亩的湖湘商贸电商产业园，建设江永县智能物流、冷链仓储、配送中心。物流仓储的改善为贫困区群众"工业品下乡、农产品进城"提供了便利。横开河贫困村郑菁收集全村火焙干鱼在网上销售，经分选、包装、贴单后，足不出村即把产品销到县外的市场。

## （五）以服务为手段，撬动电商扶贫大资源

作为地处偏远的省级贫困县，江永县坚持"好钢用在刀刃上"的原则，充分发挥政策、资金"四两拨千斤"的杠杆作用，撬动、整合各类资金、资源融入电商扶贫大潮，促进贫困户增收节支，为贫困户实现自我造血提供

支撑。

1. 结合招商引资引进大公司、大平台

江永县引进湖南本地电商企业湘村购、国内著名电商巨头阿里巴巴、京东集团落户江永，与搜农坊等知名网络公司开展农产品、乡村旅游等网络营销、品牌培育等方面的增值服务。该县与中国工商银行合作，创建了工行融e购平台"江永特色馆"，与湖南卫视合作，在"双十一"举办了"我是县长我代言"推广营销活动。贫困户何镇文主动入驻阿里巴巴、工行融e购平台，仅夏橙、香柚网上销售就达400余吨，他所在的古宅新村，常年为其打包装的贫困群众达到20余人。

2. 加强乡村电商服务站点建设

以"全覆盖"为目标加快乡村电商服务站点建设，鼓励各平台公司融合建设村级站点。对村级站点开业，由政府帮助宣传并站台背书，通过发放"代金券"等形式提高村民农户"触网率"；每月开展业绩评比，对为村民代购节支、代售增收名列前茅者予以奖励。源口瑶族乡清溪村贫困户"村淘"合伙人蒋莺莺利用便捷的物流，为群众一年代购优质高效的化肥农药80余万元，销售农产品近100万元。

3. 鼓励销售江永特色产品

引进电商公司落户贫困地区。优惠政策规定，线上销售江永贫困地区农特产品、旅游产品，按销售业绩给予2%的奖励（单家企业最高奖励不超过10万元），开展促销宣传活动的按业绩给予2 000~20 000元的宣传费用补贴。在政策感召下，网商公司纷纷投身电商扶贫主战场。

江永特色农副产品有限公司瞄准瑶乡这片生态蓝海，以香柚、脐橙、腊肉、生态稻米、瑶族风情旅游为切入点，"千家峒"休闲食品做得风生水起，2015年实现网上销售2 500万元。2016年35岁的周志华大学毕业后，10多年来一直在沿海城市打工做销售，收入不高积蓄也不多。2015年年初，江永县大力发展电子商务，周志华认为是个发展机遇，便辞职回到江永县，创办了江永县四香园生态农业有限公司，注册"勾蓝瑶寨"品牌，营销香柚、香芋、脐橙、腊肉、生态稻米、瑶族风情旅游产品，2016年实现网上销售800万元。义华花生电商公司、硒品香生态农业有限公司以松柏瑶族乡为基础，发展小籽花生基地3 000亩。

**4. 改善从业环境，激发创业热情**

实施"开店有奖"政策。为调动电商群体创办网店、电商公司的积极性，江永县出台并兑现了开设网店奖励1 000元、开设电商公司奖励2 000元的优惠政策，促进电商主体的发展。2016年在工商局注册创办的电商公司120家，各类网店、微店2 500个，1—10月网络交易总额10.3亿元，其中农产品销售3.5个亿。

率先试行"小额创业免担保即发贷款"政策。分别向邮政银行、农商银行打保证金50万元，放大贷款500万元，解决电商经营融资难的问题。

切实降低物流成本。通过电商协会与中通、圆通、汇通、韵达等4家民营主体快递企业签订合作协议，5元快递费可以寄送3千克货物到全国大部分地区，江永由此成为周边县区物流中心。

电商经营环境的改善，使江永几大农产品价格得以提升。香柚、香芋、夏橙、生姜等销售均价每千克提高1.0~1.2元，直接增加收入1.2亿元，农村人口人均通过溢价增收近500元。

# 九、做足融合文章,打造智慧农旅

## ——江西省大余县休闲农业电子商务发展实践

江西省大余县,自古以来人文荟萃、文化厚重、物产富饶,被誉为"世界钨都",是牡丹亭故乡、中国花木之乡、中国瑞香之乡、南安板鸭之乡,2015年被评为"中国最美乡村旅游目的地""中国最美绿色生态旅游名县",是全国第二批电子商务进农村综合示范县,在大余发展休闲农业电商具有很好的优势条件、内在动力和市场前景。近年来特别是2016年以来,大余县全面贯彻中央"创新、协调、绿色、开放、共享"的发展理念,牢固树立"互联网+"思维,以建设智慧、活力、幸福新大余为目标,从提升全县的经济增长质效、生态环境质量、群众生活品质和社会治理水平出发,以发展休闲农业电商为切入点,着力推进农、旅、商融合创新,着力打造智慧经济和智慧城市,逐步探索出了一条"休闲农业+电商+扶贫"的电商发展新模式,走出了一条休闲农业电商与三产融合互促的"互联网+"产业转型之路。

### (一)坚持线上平台与线下支撑相融合,打造高效化产品营销体系

致力于夯基石、强示范,着力推动线上平台与线下支撑深度融合。重点实施了"龙头示范"工程。

1. 创建"孵化园"

先后出台了《关于加快电子商务产业发展的意见》《大余县电子商务产业发展实施方案》《关于大余县电子商务扶持办法》等数十个政策文件,高标准建设了大余县农旅电商创业大街及电子商务孵化创业园。其中,农旅电商创业大街由县城原精品一条街120家店铺租赁改造而成,现已入驻电子商务企业53家,所有入驻经营主体3年内免除办公运营用房租赁费用。

2. 打造"旗舰店"

将电子商务招商项目纳入招商引资范围，着力引进杰夫电商集团、京东、深圳厂家网等一批规模大、实力强的电商企业落户大余。鼓励电商企业建设知名电商平台县级运营服务中心、地方特色馆（旗舰店）。已和京东集团、1号店、深圳厂家网、杰夫集团等电商平台签订战略合作协议。积极与网来云商信息技术（武汉）有限公司合作，将大余县传统企业的优势产品匹配上线，开设跨境电商（大余）海外专区，现已全面上线，共有50多家上线企业面向全球20多个国家，推介产品达560余种。

3. 培育"领头羊"

依托电商孵化园的集聚效应，着力发掘本土优势特色产业，鼓励县内传统企业发展电商。截至2016年年底，大余县应用电子商务的传统企业110多家，其中，加入跨境电商的企业28家。积极培育了周村芋荷、大余烫皮等本地品牌化的特色农产品，着力在各大电商平台助推中华老字号、中国驰名商标——南安板鸭、江西省著名品牌——牡丹亭多味花生。加大金融支持力度，设立电商专项资金4 000余万元，充分利用"财园信贷通""小微信贷通"等金融政策，从"再就业小额担保贷款"中安排3 000万元，用于解决符合条件的电商企业资金筹措难问题。

## （二）坚持产业升级与电商发展相融合，打造智能化产业运营体系

坚持大力进行结构优化、资源整合，主动策应网络强国战略，深入推进互联网与三产领域相融合，重点实施了"互联网+"战略。

1. 互联网+农业农村

推进农业农村信息化建设，实施电商兴农工程，让最"土"的农业跟最"洋"的互联网之间产生化学反应，使"互联网+"成为驱动农业"跨越发展"、助力农民"弯道超车"、缩小城乡"发展鸿沟"的新动能。立足大余农业优势，促进了南安板鸭、牡丹亭多味花生、赣南脐橙、周村芋荷、大余烫皮、酱醋萝卜等特色农产品和花卉苗木等产业，通过自建的农特汇网、1号店中国特色大余馆、厂家网大余馆等电商平台进行标准化、品牌化、规模化入网销售，实现农特产品从"走街串巷赚吆喝"到依托电商平台在"互联网上建

超市"的华丽转身。2016年上半年,全县电子商务销售总额同比增长68.5%。

2. 互联网+乡村旅游

推进了智慧旅游建设,通过政府购买服务方式,倾力打造了"文化+乡村旅游""农产品+乡村旅游""创意+乡村旅游"等模式的江西乡村旅游网,搭建了大余乡村旅游O2O电商综合服务平台,建设了线上全网营销,让游客360度全景感受到大余旅游景区、文化特色、风土人情,在线体验"吃住行、游购娱、疗养健"个性化、定制化服务。借助"互联网+"的优势,2016年1—7月,大余县接待旅游观光人数超过200万人次,实现旅游总收入12.1亿元,旅游创汇收入910多万美元,同比分别增长35.9%、36%和28.3%。

3. 互联网+工业转型

鼓励传统制造业采用云计算、大数据等信息技术,通过优化研发与设计、生产与制造、营销与服务等环节,深入分析市场需求、优化资源配置,实现产品个性化、制造服务化,着力培育了工业经济新的增长极,逐步探索走出了一条"大余智造"新路径。如岭南钨金、东宏锡业等企业的旅游工艺品先后通过电商平台,销往世界各地,实现产销两旺的火爆局面。

## (三)坚持市场驱动与政府推动相融合,打造长效化农旅电商生态体系

围绕促进休闲农业电商规范化、规模化、长效化发展,推动形成了各类市场经营主体、政府、服务商和网商协会"四轮"驱动的休闲农业电商生态体系。重点实施了以下"三大工程"。

1. 管理营销工程

注重管理与营销两手抓、两促进。一方面,突出精细化管理。将农旅电商产业发展作为县、乡、村三级工作的重中之重。例如,在每个乡镇成立了乡村旅游管理办公室,实现职能、机构、编制、职数、经费"五个到位"。支持各类电子商务协会发展壮大,对被评为省、市级优秀协会的给予奖励。另一方面,突出活动化营销。邀请中央电视台、新华社、江西日报、赣南日报等中央、省、市主流媒体对休闲农业电商进行宣传推广。先后录制了《寻宝·走进大余》《乡村过大年 丫山闹新春》等大型节目在中央电视台播放,承办了"爱在中国2015大型体育慈善公益活动·大余丫山站"、2015环球小姐中国大

赛澳门赛区表演赛等大型赛事，量身打造了由著名歌手陈思思演唱的大余县歌《大庾情》，举行了由大余本土走出去的著名歌手蓝雨领衔主演的电影《丫山情》首映式，举办一年一次的旅游节、客家美食节等系列节庆活动，打响了大余农业、旅游业电商产业品牌。

2. 网络建设工程

致力于布网点、畅流通，着力建设"三网"工程。

（1）完善"通信网"

加大电信、移动、联通等网络设施建设，提升无线网络、无线通信设施建设水平，大余县已实现高速公路、高速铁路、国道、省道、县城以上城区3G信号全覆盖和运营商100%"村村通"。

（2）健全"流通网"

引导京东、旺淘、欣辉达、邮政4家电商企业设立县级运营中心。同时，各乡镇、村（社区）均设立农村电子商务服务中心和农村电商服务站，着力形成覆盖全县的现代农业综合性、开放性电商流通平台。截至2016年年底，共建成乡镇电商服务中心11个，建好村级网店（服务站）23家。

（3）建设"物流网"

大余县依托原有的县、乡、村三级物流配送体系，整合万村千乡市场工程，现已由政府批复同意大余县邮政分公司在其院内建立县城电商三级联运仓储、快件集散中心，正在办理招投标与报建等手续，打通电商物流"最后一公里"。

3. 人才培训工程

把人才培训作为支撑休闲农业电商发展的第一资源。一方面，坚持就地育才。鼓励职业学校、专业机构、电商企业等培训机构开展电商知识培训。2016年以来，邀请了老A电商学院、杰夫电商集团、网来云商等知名电商企业负责人举办专题讲座8次，开办电子商务培训班19次，培训电商人员1 562人次。另一方面，注重外地引才。通过面向全国招标，成功引入网来云商信息技术（武汉）有限公司，为大余县各企业搭建跨境电商（大余）海外专区，并依托该公司共享海外128个国家200多个电商平台资源，帮助企业解决"卖到哪、怎么到、怎么卖"的问题。

# 第四章

## 农业电子商务发展企业案例

电商企业是农业农村电子商务发展最重要和最活跃的市场主体，正是各大电商企业"农村战略"的实施和推进使农产品电商、农资电商、休闲农业电商等新产业新业态得到了迅猛发展，电商品类逐步拓宽，电商领域也不断深化。2016年农资电商回暖，与政策扶持和企业战略不无关系，本章对代表性的农资类电商平台（农一网）和电商巨头（京东集团）农资电商业务的开展进行简要介绍，反映2016年农资电商平台和运行模式的主要进展。供销e家是2015年成立的农村电商的国家队，2016年重点打造全国互联的县域农村电商生态，发挥供销合作社的独特优势。农业电子商务发展的关键是农产品供求信息和流通渠道的整合，一亩田是专注于农产品信息服务和交易撮合的平台，蛰伏1年后，2016年整装再发，有了新的发展。

农一网是基于政府推动建成的农资类电商平台，经过两年的探索，形成了"农一网平台+县域工作站+代购服务点"运营模式，为种植户、合作社、农业生产企业等提供生产投入品、金融业务、农产品网络营销等服务，2016年正式启动了B2B商城项目，逐步打造以农业生产为核心的互联网综合服务平台。

京东农资电商团队成立于2015年3月，业务内容已经拓展至农药、化肥、农机农具、饲料、兽药、技术服务、农村金融等领域的交易与服务。2016年重点开展了农民种地不花钱和跑步鸡项目、先锋VTS项目、京隆项目，助力精准扶贫、探索农资新渠道、打造优质农产品，成为2016年农资电商发展的亮点之一。

供销e家作为农村电商国家队，发挥供销合作社"一网多用、双向流通、供销并举、综合经营"的独特优势，构建集农产品上行与生产生活用品下行为一体的综合性为农服务电子商务平台。供销e家立足县域，2016年打造了200个县级运营中心和4万个村级综合服务网点，构建了全国互联的农村电商生态。

一亩田是国内农业电子商务领域B2B模式的先行者，是目前国内移动端APP用户规模最大的B2B农产品电商平台，为农产品经营双方提供信息服务和买卖匹配支持。2016年重点推进了"盗火者计划""网农之家"和农业产业链峰会系列活动等，助力合作县域的农产品上行得到发展。

# 一、强强联手,创新模式,构建专业化农资电子商务平台

## ——农一网

农一电子商务(北京)有限公司是由农业部中国农药发展与应用协会发起,联合辉丰股份等知名农资企业共同投资组建的农资类电商平台(农一网,www.16899.com),公司注册资本7 000万,现有员工120人。

农一电子商务(北京)有限公司依托丰富的行业资源,秉承"正品溯源、优质优价、创新创牌"的理念,全力打造农一网这一专业、权威的电商平台。农一网选择与全国200强知名农药及肥料企业强强联合,为农资零售商和种植大户服务。

### (一)农资电子商务发展的行业背景

农资电商项目的操作模式实质是整合已有资源优势,联合上游农资生产企业打造自主农资品牌,以优质优价的农药、化肥、饲料等农资为主打产品,以产品及物流仓储的成本价为产品最终的零售指导价,跳过层层代理及批发商,以农化服务网络体系人员为主进行产品的田间推广,以自有电商渠道及合作电商渠道为线上资源,拉动农资产品线上需求,让农业生产者得到价廉物美的农业生产资料。同时,在项目建设与运营中采用互联网为平台,充分使用大数据,并引入互联网金融和保险业务,以农化服务人员为核心,向农业生产者提供农技指导、生产引导,解决农业生产资金瓶颈和降低产业风险,针对农业生产过程中遇到的问题,组织专业田间问题处理队伍进行现场服务,最终使产业者、消费者利益最大化。

在传统的农资销售模式下,种、肥、药领域流通渠道费用在30%~200%,未来随着土地种植集约化、规模化,生产企业可以通过电商与种植大户直接对接上,种植大户采用网上向生产企业下订单、由经销商配送的方式,降低渠道费用,以此惠及农户、提高黏性。农民家庭式经营土地多采用经验施肥用药,

相比之下，专业大户对于经营效率提出了更高的要求，科学种植、绿色农业、效益最大化是农业大户的发展目标，而农资平台的线上综合服务将整合大量的专家资源，为农民提供更科学的耕种方案，包括种什么、怎么种、什么时间施肥打药、各种肥料的配比，等等，真正实现现代化农业。

目前，中国农资类电商平台较多，但缺乏专业性和实用性。大多数发展模式仍未明确或形式和内容雷同，缺少特色；基本以销售农资产品为主，但产品质量却难以保证；服务意识不到位，没有完善的技术服务体系；业务领域狭窄，不能满足农村市场服务需求，未能真正惠及"三农"；农业信息服务体系还没有形成，指导农民生产、分析和帮助农民生产决策的信息较少，电子商务给农业发展带来的指导作用尚未发挥。

我国传统农业正处于向产业化、现代化转型的过渡阶段，农业信息化将成为农业现代化重要的一部分，而农业电子商务作为农业信息化载体的一部分，必将在历史的浪潮中占据一席之地。

1. 我国农药行业现状

农资是农业生产资料的简称，含种子、农药、肥料等，市场规模近万亿。全国目前农资制造企业及相关企业万余家，数十万家批发、零售商。目前大多以传统营销方式为主，电子商务作为星星之火，正在推动行业的变革。

目前，我国农药行业的整体营销水平相对较低，销售目标重眼前轻长远，重数量轻效果，重效益轻服务，重经验轻创新，营销观念陈旧，定位不明确，营销机构设置不合理，销售渠道单一，网络不健全，市场环境混乱，管理粗放，营销队伍素质参差不齐等，严重制约了农药企业市场开拓、产品营销、农化服务。

从营销手段来说，农化企业营销模式也相对简单，尚达不到有效营销的目标。电子商务及网络技术的运用将极大地提高信息的及时性与透明性，为农药企业提供"弯道超车"的最佳时机，同时缩小时空距离，使客户拥有更大的自主性，企业与消费者"面对面""点对点"营销，极大地提高交易效率。

2. 农资电子商务平台的意义

农资电商平台可整合优质的农药制造资源，简化农药流通环节，强化农业技术服务，节省农药制造和流通领域的人力和营销费用，提高行业效率，保障产品质量，最终降低单位农业种植面积的生产投入，提高农业产出。

对农资消费者即农业生产者而言，能买到优质优价的农资产品，降低生产成本，能够获得专业的农业技术服务。电商压缩了中间环节，使农资消费者以更实惠的价格买到中意的产品；信息全面，并且公开透明，消费者可通过文字、图片、视频等手段快捷形象地了解厂家产品信息、应用技术、注意事项等，价格公开透明；货真价实，无假货，平台产品和厂家都经过严格的把关和审核，消费者可以放心购买；配送快捷，服务周到，通过双系统和配送服务站的建设，产品可以快速送达消费者手中，并且配送服务站和消费者只存在配送和技术服务关系，不涉及金钱，服务更到位和全面；便捷咨询，可随时随地使用互联网进行植保技术咨询和交流。

对于农药制造者，能节省诸如生产费用，旧货整改费用，销售人工差旅费、广告费、推广费等营销费用，以及物流费用，并能根据真实的消费需求，专注于制造和研发。对农药流通者而言，可专注于仓储和物流配送以及技术服务，降低资金成本，降低管理费用，提升竞争力，营业规模进一步扩大。

对管理部门而言，减少复杂的农技推广工作，假冒伪劣农资产品减少，农业污染降低，政府可以节省大量的公共开支，管理效率得到提高。

3. 农资电子商务的主要特点

第一，将传统的营销流程电子化、数字化，一方面以信息流代替了实物流，可以大量减少人力、物力，从经营成本、交易成本、营销成本3个层面降低企业成本；另一方面突破了时间和空间的限制，使得交易活动可以在任何时间、任何地点进行，从而大大提高效率。

第二，具有开放性特点，打破厂家与用户之间的信息不对称，可让购买者及时了解最全面的公司产品信息，为企业创造更多的交易机会。

第三，重新定义了传统的流通模式，减少了中间环节，开发新的渠道业态，使得生产者和消费者的直接交易成为可能，降低农药企业对传统渠道的过度依赖，并且可与现有销售渠道互相补充，提升产品入户率及知名度，促进业绩增长。

第四，使信息更加公开透明，利于资源、客户向优势企业集中，更有利于大型企业的发展与成长。

第五，有利于精准营销的推行，使国内厂家有更多的机会更低成本直接面对消费者，并利用网络平台管理与服务终端客户群体。

## （二）农一网平台发展简介

1. 简要历程

2012 年年底，中国农药发展与应用协会会长会议上提出了对现有农药产业销售模式进行升级，摸索一套全新的销售模式，即开展农药电子商务的建议。随后中国农药发展与应用协会在农业部有关单位的指导与支持下牵头组建了农一网，并于 2014 年 11 月 1 日正式上线。农一网通过互联网平台，为广大种植户、合作社、农业生产企业等提供农药、肥料、种苗、农机具等生产投入品，农业保险和贷款等金融业务，以及农产品网络营销等服务，形成一个以农业生产为核心的互联网综合服务平台。

2. 发展目标与定位

总体目标：农资农技向下流、金融保险为前景、农副产品向上流的农业产业生态圈。

农药商城：种植大户和农资零售商直购平台。

B2B 商城：为 2 000 余家农药企业和近十万农资批发商，提供 B2B 信息化服务平台。

植保专家：线上庄稼医院，互动社区。

飞防服务：农药产品+植保技术+实施作业一体化服务商。

农一金融：产业链金融。

平台定位：亮剑农药，剑指农业，目标金融。

3. 模式及发展

（1）确立运营模式

农一网经过两年运营探索，确立了"农一网平台+县域工作站+代购服务点"的运营模式。农资电商与其他综合电商不同，农资是为农业生产服务的，它有较强的地域特性和时效性，同时需要配套的技术服务。

将县级农资批发商改造成为县域工作站，有利于解决农资的快速物流配送问题；同时，原来的县级经销商有做农资的经验，懂得农资的应用技术及如何服务农户；县域工作站满足了农资用户的消费信任问题。通过两年的实践，县域工作站的作用体现明显，成为"农村电商发展的桥梁"。

发展农资电商遇到的第二个问题是农民不上网、不触电的问题，相对于城市而言，做农村电商的难度更大。为此，积极推广农村电商市场培育，把乡村级零售商、大学生村官、进城务工返乡人员、农村信息员、合作社组织、种田大户等定位为代购服务点，他们接受新事物快，学习领悟能力强，也有较强的推广能力，借助他们的力量在农村推广农资电商，效果明显。在现阶段，代购是农一网发展的基石。

通过两年的探索，农一网确立了"平台+县域工作站+代购服务点"的运营模式，并逐步完善了相关体系建设，利用互联网打通农资电商"最后一公里"。

（2）发展推进

代购开发。通过两年的市场推广与培育，截至2016年年底，农一网代购注册57 000余名，活跃代购17 000余名，2016年9月13日起，农一网上线签约代购，将松散的合作变为利益共同体，共同推进农资电商的发展，截至2016年年底，已发展签约代购1 000名。代购是农一网发展的基石，未来将从单一的农资代购转型升级为农三代，即农资代购、农村金融代办、农产品代销的新型农业产业链经纪人。农一网推行"一村一代购"政策，代购的发展将一直作为农一网发展的核心工作之一。

渠道建设。农资产品作为特殊商品，一方面不能进行快递运输，另一方面必须配套技术服务，县域工作站作为链接平台和用户的桥梁必不可少。农一网自发展之初就全力进行渠道建设工作，截至2016年年底，建设县域工作站800余家，已完成主要农作区的渠道网络建设的80%，计划2018年完成1 000家工作站建设，实现现有主要农作区的全覆盖。

物流建设。物流体系建设对于服务于广大农村市场的农资电商来说尤为重要，农一网已完成了七大中心库的建设，采用"七大中心库+县域工作站仓库+第三方物流"的仓储物流体系，可实现最快48小时到配送到位的运营体系。

品牌建设。通过两年的品牌推广和品牌建设，农一网在业内和用户群体中获得了认可。在宣传推广方面，农一网在中央电视台第七套节目、省级卫视、农林卫视、县级电视台投入了大量的广告宣传，在行业内的10余家报刊媒体做了连续的报道，连续全年投放广告和新闻宣传；农一网也组织了上千场的农民电商培训会；农村墙体广告，是影响农民最直观的宣传手段，农一网在全国农村刷墙广告完成10 000多块；农一网还借助网络工具进行了推广，在百度、

360等搜索引擎进行了关键字的推广；同时，农一网自创农一微视，进行品牌和植保技术的传播，在业内形成了较好的口碑和影响力。

系统建设。农一网完成了电脑端的农药商城在线交易系统，农一网手机APP、移动触屏版、微商城系统的建设，使得用户通过农一网可以完成下单、购物、收货、售后服务的完整体验。"农一通"是农一网为县域工作站量身打造的农资界首款微营销系统。农一网的物流仓储管理系统使仓储物流实现了信息化的管理，提升了工作效率，降低了运营成本，这些软件与工具的开发应用，可以加快传统渠道商向互联网的转型，将农资电商推向一个新的高度。

B2B商城。通过两年的运营，信息化对于行业效率的提升及模式的优化，农一网团队有着深刻的认识和理解，农一网更希望这些宝贵的经验和思维能够让全行业受益，2016年11月农一网正式启动B2B商城项目，旨在为企业提供营销管理、客户关系管理和在线交易的信息化服务平台。

技术服务体系。农资产品非普通产品，商品与技术必须有效结合才能达到理想的效果，农一网线上线下相结合，线上有植保大讲堂、专家论坛、问答社区，可以通过微信群、农一网APP等在线培训、在线讲座、在线咨询和在线诊断，让广大农户足不出户，直接向行业权威专家咨询，极大提升了宝贵的专家资源的最大化利用。同时，农一网拥有全国的渠道人员和健全的工作站服务体系，可以随时为零售商和种植大户提供面对面或者田间地头的农技服务。农资电商不但可以解决农技服务问题，而且比传统渠道具有更高效、更丰富的服务形式。

供应链体系。农资产品作为农业生产投入品，每一瓶、每一袋农资都关系着农民的全年的收成。鉴于此，为了确保产品质量和供应稳定，为广大农户提供质量可靠、效果保障的农资产品，农一网摒弃了互联网通行的开放平台的思维，采取自主采购上线的方式，采取厂家出厂检测、平台入库检测的双重质控体系，确保农一网销售的农资产品全部为合格正品。

农一网遴选行业内优秀的200强生产企业进行合作，目前合作企业代表有江苏辉丰农化股份有限公司、浙江金帆达生化股份有限公司、江苏腾龙生物药业有限公司、安徽久易农业股份有限公司、允发化工（上海）有限公司、江苏明德立达作物科技有限公司、四川省川东农药化工有限公司、山东百农思达生物科技有限公司、青阳依本肥料有限公司等。

农一网作为行业平台，致力于整合更多更优秀的农资产品，最终实现一站式服务，让农民朋友登录农一网即可一站购齐，无须东奔西跑。

### (三) 农一网发展规划

1. 电子商务交易平台

未来农一网将利用"平台+县域工作站+代购服务点"模式，通过"农资商城+农技服务+实施作业+农村金融"打造全方位的农村垂直电商平台。

2. 行业服务平台

农一网将利用自身信息化优势和对行业的深刻理解，打造B2B"信息化服务平台+仓储物流共享平台+供应链金融服务"的一体化农资行业综合服务平台。

3. 生态圈、大数据平台

通过"用户数据+金融数据+种植数据+市场数据+产品数据"的采集与处理，为种植户、流通企业、生产企业、农产品产业链等相关方打造农业行业的产业生态圈。

4. 全球农药电子商务交易平台

中国作为全球农药最大的原药生产基地，到目前为止，并无一个可以面向世界的展示和交易窗口，农一网作为农药行业权威性的电子商务平台，联合药检所等权威部门，未来将打造面向全球的农药电子商务交易平台。

# 二、整合优质品牌，依托创新项目，打通农业产业链
## ——京东农资电子商务

为贯彻落实农业部韩长赋部长 2014 年年底赴京东集团调研农业电子商务工作时提出的共同探索农业电子商务模式的指示，京东集团于 2015 年 3 月组建京东农资电商团队，并将此项目作为京东 3F 战略的核心项目来推动。京东农资电商业务从农资源头——种子开始，品类逐步拓展至农药、化肥、农机农具、饲料、兽药、技术服务、农村金融等领域的交易与服务，计划用 1~2 年的时间，打通农资行业信息流，整合农资行业各个环节。

### （一）京东农资电子商务开展情况

1. 匹配京东战略资源，加速农资企业"互联网+"步伐

京东集团高度重视农资电商工作，积极主动承担传统农资企业转型升级的重任。2015 年 8 月京东农资专属频道——nong.jd.com 正式上线运营。京东农资频道品类全面覆盖种子、农药、化肥、饲料、兽药、农机农具等，是中国首家采取自营农资方式的综合电商。自此农民朋友通过京东商城或手机客户端登录京东农资频道，从优选的国内外农资品牌中挑选正品农资产品，享受京东物流的送货上门服务，以及分期付款、京东白条和保险等金融服务，并让线上线下的贴身农技指导服务成为可能。

2016 年伊始，为加快推进农资企业"互联网+"转型升级的步伐，京东给予合作企业各种优惠政策，如降低农用物资在京东平台的平台扣点，自政策实施以来累积为传统农资企业节省 1 000 万元以上的费用；利用京东 30 万的农村推广员帮助农资企业拓展销售渠道；累积为合作农资企业免费提供 1 000 场以上的电子商务培训，为传统农业企业培养了新型人才。

2. 整合国内外优质品牌，助力"互联网+现代农业"转型升级

京东农资电商坚持品牌直供，从源头杜绝种子假散套，对假冒伪劣商品"零容忍"。自开展农资业务以来，京东在种子领域先后与先锋种业、中种国

际等种业巨头达成合作。在肥料领域与金正大、云天化和红四方等国内外知名企业达成战略合作。在区域经销商、农资服务商领域先后培养、孵化了陕西富钾、江苏亲耕田、中节能金峰等优秀的合作伙伴。到2016年12月为止，与京东合作的农资企业达120家（部分农资企业标识见图3），有效助力农资品牌在互联网领域的品牌提升。

图3　与京东农资电商合作的部分农资企业标识

3. 优质农资促进用户增长

农用物资作为农村地区特有的消费品，自京东农资上线以来迅速成为农村地区移动端消费额第一的品类（图4）。

随着京东农资品类的逐渐扩增，自营和POP两种经营模式满足客户的购物习惯，京东平台能够提供种、养殖农民客户的购物需求，累积新用户逐月增加。从销量而言，江苏省农民绝对是农资用品的网购主力，超出第二名河南省147.2%，第二梯队以河南、四川、河北、广东、山东组成（图5）。

## （二）京东农资电子商务创新项目

2016年以来京东集团积极落实中央精准扶贫政策，同时开展农民种地不花钱和跑步鸡项目；与先锋集团强强联合探索农资新渠道，开展先锋VTS项目；为打造优质农产品"袁隆平大米"，与隆平现代农业科技服务有限公司（以下简称隆平农服）开展京隆项目。

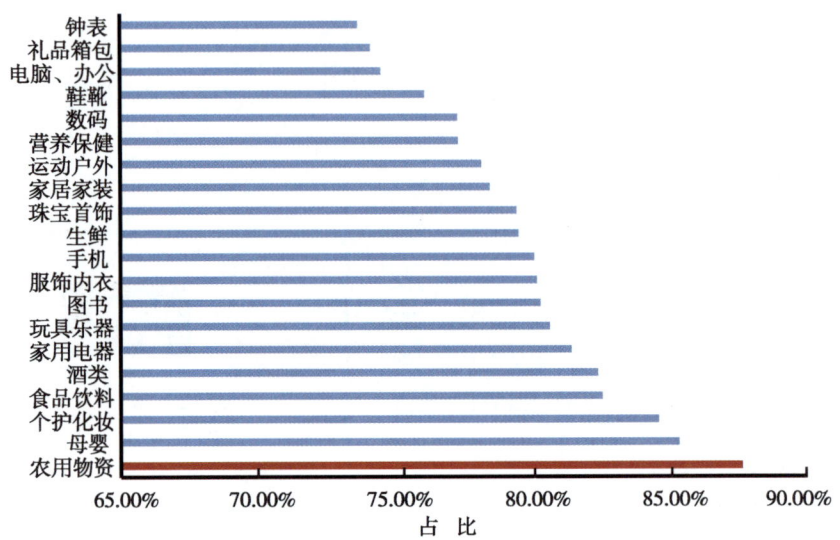

图 4 农村地区各品类移动端占比

数据来源：京东大数据

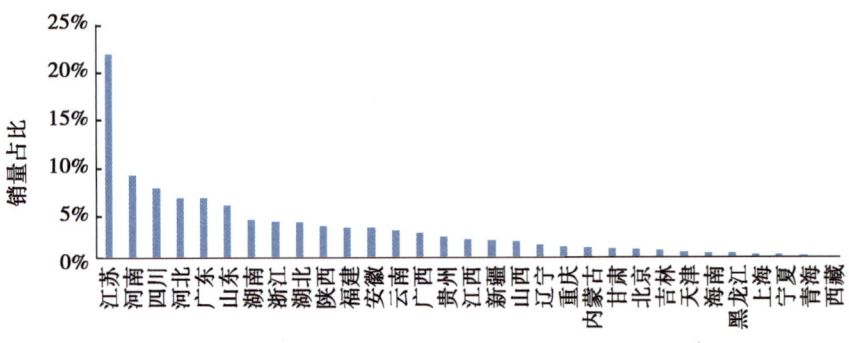

图 5 各省份农资电商品类销量排行

数据来源：京东大数据

1. 产业精准扶贫项目——农民种地不花钱项目、跑步鸡项目

"农民种地不花钱"产业扶贫项目是由京东集团、中国扶贫开发协会、北京天道裕民农业开发有限公司于 2016 年在河南省鄢陵县、扶沟县和临颍县共同探索、创立的电商扶贫示范工程，并在江苏、内蒙古等地推广。项目通过京

东为农民提供农业生产所需要的低价优质农资、便捷的金融和农产品的销售，达到三产融合的目的。通过京东农资电商，完成了销售和服务，提高全产业链生产效率并实现产品质量的标准化，缩减了流通环节，帮助农民扩大生产和增收脱贫。该项目在河南省贫困县扶沟、鄢陵和临颍2015年一期放款金额达到1 200万元，惠及400余户农户，覆盖小麦种植面积达到3万多亩。2016年4月玉米种植季，授信额度达到400万元；2016年9月，授信规模达到3 000万元。

农民种地不花钱项目已经成为电商扶贫的品牌项目。2016年11月，在江苏省泗洪县，通过农业大数据、京东农村金融、京东农服体系的全面深化，建立了标准更高、示范效应更大的项目基地。

跑步鸡项目是京东集团与国务院扶贫开发小组签署的《电商精准扶贫战略合作框架协议》中的重点项目，是利用京东全品类生态打造的完整闭环产业扶贫试点项目。经过项目组多次的调研商讨，项目的启动最终选在国家级贫困县河北省武邑县，同时与武邑县合作创办"京东跑步鸡乐园"——华北系太行柴鸡散养基地。京东集团全程把控工作环节，为贫困户提供免息贷款，协助政府规划基础设施建设，帮助合作社进行养殖管理，鸡苗出栏后负责回收并进行销售。京东农资电商业务部为项目组的主要协助部门，全程参与了跑步鸡项目的方案制定工作，主要负责跑步鸡项目鸡苗品种的选择以及鸡苗供应商的评估与选定，同时参与了跑步鸡食粮标准的制定及食粮供应商的评估与选定，全方位为跑步鸡的肉质、口感保驾护航。京东跑步鸡项目由京东委托武邑县农业专业合作社进行养殖，全程采用视频监控、温湿度检测传感器、计步脚环等智能监测设施，结合传统人工散养，饲喂独家配方谷物的方式，以保证养殖过程的安全和可溯源。

2. 强强联合，拓展新型渠道——先锋VTS项目

先锋良种有限公司是全球第一大玉米种子供应商，其销售的先玉335在全国玉米种植区的市场占有率达到5%，先锋种业对产品品质和农业技术服务都有极高的要求。2015年以来全国玉米种植面积逐渐缩减，玉米回收价格不断走低，农民种植热情不断下降，先锋作为全球领先的玉米种子生产商，致力于解决传统经销商模式供应链过长、服务价值低等问题。先锋公司与京东农资具有相同的农业愿景，即改变传统农资经销渠道，为农户提供方便购种的放心渠道。项目确定在内蒙古（通辽市、赤峰市、兴安盟和巴林左旗）、吉林省和辽

宁省的 10 个区县,由 VTS(杜邦先锋旗下村级技术服务站)帮助当地农户从京东进行采购,通过先锋与京东的合作创造农资销售模式,重塑渠道价值。

3. 京隆计划

2016 年 8 月京东农业电商部与隆平农服在"互联网+现代农业"领域展开合作,并由京东农业电商部牵头成立了"京隆计划"项目组。双方就农业产业供应链、品牌策划、农产品销售、功能农产品定制、农业金融和众筹等方面确立了合作关系。

京东农资频道提供电商基础平台(支付+物流+交易),隆平农服在此平台上开设农业服务旗舰店。京东农业将利用京东下沉渠道资源(100 多家京东农资服务中心及 30 万乡村推销员,服务 23 万行政村),以及与农业部、各个地市政府开展的"精准扶贫项目",推广隆平品牌农业、隆平农服及农资,帮助项目落地。同时京东金融将对隆平粮社内的社员提供贷款资金,由隆平粮社担保,向隆平粮社内的社员给予授信额度,资金流保持闭环,社员授信贷款只能在农服农资平台消费农资和农业服务,通过粮食回收,在购粮款中扣除贷款。

"京隆计划"运作模式如图 6。

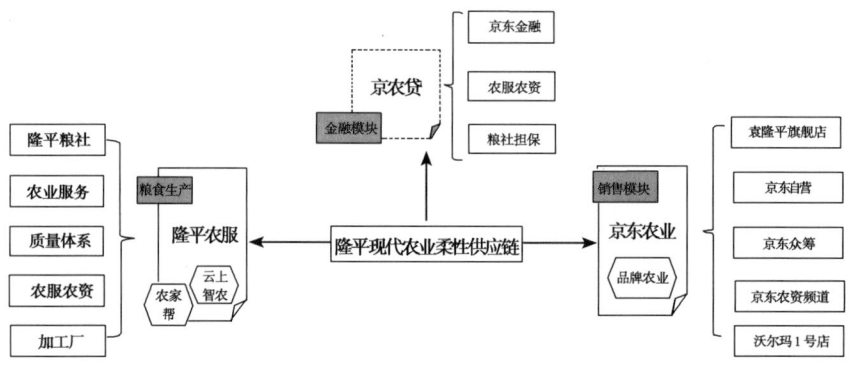

图 6 "京隆计划"运作模式

## (三)京东农资服务中心建设

京东农资服务中心是京东开展农村电商,依托自身强大的供应链整合能力、丰富的营销推广资源、坚实的渠道下沉优势,联合农资厂商、优质经销商、专业合作社、农业社会化服务商在县级以下区域通过电商化的农资采购、便捷化的金融信贷、专业化的农技服务、品牌化的农产品营销为一体的综合服务而专门设立的服务体系。截至 2016 年年底,京东已经在全国农业核心区域设立 124 家农资服务中心。

当前农资服务中心的功能分以下四点:①线下推广和线上下单:召开推广会议,帮农民代下单;②区域物流:解决县级以下物流配送;③农机、农技服务:耕、种、养、收等服务,及现场指导;④打通农业产业链:农业产业链提升,形成农业产业闭环。

京东为京东农资服务中心提供以下资源:①系统支持:提供先进稳定、高效的京东监控系统、管理系统,保证京东农资服务中心的规范化运营;②技术支持:提供专业农技培训,获取行业协会和厂家资格认证;③品牌形象:统一 VI(企业视觉设计)形象,员工服装、店面装修、上岗证件、宣传广告;④协同管理:京东配置区域运营督导,协助管理京东农资服务中心,提供运营支持;⑤营销支持:提供开业促销支持、市场推广策略,联合产品提供商一起开展推广;⑥区域保障:京东提供精准的区域分析,保障京东农资服务中心合作伙伴区域利益的唯一性;⑦授权支持:京东整合行业资源为京东农资服务中心赋予更多的服务内容;⑧费用结算:技术服务费,包括配送费、农技服务费、业绩奖励等。

## (四)开放京东电商能力,开启农业生态战略

京东农资电商业务作为农村电商生态重要的组成部分,一直致力于整合农村电商范畴的各类优质资源,借助京东供应链管理、物流运营、技术大数据等强大电商能力,通过 3 种合作模式,即导购分佣、入驻、买断,为涉农合作伙伴提供商品精选、电商交易、物流配送、分佣结算、技术支持等服务方案。

1. 京东互联系统

京东互联系统是京东农资服务中心的管理系统。该系统基于京东农资在售的商品体系,甄选商品添加到系统中并设置佣金点位,依托线下传统零售业具备的优势进行宣传和推广,引导顾客扫描二维码完成下单操作,交易完成后为引导用户下单的主体发放佣金的一种业务形态。该模式实现了传统零售业无需实际备货而创造收入的目标,相较于传统的备货再销售的货权转移的方式,降低了店面运营的成本,是一种区别于传统销售方式的基于互联网销售的一种分

润经营模式。

2. "小农资"向"大农资"发展

随着业务的发展，京东期望将用于生产的"小农资"向用于生活的"大农资"发展，并于 2016 年率先在四川省进行项目试点。

云图控股是京东农资的战略合作伙伴，其旗下的哈哈农庄依托云图控股集团复合肥实体经营业务的营销渠道，以"互联网+实体门店"为基础，架构覆盖中小城市及农村的互联网生活平台，致力于成为连接中小城市及农村地区广大用户和一线电商平台的"桥梁"，让一线电商平台的优质商品和服务在中小城市及农村真正落地。2016 年 9 月正式对接京东商城的开普勒项目，旨在结合京东的全品类供应链优势和云图生活的线下渠道优势，扩充哈哈农庄的品类，增强京东在三线以下地区的影响力。云图生活充分激活全国 2 500 余家县级经销商和超过 10 万家乡镇实体零售网点，在县级建立互联网体验中心，在乡镇建立线下体验店等方式，打造县级+镇级农资电商落地服务体系。

## （五）京东农资电子商务发展规划

京东农资电商未来将围绕现代农业产业链，打造京东农业核心竞争力，即"123 战略"：围绕一个现代农业全产业链，输出两种价值，包括互联网+现代农业解决方案的价值，以及品牌农业解决方案的价值，全面提升三驾马车的运营能力。继续布局并完善京东农资服务中心，力争建成互联网+农业生态中心；推进京东农资定制，与合作伙伴打造品质农资第一平台；全面搭建京东农服体系，为农民、新型农业经营主体提供"农化产品+技术+服务"综合解决方案。

## 三、发挥供销合作社独特优势，打造为农服务电子商务平台

### ——供销 e 家

供销 e 家是中华全国供销合作总社系统内发展电子商务的总平台，由中国供销电子商务有限公司（以下简称供销电商公司）负责运营。供销电商公司成立于 2015 年 5 月，是中华全国供销合作总社下属企业，由中国供销集团有限公司出资成立，注册资金 12 亿元。

### （一）总体概况

供销 e 家电子商务平台发挥供销合作社"一网多用、双向流通、供销并举、综合经营"的独特优势，构建集农产品上行与生产生活用品下行为一体的综合性为农服务电子商务平台。

供销 e 家于 2015 年 11 月 5 日正式上线，同年 12 月 15 日国务院副总理汪洋到访供销 e 家。汪洋指出，"要重视发挥供销合作总社在农村互联网发展中的特殊作用。供销社合作总社长期扎根农村，有比较完备的组织体系和经营服务网络，有长期得到农民信任的服务品牌，在发展农村互联网，特别是发展农村电子商务中有独特优势"。

供销社全系统有 2 771 个县及县级以上供销合作社，2 万多家涉农企业、17 万家专业合作社、33 万个基层服务网点，线下实体资源丰富（图7）。各级供销社积极深入开展"互联网+农业"，为农民提供生产、生活综合服务平台。

近年来，农产品质量安全得到国民的广泛关注，如何从源头把控，如何获得消费者信任，都成为目前农产品上行的热点与难点，而供销社在农产品产前、产中、产后都能够发挥充分优势。

供销 e 家电子商务平台正在搭建土地流转及土地托管平台，将在全国范围为土地流转和土地托管提供流转权交易、金融、咨询等相关配套服务，一方面将形成土地流转的大数据中心，有利于各级政府相关部门统筹了解全国土地流

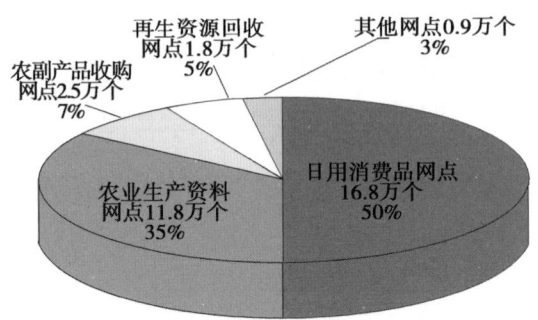

**图 7　供销 e 家的网点类型**

转的整体情况,掌握土地耕地使用状态,监管土地流转市场,有利于政府进行相关决策;另一方面有利于农业大户了解各地可流转土地的信息,抓住商机,促进市场化运作。土地服务类型见图 8。

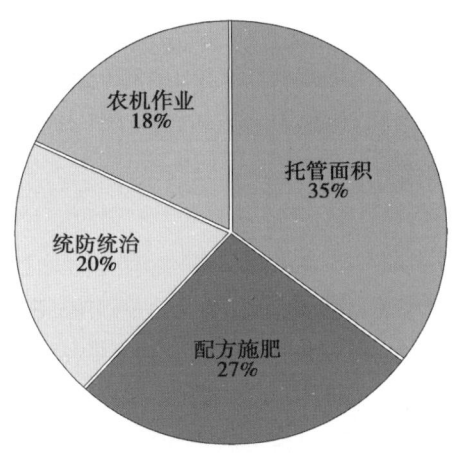

**图 8　土地服务类型**

土地的使用得到了监控和掌握,农产品生产过程中的把控也将得到有效监管。供销 e 家农业服务板块,将根据联网的测土配肥数据检测农户种植土地的原始数据,并根据客户对农药、化肥的购买记录,施肥、打药记录进行跟踪,推动农业物联网和智慧农资建设,引导农户科学施肥用药,保证农产品在生长环境内的全程监管。同时供销 e 家农业服务板块还提供统防统治、庄稼医院、农机具租赁、代种代收、农业气象、农产品价格信息等相关业务(图 9)。

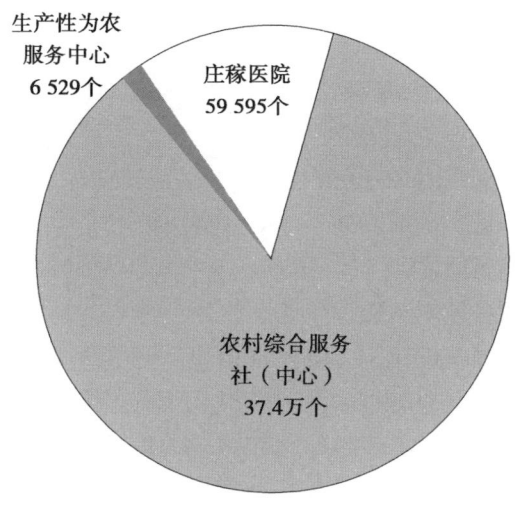

**图 9　供销 e 家综合服务平台**

## （二）供销 e 家运营模式

供销 e 家推动"合作社+商超+电商+本地配送"，促进一二三产业融合升级；通过推动全国供销系统上下联合，打造"全国供销一张网"；借助"供销社+互联网"，突出当地供销合作社连锁商超、农业基地、县域通村物流等优势，通过对传统产业的信息化和电商化进行转型升级，创造更多附加值。已经确定天津宁河、四川泸县、湖北宜昌、浙江上虞、江苏镇江等作为样板县，力争短期内形成示范效应。

供销 e 家立足县域，为农村电商提供运营技术、服务、数据、信息、结算等全方位的支撑，打造以县域为基础全国互联的农村电商生态。结合供销合作总社系统优势，运营主体下沉，搭建覆盖本地以及跨区域的农产品流通通道。供销 e 家遵循"全国平台搭系统做服务，地方平台抓运营做生意""前台千县千面，后台统一数据统一结算一体化""公益性和市场性并重"3 个原则，通过全国、省级、地方三级运营分工模式，构建供销系统全国一张网。

在推动县域电子商务发展上，供销 e 家通过"县级运营中心+乡村基层综合服务网点"的运营模式，完善县域电商生态，构建服务本地生产生活微循环，助力县域电商可持续发展。2016年，供销e家重点打造了200个县级运营中心和4万个村级综合服务网点，努力用3年左右的时间，建设和改造1 000个县级运营中心和35万个基层经营服务网点。

供销e家打造全国共享的商品"销售+采购"整合模式，即构建全国共享的优选商品库，分别以B2C和B2B两个交易方式呈现，实现全国商品低成本、高效率自由流通销售，同时让每一个县域地方平台依靠这两大优选资源池，形成地方运营核心竞争力之一。

供销e家力推县域平台服务于本地生活，导入本地论坛、评价体系、论坛社区、电子政务、网上便民服务等功能模块。充值缴费、代购车票、农村合作金融、招工招聘等公共服务信息和社会化服务也将在专门的服务板块上推出。农村居民不出村就可以享受和城市居民一样的生活质量。

### （三）发展成效

2016年，中华中国供销总社全年销售总额约4.78万亿元，供销e家全国平台与31个省（区、市）的近千个市县供销社实现了对接，上线品种超过4.6万种，其中主要为农副产品。

供销e家作为农村电商国家队，积极发挥其在电商扶贫领域里的引领带动作用，帮助贫困县推进当地特色产业，着力推进产业扶贫。围绕农产品流通体系建设，开拓农产品网络销售渠道，供销e家承建了由中央网信办主办的"国家贫困县名优特产品网络博览会"，为国家级贫困县提供电商扶贫的专业平台。同时，加强人才支持，加大对贫困地区业务培训与技能提升，宣传好贫困地区特色，为贫困地区脱贫提供有力支撑。

### （四）针对农业电子商务发展存在问题积极施策

1. 针对农产品标准不健全、流通市场不规范，参与农产品电商质量规范的建设和实施

目前国内农产品电商缺乏标准、规范。需要建立一个适用于电子商务发展的农产品质量分级、采后处理、包装配送的标准体系。通过标准化提升线上销

售农产品的质量与品质，引导生产者改进生产和产后运销管理。

另外，目前国内农产品质量认证与可追溯体系是双轨道运行，需要建立一个统一的数据库，确保网络销售农产品质量有保障可追溯。同时加强对"三品一标"农产品的认证工作，适度放开"三品一标"认证制度，让更多的农产品规范起来，维护农业电商市场交易秩序，强化电商诚信建设。

供销 e 家积极参与农产品电商质量规范的建设和实施，同步建立农产品质量追溯体系及相关数据库，借助供销社遍布全国的农业合作社、农业基地、流通企业、商超等渠道，对农产品的质量追溯、产品检验、相关认证等进行落地实施，跟踪农产品从田间到餐桌的全流程，追溯种植期间土壤、肥料、水分，流通期间仓储、物流等所有相关指标，最终实现"舌尖上的安全"。

2. 针对物流成本高、配送体系不完善，打造县、乡、村三级物流体系

目前国内快递物流单价在西北及西南地区价格仍然高于长江三角洲成熟地区，有的农产品物流费用甚至高于产品价格。电商平台最终要解决的就是"农产品进城、工业品下乡"的双向流通渠道，合理的物流资源规划，实施快递下乡工程；建设前置仓，加快构建区域性农产品交易中心；结合农产品生产及流通布局，加强冷链物流体系建设。

供销 e 家打造了县、乡、村三级物流体系，通过供销合作总社原有的日用消费品、农业生产资料配送渠道，打通农村"最后一公里"问题。2016 年实施的惠农工程项目将在主要地区建设前置仓，在农产品主产区及主要流通区建立冷链仓储及冷链物流体系。

3. 针对电商人才缺乏，建立"供销电商培训体系"

农村电商发展近两年来如火如荼，但发展还面临很多问题，一是对电子商务的认识还不够深刻，很多人还是简单地认为电商就是"在网上卖货"，商业模式和经营模式创新不够。二是电商创业技能不足，对于产品挖掘、数据分析、营销推广、品牌建立等专业知识还比较生疏。三是，各地电商发展还存在小而散，不能形成"聚集效应"。

农村电商是一个系统工程，在推进过程中需要各类各层次人才，急需加强农村电商人才培养，建立人才培养和储备体系。供销 e 家建立了供销电商培训体系，打造集培训、创业、论坛、参观、"大咖"面对面活动等多种形式的综合性服务平台，为农村青年、返乡就业青年、退伍军人等有创业激情的创业者们提供服务平台，帮助县域实现电商人才自供给。

# 四、发展 B2B 业态，打造"互联网+农业"应用入口
## —— 一亩田中国农产品电子商务交易平台

### （一）基本情况

由北京一亩田新农网络科技有限公司营运的一亩田中国农产品电子商务交易平台（以下简称一亩田），成立于 2011 年，是 B2B 大宗农产品诚信交易服务平台，定位于推动"农产品进城"，致力于促进"轻松买卖农产品"。

一亩田服务对象是全国农产品生产、流通、消费等环节的从业者。服务方式为运用互联网技术和手段，为农产品经营双方提供全面、精准的信息服务（供求信息、价格行情、物流信息、农资信息），以及相关资讯、大数据增值服务，并提供必要买卖匹配支持。

截至 2017 年 3 月底，一亩田注册用户 430 余万，是国内移动端 APP 用户规模最大的 B2B 农产品电商平台。一亩田不断提高研发投入，提高平台应用的快捷性和方便性，同时举办农民手机应用及农产品电子商务培训，不断改进农产品流通效率，提高农业从业者的互联网意识和能力。

### （二）主要做法

1. 利用模式创新，提高农产品对接效率和农业供给质量

一亩田在中国农业电商领域率先开展了 B2B 模式，即打通产地端的合作社、经纪人、种植大户、龙头企业等规模型生产经营者与销地端的批发商、商超、连锁餐饮企业、出口企业之间的联系，有效地解决农产品 B2C 的关键瓶颈问题，如个人农产品消费货量小、单价低、物流成本过高等障碍；同时，通过专业采购商的理性采购需求的传递，倒逼农产品生产的标准化，催生农产品的规模化、品牌化生产，提高农产品供给质量。当前立足个人消费端的 B2C

是农产品电商的主要业态，立足产地端，打通从产地到销地，从事跨区域农产品贸易流通的B2B平台模式偏少，一亩田则是B2B平台模式发展的典型代表。

2. 利用技术创新，使农产品电商更加简单易用

针对农业电商使用人群的特点和农产品交易特性，顺应移动互联网的发展趋势，2013年一亩田推出了手机APP，可为全国农业经营者提供信息发布、行情查询、产品展示、交易撮合、线上支付、订单管理、物流匹配、农资买卖等多项服务，并在操作使用方面力求简单实用，贴近农村实际，赢得广大农村用户的好评，被誉为"脚上沾满泥巴"的电商平台。对于可能从未使用过电脑的农民来说，使用手机APP不是一件轻松的事情，在推广初期曾经历了艰难的农村用户教育启蒙过程。但随着"互联网+"行动的快速推进，特别是2015年10月农业部下发了《关于开展农民手机应用技能培训提升信息化能力的通知》，农村移动互联网获得了飞速的发展。2015年9月，经过2年多的推广，一亩田用户规模达到50万个，到2016年11月，用户突破了300万个，到2017年3月突破了400万个。

3. 利用服务创新，推动县域"互联网+农业"发展

一亩田把县域的互联网知识启蒙和普及作为农业电商发展的基础，并专门制定了农民手机上网及农产品电子商务培训计划，将之命名为"盗火者计划"。一方面，邀请来自农业、流通、产业、互联网领域的专家组建导师队伍，对各级基层农业管理部门提供专家讲座，为农民手机应用推广夯实思想基础。另一方面，建立讲师队伍，对农民专业合作社、家庭农场、种养大户、农业经纪人等进行农民手机应用和农产品电子商务培训。截至2016年年底，与一亩田开展培训合作的各级政府覆盖18个省、自治区和直辖市。

4. 利用组织创新，加快建设县域农业互联网生态

为了提高农业从业者的互联网意识和互联网能力，一亩田创造性地推动各地"网农之家"的建设。"网农之家"是平台用户自愿成立的学习、交流、培训组织，以"培训提升人、社群影响人、榜样带动人"的效应，不断促进互联网在农业领域的应用。2016年5月11日，全国首家县级网农俱乐部"一亩田平度网农之家"成立，开展了多场培训和交流，对提升当地农业从业者的互联网意识和能力发挥了积极作用，并带动了各地"网农之家"建设的蓬勃开展。

### 5. 利用产业链合作创新，推动订单农业发展

在聚集百万量级用户的基础上，着力推动农业产业链的整合，通过订单农业的推广，打破传统农业"先生产、后销售"的方式，引导农业生产根据市场需求优化布局和品种结构，推动品质农业的发展。于 2016 年 11 月启动了农业产业链峰会系列活动，高频次地在全国各地举办，为供应商、采购商和农资厂商搭建合作的平台，取得了积极成果。在已举办的五场农业产业链峰会中，经一亩田为买卖双方撮合与对接，共有 104 名平台用户，计 440 363 亩土地纳入到订单农业服务体系中。

## （三）主要成效

在推进现代农业发展中，一亩田帮助用户获得了收益，使合作县域的农产品上行得到发展，在电商扶贫方面也做出有益探索，也得到了政府部门、行业协会、农业从业者的认可和支持。

### 1. 广大用户得到实际利益

众多大学生、外出务工人员、退伍转业军人借助一亩田平台，开启了返乡创业的道路。山东省菏泽市巨野县的黄保申于 2015 年年底从青岛返乡，接过了父亲手中的 100 多个采购商名单，开始了自己的农业之路。然而创业第二年就赶上了红薯滞销，原来的采购商都中断了合作。通过网络找到一亩田后，2016 年黄保申通过一亩田销售自家红薯 2 000 余亩，销售额达 700 万左右，并为其他红薯种植户带去了大量订单。来自河南省淇县的合作社理事长岳纲亮通过一亩田将合作社 75% 以上的农产品销售出去，且售价提高 1 倍以上，增加收益 32 万元。河南省卢氏县退伍干部周铁在 2017 年 1 月下载一亩田后，短短 3 个月内便累计成交 40 多万元。截至 2016 年年底，一亩田线上每天的交易撮合单数已达到 3 万单左右。

### 2. 县域农产品上行效果明显

截至 2016 年年底，一亩田的用户来源于国内的 2 312 个县域，涉及全国 80% 的县域，县域平均用户量为 1 597 人，最多的县域用户数为 11 380 人。通过对这些用户赋能，在各地农产品上行中发挥了积极作用。在河南省焦作市博爱县政府的支持下，对博爱县蒋村市场进行了平台对接。此后，带来的客商占蒋村市场交易量的 60%~70%，一年的市场交易量约 6.5 亿千克，并服务于蒋村周边至少上

万个农户,让农民顺利卖出了农产品。蒋村市场经纪人张生旗过去客户只有三四个,且都在河南省内,一天交易量仅5吨多,用上一亩田APP后,北京、陕西、山东、山西等地的大客户通过平台主动联系,每天接客商咨询电话40多个,客户增加到15个,交易量每天增至20多吨。

3. 积极助力电商扶贫

一亩田平台用户已覆盖701个贫困县,占全国832个集中连片特殊困难县(市)及国家扶贫开发工作重点县的84%。通过培训、线上线下推广服务等,为多个贫困县拓宽了农产品销路,带动了农民增收。甘肃省陇南市的1区8县均为国家贫困县,截至2016年12月,平台上的陇南用户共有976个,发布的供应信息涉及水果、中药材、禽畜肉蛋、粮油等数十种,多个农业经营者通过一亩田联系到了更多更远的采购商,拓宽了销售渠道。陇南市礼县的农产品经纪人王江义通过一亩田一个销售季销售出25万余千克苹果,保障了百余家农户的收益。河南商丘民权县24岁的底燕归回乡创业,借助一亩田在旺季的时候每天将20吨左右山药销往浙江、广东、新疆等地,每月交易额达到300万元。

4. 社会各界予以认可和鼓励

2016年6月,农业部召开农民手机应用培训工作视频会议,发布的农民手机应用教材中,一亩田APP被选入《农民手机应用》教材的"农产品进城"章节。会上成立了全国农民手机应用技能培训联盟以承担具体培训任务,一亩田与农业部信息中心、中央农业广播电视学校、中国电信、中国移动、中国联通、阿里巴巴、腾讯、苏宁、农民日报社、新希望六和等18家企事业单位一起成为首批联盟成员单位(图10)。

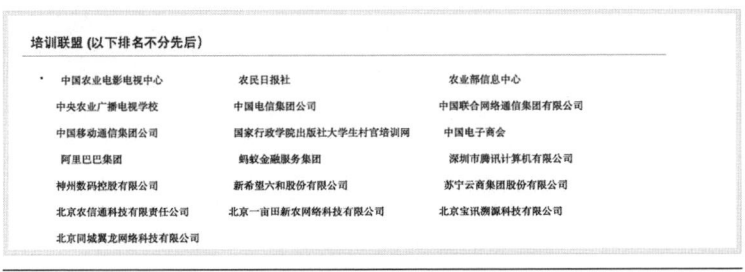

图10 一亩田入选农业部农民手机应用培训联盟成员单位

2016年,一亩田作为"农产品进城"的电商代表,在商务部全国电商进农村示范县焦作培训会上介绍业务模式,参加了商务部组织的农商互联活动。2016年,受邀参加全国精准扶贫论坛,并作书面经验交流。同年,新华社、人民网、中国政府网发布《2015中国互联网年度人物及影响力评级报告》,一亩田创始人兼CEO邓锦宏当选"2015中国互联网+农业最具创新力年度人物"。

一亩田始终将解决或缓解农产品滞销事件作为一项责任。2016年4月,参加了农业部市场和信息化司组织的"苹果电商促销月"活动,期间平台促成苹果交易500余万千克。

### (四) 发展战略

1. 以专业高效的互联网产品全面提升涉农用户互联网化率,探索形成农业电商的集中单一窗口

与两年前相比,农民用户的移动互联网使用习惯正在发生改变。种植大户、经纪人和合作社理事长使用智能手机已经非常普遍,"上网办事"的习惯正在养成中。在此基础上,一亩田通过不断快速迭代APP功能,扩大用户规模,提高用户黏性。目前,已经围绕着撮合这个中心,搭建了买卖信息、行情、关系、交易(指的是用户有交易意向之后的流程)、社群等产品。根据产品基本逻辑,不同的产品可以为用户带来各自的价值,而这些产品又能够自然形成一个产品群。农业电商的入口应该集中在农产品买卖上,特别是在产地端,通过助卖(农产品),更能够集中农业用户。在用户规模化之后,有可能带动行业服务市场的线上化转移,最后会形成单一窗口下的高效行业流程和多重贸易的实现。一亩田现在专注农产品交易撮合,也在思考农业电商未来可能会呈现出的场景。

2. 通过平台深度撮合推动农产品标准化程度的提升

对于撮合交易来说,首先需要解决的就是标准化问题。"一亩田"曾投入了大量时间制定平台上的农产品标准,已梳理出了1.2万种农产品,并通过4级分类体系对其进行分类,每个分类整理出标准化的规格参数。此举可以让卖家的供应和买家的需求变成标准化的描述,方便通过技术手段将买卖双方自动匹配。对于农产品的标准化来说,既有基础性标准,还有更多的市场化标准,

将逐步通过平台功能集合去释放买家的"采购意愿",以采购标准去推动农产品标准。除此外,面对消费升级的进程,也将通过标准化手段,搭建平台上产品的品质层级,建立起一系列依托品质的标的,可以称之为"品质撮合"。

3. 以规模交易和信息化推动农村物流效率的提升

农村的物流基础并非缺乏,而是业务规模和业务形态的匹配存在问题。从对合作社等从事农产品经营的市场主体的调研看,几乎家家都有自己的货车,经纪人有车也是标配。仓储设施也并非不够,在一些经济作物类型的农产品产区,相反存在季节性闲置和周转率不高产生闲置的问题。B2B平台主要是推动商家间、企业间有一定规模的农产品贸易,这种交易规模本身是可以驱动农村已存在的物流设施的。未来发展战略上,一亩田希望通过过线上贸易规模的成长,推动线下运力、仓储、供应链资源的交易场景线上转移,从而提高农村基础物流设施的有效使用度,推动行业长期投资和建设的积极性。

# 第五章

## 农业电子商务发展专家观点

在"互联网+"浪潮中,在政府政策扶持推动下,农业农村电子商务的发展日新月异,开辟了消费品下乡与农产品进城的新路径,正成为助力农民增收、农业产业升级改造、贫困地区脱贫攻坚、推动农业供给侧结构性改革的内生力量。也应该看到,农业电子商务的发展是复杂多变的宏观经济环境、高速发展的互联网科技和相对薄弱的农业农村基础条件下开展的,既是广阔天地、大有可为的新兴事业,也是一项上下求索、艰巨繁重的改革任务。当前我国农业电商高歌猛进、四面开花,但许多掣肘性因素仍然存在,未来可期却并非坦途。

为了更全面地展现当前农业电商发展的背景、现状,认识农业电商发展的意义、价值,梳理存在的问题和挑战,明晰发展方向和趋势,本章特别邀请权威专家、知名学者对农业电商发展的重大问题进行解读和讨论,对未来农业电商往何处走、怎么走给出他们的思考和建议。

# 一、新形势下推动"互联网+"农业的思考[①]

近年来,以乡村旅游、休闲农业和农村电商为代表的农村新产业新业态发展迅猛,为我国农业农村发展注入强大动能。2015年,全国农村网购市场交易额达到3 530亿元,同比增长了近一倍。农村电商迅速发展,为解决农村商品"买难"和农产品"卖难"开辟了新路径,为优化重构我国农村产业链组织体系,促进农业增效、农民增收、农村繁荣增添了新动力,正成为促进就地就近转移就业创业,助力脱贫攻坚,引领农业供给侧结构性改革的有生力量。

## (一)"互联网+"农业的发展现状

**1. 基于互联网应用的商品下乡、农产品进城的双向流通格局初步形成**

当前,我国"互联网+"农业蓬勃发展,以阿里巴巴和京东为代表的大型平台商积极下沉推进,以邮政、供销为代表的传统城乡流通网络积极上线发展,以生鲜电商为代表的新兴领域专业电商积极探索商业模式,上行下行双向流通,多元主体良好互动的发展格局正在形成。2015年,阿里巴巴平台完成农产品销售695.5亿元,整个平台来自农村地区的消费达到230亿元。截至2016年10月,阿里平台的数据显示,全国共有1 311个淘宝村,比2014年多了近1 100个。

消费品下乡方面,2015年第一季度,淘宝网(含天猫)发往农村的订单金额已占全网的9.64%。农产品进城方面,2015年全国涉农电商共3.1万家,其中农产品交易电商4 000家,农产品网上零售额年增长率超过50%。除了消费品下乡,大型综合农资电商平台依托移动互联、大数据等技术,创新农资供应、配方施肥等社会化服务提供模式,加速布局抢占农村市场,"互联网+"正全面渗透农业生产的全过程。

---

[①] 本篇作者为特邀专家韩俊、陈春良,工作单位为中央财经领导小组办公室、中央农村工作领导小组办公室。本文已发表于2017年第2期《农业网络信息》。

**2. 线下渠道布局和物流网络建设加速推进，为农产品电商发展提供了有力支撑**

受村民教育文化水平和快递物流可达性限制，农村电商发展必须以强有力的线下服务体系作为支撑。现阶段，通过实施"农村战略"，几大电商平台初步建立了线上平台、县乡村三级服务团队、仓储物流网络一体的农村电商服务体系。截至2015年6月，阿里巴巴已在全国17个省建立了63个县级服务中心、1 803个村级服务站点。京东已在全国建了7个物流中心、300个县级服务中心和3万多个村合作点，服务网络覆盖26万个村。现今，中国邮政在农村发展的村邮乐购站点已经多达33万个。农资综合服务电商代表的云农场，建立了"农资中转+农技推广+农产品交易"的县级服务中心，测土配方综合农资服务覆盖了全国18个省460个县的经济作物区和大田作物区。

**3. 电商平台有力助推了农民增收，正成为助力脱贫攻坚的新渠道**

过去，城乡分割发展阶段，农产品进城高度依赖于有限的批销渠道，分散的小农户对接大市场，往往出现"卖难"或"卖不上价"，农民只获得有限的生产环节收益。近年来，得益于"互联网+"的发展普及，以农村电商为代表的流通新业态，为城乡商品流通创新了渠道、压缩了环节、提升了效率，让农产品买卖方对接更加直接顺畅，也让边际收益更高的农产品定制化生产、直供直销成为可能。山东沂南县一个返乡青年注册了"桃本桃"电商公司，推出网上订购和众筹模式，过去每斤几元的桃卖到每斤35元，带动周边发展蜜桃600多亩，35户贫困户实现增收脱贫。

**4. 互联网交易形成的大数据为普惠金融服务提供了风险控制基础**

依托电商平台交易大数据产生的快捷征信评价，缓解了小微金融信息不对称、风险控制难问题，有利于降低普惠金融管理成本。通过交易记录进行信用评价，并以订单预付抵押款为担保，早在2013年开始蚂蚁小贷就向涉农网商发放了小额流动性资金贷款。蚂蚁金服从2015年9月上线以来，到2016年2月已覆盖24个省139个县2 425个村，户均贷款金额为4.4万元。京东平台基于商品购买信息掌握贷款使用用途，及时判断和甄别贷款风险，极大简化了小贷流程。邮政开发了专门针对村邮乐购站点的掌柜贷，2016年累计给村邮乐购的掌柜发放贷款3亿元。

## (二)"互联网+"农业的突出瓶颈与问题

1. 协同不够、整合不足,推进"互联网+"农业的政策体系有待建立

"互联网+"农业涉及的职能部门主要包括农业部、商务部、工业和信息化部、交通运输部[①]。农业部主要抓信息进村入户、农产品电商方面的政策;商务部主要从流通再造角度考虑"互联网+"对传统城乡批销体系的影响;工业与信息化部、交通运输部主要关注有关技术标准和基础设施支撑问题。总体来看,目前政策供给对"互联网+"农业尚未形成系统性、战略性、整体性的思考与协同,对"互联网+"农业如何服务当前农业农村发展的核心问题,缺乏统筹性、统领性的构想和设计。已有工作更多是延续各部门原有思路,维持各自为政、跑马圈地格局,部门政策在重要任务方面缺乏互联、互通、互配的协同推进机制。从政策工具来看,仍然是以传统的项目示范为主,缺乏对互联网交易农产品等的有效统计和监测,对引导和规范互联网企业在农业农村领域发展,促进政府资源与市场力量的融合、市场主体之间有效竞合,还需要更多政策机制创新。

2. 配送成本高昂、触网率极低,"互联网+"农业的基础环境有待改善

截至2016年6月底,我国还有近4万个行政村不通宽带,农村宽带入户的比例仅为17.67%,不及城市宽带入户比例的1/3。我国网民中农村网民占比26.9%,农村互联网普及率为31.7%,比城镇地区低35.6%。清华大学中国农村研究院的一项调查显示,当前全国农户层面超过五成(53.76%)的农户未使用过互联网,经常使用互联网的不到两成;所调查农户的互联网使用主要是娱乐(44.3%)和聊天交友(32%),消费品购买和农产品销售运用仅占一成或更低。我国仍有近5万个行政村不通水泥沥青路,已通村道仅有3.5米宽,不利于物流快递车辆通达。村级物流配送方面,除了经济发达的城郊村庄,大部分村庄至今没有物流配送。据调查,即便有物流配送的村庄,单件快递配送至县与县城配送到村庄的物流费用为1:1甚至1:2。"最后五公里"的高昂配送成本和城乡"数字鸿沟"相伴生的极低农户触网率,事实上对农业农民搭上"互联网+"的快车构成极大阻碍。

---

① 中华人民共和国交通运输部,全书简称交通运输部

3. 流通设施不配套、标准不健全,"互联网+"农业的基础设施有待夯实

农产品是典型的非标准化产品,不易存放,对流通配套要求较高。以冷链物流为例,目前我国果蔬、肉类、水产品冷链流通率仅为5%、15%和23%,冷链运输率分别为15%、30%和40%,远低于发达国家水平(90%左右)。田间地头预加工缺乏及冷库冷链资源不可及,使我国果蔬、肉类和水产品流通腐损率分别达到20%、12%和15%以上,远高于发达国家水平(5%),极大限制了农产品生鲜电商的大规模发展。标准化方面,受制于传统农户分散生产方式,农产品流通主要依赖本地批发市场,绝大多数未能对农产品进行分类分级处理。没有农产品标准化分级保障,缺乏面对面验货交易的互联网流通的全面推广将会受到制约。

4. 品类单一、领域狭窄,"互联网+"农业的规模经济和范围经济还有待挖掘

当前,"互联网+"农业发展较好的,总体集中在基础设施及物流条件较好的区域。品类方面,农产品进城主要是相对易存放、标准化程度较高的零食、坚果和特产,单品销售最高的前三类分别是枣类、茶叶和干货。下行一端,2015年阿里巴巴旗下平台的农资下乡交易额为50亿元,同比增长83.24%,约为农产品销售额的1/14。地域分布方面,农村电商消费和农产品上行,主要集中在经济发达、物流基础设施相对完善的珠江三角洲和长江三角洲,农产品网商排名前三位的分别是广东省、浙江省、江苏省。发展较好的农村电商案例,多数是有较好产业集聚或批发市场基础的地方,"华丽转身""锦上添花"类案例居多,"无中生有""平地高楼"式案例偏少。

## (三)"互联网+"农业的若干政策建议

1. 强化"互联网+"与农业供给侧结构性改革重点工作的结合力度

一是要把"互联网+"与加快农业发展方式转变结合起来,将"互联网+"应用到农业生产的产前、产中、产后环节及农产品生产的全产业链,通过综合农技服务、农资配给、销售支持等方式,提升农业生产的精细度和价值含量。二是要把"互联网+"农业与培育新型经营主体结合起来,通过电商培训、专项补贴和项目倾斜等形式,培养一批"新农人"创业者,让新型经营主体成为农村"互联网+"农业的示范者和引路人。三是要把"互联网+"农业与脱贫

攻坚战略结合起来，加大对电商平台对接带动贫困县，对接服务建档立卡贫困户的支持力度，鼓励电商通过设立公益众筹、农产品预售众筹平台等形式，带动贫困地区的产业扶贫和精准脱贫。

2. 强化农村互联网基础设施建设

一是要加大对农村宽带基础设施建设支持力度，推进宽带进村到组入户，加速推进第四代移动互联网络覆盖农村，缩小城乡间、地区间"数字鸿沟"的硬件基础，电商扶贫试点应在指定期限内实现"村村通宽带"和通信网络升级改造；二是要通过基站用电定向补贴等形式，积极推进农村互联网"提速降费"，电商扶贫试点县对贫困户给予一定量的手机免费流量、对参与电商培训人员给予手机流量支持，按照农户实际网上交易额给予网络资费补助，为广大农民提供"用得起、用得明白、用得放心"的互联网连接。

3. 强化农村物流基础设施建设

要合理规划推动物流资源整合，一是要加大物流资源在县域层面的统筹整合力度，鼓励县域政府结合当地市场和电商发展特点，做好县乡村三级物流仓储规划，科学布局本地物流配送的"最后一公里"；二是要鼓励邮政、供销社通过整体出租、入股、订单分成等合作形式，深入开展与平台电商及现代物流企业的合作，激活并用好现有仓储、配送渠道资源；三是要建立县级层面物流资源整合平台，整合各类快递配送订单，深挖配送网络的规模效应，实现到村到组配送，降低配送成本。

加强冷链物流体系建设，一是要结合农产品生产及流通布局，做好物流冷链主干网建设规划，加快布局区域重要节点大型冷库仓储；二是要通过财政奖补、电费补贴等政策，鼓励农产品产区的合作社等新型农业经营主体，参与田间地头的冷库建设；三是要通过专线税费减免等方式加大对冷链物流企业的补贴，精准降低冷链物流成本，切实改变"有库无链、有链无点"的冷链流通困局，鼓励生鲜电商参与布局建设地铁、社区的冷柜配送服务设施。

4. 强化农产品标准体系建设

一是要尽快制定并出台农户会用、市场认可、管理方便的农产品线上交易分类标准，建立适应于电商发展的农产品质量分级、采后处理、包装配送的标准体系。通过标准化提升线上销售农产品的质量与品质，引导生产者改进生产和产后运销管理。二是要尽快建立统一的农产品和农资可追溯编码体系，综合利用好线上线下监管资源，确保网络销售农产品的质量安全。加强对"三品一标"农产品的认证与防伪工作，相关部门需及时对假冒伪劣产品清理下线，维护农业电商市场交易秩序，强化电商诚信建设。

5. 强化农村电商的人力资本支撑

一是要整合农业、人社、商务、扶贫等部门培训资源，针对不同类型主体和应用，开展专题性、体系性"互联网+"应用培训。二是要统筹利用好"第一书记"、大学生村官选派培训体系，鼓励大学生村官们成为"互联网+"农业政策的宣传者、积极的实践人和带动农民入网的领头羊。三是要依托县域农村电子商务综合服务平台，通过政府采购等形式鼓励平台电商和当地网商积极参与农户互联网知识普及培训，传授用得上的"互联网+"知识和实操技术。

# 二、农业电子商务对现代农业发展的影响[①]

当前，我国正进入以信息化驱动工业化、城镇化和农业现代化的新阶段，互联网和实体经济深度融合发展呈现多场耦合加速趋势。习近平总书记指出，我国经济发展进入新常态，新常态要有新动力，互联网在这方面可以大有作为。2017年中央一号文件强调，要壮大新产业新业态，拓展农业产业链价值链，促进新型农业经营主体、加工流通企业与电商企业全面对接融合，推动线上线下互动发展。实践表明，农业电子商务对创新我国农产品市场流通格局、深化农业供给侧结构性改革、挖掘农业产业价值以及统筹城乡经济社会发展等诸多方面，产生了而且还在产生着积极而深远的影响，我们应该高度关注电商对我国现代农业发展乃至我们这个时代的革命性意义。

## （一）农业电子商务正成为我国农产品流通格局创新的一条鲇鱼

通过研究近百年来世界农业发展史可以发现，美国在20世纪30—40年代、欧盟和日本在20世纪50—60年代、韩国和我国台湾省在20世纪80年代，这些市场经济发达的国家及地区，在农业现代化演进的关键时期，都不同程度遭遇过农产品市场波动引发的一系列经济社会问题，进而迫使它们在农产品市场流通格局构建上迈出了重要步伐。可以肯定地说，我国要从传统农业发展到现代农业，要由"农业大国"成长为"农业强国"，构建具有中国特色的现代农产品市场流通新格局是绕不过的一道坎儿，而且目前很可能就处在这样一个关键节点上。

从世界范围看，农产品流通大体上有3种模式：一是以日本、韩国为代表的东亚模式，以批发市场为主渠道，以拍卖为主要手段；二是以法国、德国、荷兰等为代表的欧洲模式，批发市场流通比例较小，农产品直销比例不断上升，鼓励发展产加销一体化，建有较为完善的现代化公益性批发市场；三是以

---

[①] 本篇作者为特邀专家张兴旺，工作单位为农业部管理干部学院

美国、加拿大为代表的北美模式,农产品直销体系发达,美国直销比例高达80%。我国会走怎样的一条农产品流通之路呢?显然不可能简单机械地模仿其中任何一种模式,一定是探索出具有中国特色与农业特点的农产品流通模式。这些年来,我国农产品流通格局中批发市场始终是"一股独大",占到农产品流通总量的近80%份额,集贸市场占到15%左右,而超市在5%左右。

但近几年,这一格局正因为"互联网+"、因为电子商务这个"天上掉下的林妹妹"而发生着前景可期、令人欣喜的变化,包括前几年频繁出现的鲜活农产品滞销卖难现象都在减少,业界反映这其中就有农业电商的贡献,电商成为继农产品批发市场、集贸市场和超市之外的第四条农产品流通快车道,农业电子商务会成长为我国农产品流通格局创新进程中的一个重要中国元素。从一定角度看,它有可能成为经济学意义上鲇鱼效应中的"鲇鱼",因为有电商的搅动和加入,我国农产品市场流通将加快创新的进程,而且和国际比较更具创新性动因。尤其值得注意的是,标准、信用及物流等制约农业电商发展的诸多问题正在政府的管束与市场的力量双重作用下逐步破解,包括随着2016年5月30日国务院《关于建立完善守信联合激励和失信联合惩戒制度加快推进社会诚信建设的指导意见》(国发〔2016〕33号)的深入实施,农业电商的营商环境必将得到进一步优化。

## (二) 农业电子商务正成为农业供给侧结构性改革的一块试金石

有句老话"庄家一出手,就知有没有"。农业供给侧结构性改革的任务很多,但很重要的一条就是,所有的供给侧改革都应该是面向市场需求的。从这个意义上讲,电商把农产品直接摆到了消费者面前,摆到了市场面前,接受市场的挑选与评价。

有研究认为,"互联网+"的商业模式归根结底就是真正实现以消费者为中心,为海量消费者提供个性化产品与服务。我们生产的农产品到底受不受消费者欢迎,看看购买数据就知道了;消费者究竟喜欢什么样的包装、他们关心食用农产品的哪些吃法哪些营养,看看网上社区的议论就知道了。在这方面,通过电商领域的大数据挖掘,对于农业供给侧结构性改革的深化、对于农产品细分市场的定位和开拓,都将产生不可估量的深远影响。国内一个权威农业网站进行过一次尝试性的数据挖掘发现,美国最关心我国网上农产品市场营销信息，法国关注我国农业政策；国内北京市、上海市、广州市的网民关注农产品质量安全与营养信息，而山东省、江苏省的网民则更加关注规模化种养信息……这些信息对于有针对性提高我国农业产业管理质量与效率显然是有实际意义的。就农业全局来说也一样，要深入推进农业供给侧结构性改革，不深入了解和研究市场需求就会变成盲人摸象、不得要领。

现在很重要的一个任务就是应该把我国的农产品市场需求布局搞清楚，这包括空间布局、时间（季节性）布局、结构布局及消费习惯等诸多方面。应该看到，经过这些年的努力，我国在农业生产上下了很大工夫，从面向主产区的优势农产品区域布局规划的实施，到面向中西部的特色农产品布局规划的实施，再到都市现代农业的推进，我们对于农业生产的布局是完整和清楚的；但是我们还不能特别有把握地说，已经对我国农产品的市场需求布局研究清楚了，因为这仅仅依靠传统的统计数据是难以做到的，但现在"互联网+"来了，农业电商来了，这些真实的在线消费数据的作用，绝不应只是服务于电商主体，一定能够也应该服务于农业供给侧结构性改革大局，譬如，经过一段时间的积累与挖掘，如果能够绘制出一份全国的农产品流通布局路线图，那一定是有战略意义和历史贡献的。

## （三）农业电子商务正成为深度挖掘产业价值的一片蓝海

这方面有两个问题值得关注。一个问题是电商企业应该在提升用户体验上下些真功夫。截至2016年6月30日，移动用户每个消费者在网购上的花费是每年140元人民币，而一年前是76元，增长是强劲的，显然这是一片价值可期的蓝海。但中国电子商务研究中心2016年8月发布的《中国电子商务用户体验与投诉监测报告》显示，2016年上半年平台共接到的全国网络消费用户涉及电商投诉数量同比2015年上半年增长4.16%。"萝卜快了不洗泥"的情况在农业电商领域也是存在的，因为需求增长太快，基地、物流、标准等问题一下子难以适应，但又舍不得市场。美国股神巴菲特在回答苹果公司负责人提问时曾明确表示，要管理好一个企业，关键是要让你的客户开心。否则创业过程中对于市场攻城略地的付出就有可能功亏一篑，难以实现可持续发展。

另一个问题是应该关注休闲农业和乡村旅游的市场挖掘。2015年国庆节前夕，国家有关部门向社会推介了一批休闲农业与乡村旅游精品线路和景点，受到广大市民广泛欢迎。过后不久就有些热心网友建议,如果能够在网上可以查询这些景点的特色餐饮、价格等更多信息就更好了。有关数据显示,现在全国休闲农业的年接待人次已经突破 10 亿,经营收入已超过 3 000 亿元。偌大一个市场,如果嫁接上"互联网+",为城里人打造出"如家""汉庭"一样的农村版快捷酒店,一定会有巨大的市场潜力和生命力,因为那还是一块处女地。管理大师彼得·德鲁克说,企业的任务就是创新与营销,其他都是细节。显然,用户体验与休闲旅游都关乎农业电商的创新与营销。

## (四) 农业电子商务正成为统筹我国经济社会发展的一座桥梁

在我国推进新型工业化、信息化、城镇化和农业现代化同步发展进程中,统筹城乡经济社会发展、促进城乡公共服务均等化是一个重要任务。这些年,国家各有关方面做了大量卓有成效的工作,但是,如何为市民提供安全放心的农产品,并不断提高便利化程度;如何为农民生产的农产品找到买家,仍然是一个没有根本破解的难题。市民买农产品和农民卖农产品相互之间的寻找成本、时间成本、空间成本往往让人如鲠在喉。正是在这个背景下,农业电商应运而生,在虚拟世界实现了对分散农产品供给和分散农产品需求的归集、配置和衔接,而这些成本的降低和效率的提高,就产生了农业产业链中的福利经济学现象"帕累托改进",会让农民和市民从两头受益、无人受损。

从这个角度思考,我们很重视"互联网+",很强调分享经济,就应该对互联网在虚拟世界配置现实资源的作用进行一些研究,这也是"互联网+"不可忽视的一大功能,因为网络能够打破时空的阻隔,搅动城乡资源长期单向流动的困局,通过一种非常独特而创新的配置资源方式,连接了城乡,连接了市民和农民,连接了生产和需求,并且在实实在在地改变着城乡的连接方式,改变着市民和农民的生产生活方式。虽然全国铁路营运里程 12 万千米,已经仅次于美国;高速铁路里程 1.9 万千米,超过世界其他国家里程之和。但仍然不可能深入到大江南北的每一片土地。我们很难发现有什么其他的载体,能够像电子商务一样,让城市和农村不分你我,让农民和市民轻松的萍水相逢。

应该看到,农产品价格水平一头连着农民的利益,一头连着市民的利益,是统筹城乡经济社会发展、统筹农民和市民利益的一个载体;现在看来,农业电子商务则是在物质交换与价值分享两个层面衔接城乡、连接农民和市民的一个新纽带,它所承载的不只是农民持续增收和市民放心消费的承诺,也在向城市传递着山水印记与乡愁,向农村传播着先进的理念与文明。

20世纪20—30年代,一些市场经济发达国家的企业界在竞争中发生了很大变化,一批优秀的企业脱颖而出、基业长青,对所在的行业甚至对民族、国家都产生了而且今天还在产生着巨大正能量。可以说,我们也在经历着这样一个伟大的时代,农业电商就是其中一个让人充满想象的舞台。站在这样一个新的历史起点上,我们可以期待的是,农业电商将为我们承载更多,电商对现代农业发展乃至对我国社会生活所产生的正向影响力,可能是我们今天所想象不到的。

# 三、农业电子商务的阶段性进展与问题①

## (一) 当前关于农业电商概念的基本界定

农业电商是当前电商的新热点,与正在兴起的农村电商、农产品电商等共同形成涉农电商的框架。什么是农业电商,目前还缺乏符合学理的科学定义。为了便于问题的讨论,笔者从广义和狭义两个角度进行界定。

狭义的农业电商,从目前业界的实际看,主要是农资电商和农产品电商。其中,农产品电商又可以细分为:①大宗农产品网上交易体系(B2B),如一亩田等网上大宗交易撮合平台及1 688、美菜等批发类农产品电商;②农产品网上零售体系(B2C、C2C),包括各大平台的农产品电商频道,以及1号店、中粮我买网、易果生鲜、每日优鲜等垂直电商平台,还有大量的以农产品销售为主的电商企业和网商;③社交电商延伸的农产品交易体系,如农特微商、拼好货等形态;④正在兴起的线上线下一体化农产品销售体系,即为目前炙手可热的O2O概念,如阿里巴巴对三江购物的收购,京东对永辉超市的战略投资,以及正在大量出现的各类生鲜及农产品O2O平台。而农资电商又可细分为农药、化肥、农机具等细分行业。

广义的农业电商,可以概括为一个区域内所有涉及农业电子商务的经济形态和总和,涵盖了整个互联网+农业体系的大部分。具体包括如下几方面。

(1) 网上交易体系

具体又包括阿里巴巴、京东等大型综合电商平台,前面提及的各大农产品类垂直电商平台,诺普信等上市公司创办的田田圈、农一网、农商一号等农资电商平台,三只松鼠等大量的电商龙头企业,还有大量运用电商工具的新农人和其他从事农产品电商的创业者。根据有关方面统计,截至2016年年底,农业电商平台总数在4 000家左右。阿里研究院联合《电商参考》发布的《从

---

① 本篇作者为特邀专家魏延安,工作单位为共青团陕西省委

"客厅革命"到"厨房革命"——阿里农产品电子商务白皮书（2016）》显示，2016年阿里巴巴平台农产品交易额超过1 000亿元，同比增速超过40%。

（2）电商服务体系

具体包括为电商提供配套服务的电商服务业，如网店装修、美工摄影、网上客服、推广运营等；与电商配套的快递物流业，即为人熟知的"四通一达"等快递企业及仓储体系；为电商交易配套的金融支付体系，主要是依托第三方支付工具，如阿里巴巴的支付宝、腾讯的财付通、京东的京东支付等；还有承载电商信息流、物流、资金流、人才流的物理聚焦空间，一般称之为电商园区。随着电商规模的不断增长，电商园区的发展显得越来越重要，因此2017年中央一号文件首次就电商产业园问题进行部署。

（3）产业支撑体系

农业电商仅仅借用了工业品的电商通道，要实现农业电商的完整链条必须有强大的产业支撑体系。目前的农资电商其实更多的是现有农资企业生产体系、销售体系的在线化，而农产品电商又必须由若干现代农业产业基地、农业产业化龙头企业、家庭农场、合作社等生产经营主体来支撑。

（4）政策服务体系

农业是弱势产业，很需要政府的扶持，农业电商基本类似，政府的相关扶持和外部环境的营造都非常重要。因而，农业电商的发展也必须由若干政策来形成顶层的设计和若干关键点的具体支持。

总而言之，农业电商就像一座冰山，一般看到的电商交易体系只是浮在海面上的1/9，其余8/9则深藏在水面之下。某种意义上讲，广义的农业电商包括了"互联网+农业"的主要内容，并成为"互联网+农业"的外在表现。

## （二）当前关于农业电商重要意义的基本讨论

目前关于农业电商的讨论，多从农产品销售、农民增收角度讨论，较为狭隘。按照《国务院关于大力发展电子商务加快培育经济新动力的意见》提出的目标，"电子商务与其他产业深度融合，成为促进创业、稳定就业、改善民生服务的重要平台，对工业化、信息化、城镇化、农业现代化同步发展起到关键性作用"。对照这个目标，显然目前的农业电商认知还需要拓展格局，至少应该从4个方面来概括农业电商的重要意义。

(1) 农业发展的新理念

电商时代的到来，让农业的产业链、价值链、供应链空前紧密地联系在一起，将电商带来的现代化经营管理理念融入农业，有力地推动了农业信息化、现代化的进程。

(2) 农业发展的新要素

农业电商基于互联网基础而产生，将大量现代信息与互联网科技应用于农业发展，促进现代信息技术与传统农业全面深度融合，成为土地、劳动力、技术、管理等之外的农业发展新要素。

(3) 农业发展的新动力

农业电商的发展，实现了产销信息在互联网平台上的便捷对接，经过大数据、云计算、智能算法等新兴互联网科技的运用，让农业的发展更具有预见性；同时，推动农业生产以产品为中心转变为以市场为导向、以消费者为中心，由原来的产什么卖什么向要什么产什么来转变，推动了农业的供给侧改革。

(4) 农业发展的新转型

电商的发展倒逼农业生产标准化、品牌化，通过电商大数据的掌握，传导到农业生产体系，进而优化农业的生产布局和品种结构；农业电商将一二三产业紧密融合在一起，还推动了乡村旅游的发展，大大拓展了农业发展的深度与广度，实现农业发展方式的根本转变。

### （三）当前农业电商的主要进展

关于当前农业电商的进展，各方表述较多，但集中体现在 5 个方面：政策体系初具、农产品电商迅猛发展、农资电商风生水起、农特微商异军突起、新农人登上历史舞台。

(1) 政策的顶层设计基本形成

目前农业电商的顶层设计由 5 个主要文件共同构成，分别是：2015 年 5 月国务院下发的《关于大力发展电子商务加快培育经济新动力的意见》，形成了未来 3~5 年的电商发展总体安排，也对农业电商做出了部署；2015 年 7 月国务院下发的《关于推进互联网+行动的指导意见》，分别在"互联网+农业"和"互联网+电子商务"两个方面都涉及农业电商的部署；2015 年 9 月农业部等 3 部委联合下发的《推进农业电子商务发展行动计划》,可视为对农业电商发展在操作层面上的具体安排;2015 年 10 月国务院办公厅印发的《关于促进农村电子商务加快发展的指导意见》,对农村电商发展的目标、要求和推进措施进行了明确;2016 年 5 月农业部等 8 个部委联合下发的《"互联网+"现代农业三年行动实施方案》,可视为农业电商发展的基础性文件。

其中,农业部等 3 部委联合下发的《推进农业电子商务发展行动计划》在当前的重点任务上从 5 个方面进行了安排,一是积极培育农业电子商务市场主体,扶持更多的企业和个人从事农业电商;二是着力完善农业电子商务线上线下公共服务体系,支撑农业电子商务更好的发展;三是大力疏通农业电子商务渠道,加快推动网络、物流、冷链、仓储等基础设施建设,为全面发展农业电子商务创造良好条件;四是切实加大农业电子商务技术创新应用力度,突破核心关键技术,制定完善相关标准、法规,大力推广先进实用信息化技术在流通等领域的应用;五是加快完善农业电子商务政策体系,在已有的基础上进一步出台有利农业电商发展的具体政策,优化农业电子商务相关审批事项和流程。围绕五大重点任务,有 20 个子项行动,目标是到 2018 年农业电子商务基础设施条件明显改善,制度体系和政策环境基本健全,培育出一批具有重要影响力的农业电子商务企业和品牌,电子商务在农产品和农业生产资料流通中的比重明显上升。

(2) 农产品电商交易规模在快速增长

一是表现为网络交易总规模在快速增长,据最新数据,2016 年我国农产品网络零售交易总额达到 1 589 亿元。二是农产品跨境电商火爆登场,2015 年达到了 200 多亿元,同比增长超过 100%,2016 年继续高速增长;三是生鲜电商知难而进,2016 年达到 900 亿元的交易规模,同比增长约 80%;四是农产品 B2B 模式升温,一亩田、中农网、美菜、绿链等平台形成;五是农产品电子商务的模式也在不断衍化和丰富,B2B、B2C、C2C、C2B 等都在农业领域全面兴起,农产品 O2O 尤其受到热捧;六是投资热度不减,超过亿元的投资案例不断涌现,呈现阿里巴巴、京东两强争夺,垂直电商紧紧跟随的竞争格局,市场加速洗牌,农产品电商"寡头"时代逼近。

(3) 农资电商出现了集体性喧嚣

一方面,各大电商巨头在加码农资电商,特别是各大农村电商平台都加强了对农资板块的建设,尤其是阿里巴巴和京东用力较大,发动了轰轰烈烈的

"春耕季"等促销活动，销售也比较理想；另一方面，上市企业纷纷入局，联想投资云农场之后，金正大、诺普信、辉丰股份等 20 多家农业类上市企业都开始投资电商平台，全国已经形成了云农场、农一网、田田圈、农商一号等多个农资电商平台，并且数量还在继续增加。另外，还有一批互联网公司开始跨界，进入农资电商领域，如丰收侠、七公里等。有数据表明，截至 2016 年年底，农资电商的市场规模已经达到约 2 800 亿元左右。

（4）农特微商异军突起

据中国互联网协会微商工作组发布的《2016 年中国微商行业发展报告》，2015 年中国微商市场规模约 1 800 亿元，其中食品及农产品就占到了 1/3，达到约 600 多亿元，这中间农产品又占绝大部分。这与现在流行的"吃货"年代特征是相符的，微信朋友圈天天晒美食也是常态。目前农特微商的发展出现 5 个特征：一是来势汹汹，从 2015 年下半年农特微商已经接替面膜成为新的微商热点，农产品布满了朋友圈；二是社交化，用社交形成的熟人关系来突破一般电商的非标准化产品约束，而现在农产品大多属于非标准化产品，在微商朋友圈因为缺乏监管，所以依靠熟人信任关系来进行销售，约 55% 的微商交易发生在朋友圈，约 54% 的微商交易发生在微信好友之间；三是平台化，有赞、有量、微盟等微商平台开始形成，成为新的 C2C 电商平台；四是群众化，人人都是消费者，人人又都是销售者，人人也是传播者，所以也是自带流量，满满都是情怀；五是规范化，通过前期的暴力刷屏、野蛮生长之后，现在微商也在逐渐规范化，形成有序的分销体系，原来类似传销的囤货加盟式微商逐渐退出历史舞台，微商的行业规范和标准加速形成，微商供应链也迅速在"电商化"，有的甚至比电商的供应链要求还严格。

（5）新农人大量产生推动农业电商发展

据 2015 年 2 月阿里研究院发布的《中国新农人研究报告（2014）》显示，当前狭义概念上的新农人，也就是以互联网为工具，从事农业生产、流通、服务的人，已经超过 100 万人。另据农业部发布的数据，截至 2015 年年底，全国农民工返乡创业人数已经超过 450 万，累计创办中小微企业 2 505 万家，农业新型经营主体 250 万家，电子商务、信息服务是农民工返乡创业的重要领域。大量的青壮年投入到农业电商领域创业，成为农业电商发展的重要推动力。

## (四) 当前农业电商发展存在的问题

目前农业电商的发展炙手可热,但前进的道路并不顺利,有四大问题:融合不到位,竞争不理性,模式不成熟,基础不牢靠。

(1) 融合不到位

总体而言,目前的电商体系是为工业品的网上销售而搭建的,用现有的电商体系来要求农业,农业短期内无法办到,就如同电商已经跨入 21 世纪,而农业还在 19 世纪。以产品的标准化为例,若套用工业品的标准,则现有的绝大多数农产品是无法达到要求的,也是农民这一生产主体在思想观念、生产水平上难以接受的,农产品产后的加工、储藏、物流等也难以适应电商要求。但如果将就着农业现有的生产基础走上电商,又难免鱼龙混杂,消费者也难以接受。如何探索出适合农业特别是农产品的电商之路,需要在电商与农业的融合过程中不断探索。

(2) 竞争不理性

大多数农业电商平台缺乏创新,运营粗糙,烧钱砸市场的一般电商手法依然在沿用,靠补贴来跑马圈地的一般互联网思维依然存在,要么靠政策性补贴,要么靠一轮又一轮的风投来支撑,一旦后续资金无法跟上,则随时可能倒闭。大量的农业电商创业者陷入了网上促销的陷阱,低价营销成风,以次充好盛行,产品均价被打压,不仅经营者亏损面较大,而且影响了农民增收和产业健康发展。以网销大樱桃为例,初期 1.5 千克 118 元左右的价格包邮还可以盈利,此后随着 99 元、88 元甚至 66 元 1.5 千克包邮价格的推出,大量经销者面临亏本。

(3) 模式不成熟

突出表现为农业特色不足,成本高企,难以盈利。有报告指出,中国 4 000 家生鲜电商仅 1%盈利。有三大问题始终难以破解:一是物流成本居高不下。农产品价值本身比较低,加工较少,附加值不高,几块钱一斤的东西往往快递费也要几块钱,有的贫困县快递首重在十几块甚至更高,往往把豆腐卖成肉价钱,定价高往往无人购买,定价低则亏损严重。二是保鲜降耗十分困难。有句行话说:不要问卖了多少,而是要看烂掉了多少。特别是对生鲜电商而言,每一个分拣环节都要去除一次损耗,行业平均损耗高达 20%左右。三是生产标准严重缺失，农产品电商供应链十分脆弱，外观大小不一，内在品质参差不齐，质量追溯体系基本没有，客户体验感不高，安全信任难。而在农资电商的发展上，普遍陷入平台误区，投入大量资金建设交易平台，但推广运营成本居高不下，亏损严重。

（4）基础不牢靠

发展农业电商的交通通信、物流快递、网络信息、人才储备、配套服务等普遍落后，特别是农产品冷链体系落后，一些生鲜电商自建冷链投资巨大，包袱沉重；一些政策落实还不到位，一些农业从业主体的思维还没有转变，不知道、不想干、不会干的情况在农村基层依然存在；"互联网+"农业还在起步阶段，农业的标准化、规模化、品牌化与农业电商的要求还有相当距离，导致农业电商发展困难重重。

## （五）推动农业电商发展的建议

推动农业电商发展，必须在深入推动"互联网+"行动的前提下，不断推进融合，加快创新，提炼模式，使之更加切合农业实际，促进农民福祉。

（1）深入推进融合

必须解决农业和电商"貌合神离"的问题，从农业的种养源头开始，全面渗透电商要素，从根本上转变农业的供应链、产业链、价值链模式，改变目前农业电商"二道贩子"的一般行为，在融合中探索农业电商可靠的道路。特别是在近期，应该在政策的支持下，着力推进农业全产业链的数字化、在线化进程，为农业电商发展奠定基础。

（2）持续推动创新

困扰农业电商发展的标准化、品牌化、冷链物流等问题都要有可行的解决办法。在标准化方面，尽快按照电商要求，对农业生产标准进行修订，加快制订农产品和农资产品的电商标准体系，确保上网有依据，评价有标准。在品牌化方面，在注重培育区域公共品牌的同时，加快扶持一批企业、合作社等持有的市场品牌，与区域公共品牌互为依托。在冷链物流问题上，应该加大投入，扶持规模企业，创新投资模式，加快冷链体系建设步伐。在农业电商的内涵上，从简单的上网卖东西，向农旅结合、乡村旅游、民俗文化开发、手工艺品创新等方向延伸，借鉴众筹、预售、认养等新方式，丰富业态。

(3) 不断提炼模式

亏本赚吆喝肯定不可持续，农业电商应该关注正在形成的互联网"下半场"共识，从简单的复制到具有农味的创新，一方面，应该关注消费升级的趋势，加大高品质农产品的研发，走出低价竞争的泥潭；另一方面，不断精细化管理，在降低运营成本、提高运营效率上有所突破，放缓烧钱的速度，培植内生竞争力。以目前炙手可热的生鲜O2O为例，尽管"网店+实体店"的线上线下结合模式让人看到了希望，但有方向却没有找到朝着正确方向前进的路径，依然亏损严重，如果不能在运营后端实现线上线下门店的完全数字化和仓储物流的智能化，还套用传统电商的"眼观手摸"，则营利注定遥遥无期。

(4) 尊重农业规律

互联网的理念是"唯快不破"，而农业的发展往往"欲速则不达"。由于农业生产天然具有区域性、季节性、多样性，受自然风险影响，农业电商要尊重农业规律，避免不切实际地电商化操作。同时，农业电商的运营也要从农业规律出发，多一些忍耐，延长对农业电商模式检验的周期，以便在实践中不断调整和完善模式。

(5) 促进农民福祉

土地是农民的，主要的农业劳动者也农民，电商经营主体从事农业，本质上都是农民劳动成果的在线化，如果农民不挣钱，则电商肯定挣不了钱。所以，农业电商需要与农民建立深度的互利合作关系，在农民感受到农业电商红利的基础上，循循善诱，共同走上"互联网+农业"的新通路。

## (六) 关于当前农业电商几个热点问题的讨论

当前，还有若干农业电商发展的热点问题争论较多，对这些问题的深入讨论，有利于农业电商在前进的道路上更加明晰方向。

(1) 关于农产品电商平台的未来

农产品电商平台的建设冲动一直存在，2014年以来国家大力扶持农村电商发展后，又出现一轮农产品电商平台建设热潮。目前没有确切的数字统计到底全国有多少农产品电商平台，但几千家总是有的。在越来越多的平台举步维艰的时候，有必要进行深刻反思。首先，应该看淡平台。建平台既不是高科技，也不是创新，现在已经沦为一般网络技术。其次，平台建设不是问题，但平台的推广运营很成问题，特别是要把大量的商家和买家吸引到平台上成本极高，困难重重。有数据表明，一个平台 APP 新拉一个客户下载的成本已经超过 100 元，这是难以承受的成本之重。再次，平台的价值表面上是流量之争，本质上是对顾客的争夺，就是对顾客现实需求的有效满足，靠补贴烧钱拉来的顾客绝对不是忠诚的用户。最后，客观应对平台的未来。要么消亡，目前农产品及生鲜电商的"阵亡"名单每天都在更新，曾经的"八大生鲜电商平台"之一的美味七七 2016 年倒闭；要么被收购，如 1 号店下嫁京东；要么就是合并；还有就是转型。目前的农产品电商特别是生鲜电商平台竞争在阿里巴巴、京东"两超"争夺的背景下，越来越难以独存，2017 年还会加速市场洗牌。

（2）关于农产品电商的本地化和 O2O 的未来

农产品电商本地化与 O2O 的产生，不是主动的创新，而是基于现实的无奈。首先是基于一个基本逻辑，不是所有农产品都需要漂洋过海，更多的是在本地销售；其次是基于一个基本特性，不是所有的农产品都经得起长途运输，网上发货本地配送更现实；最后也逐渐形成一个基本认识，O2O 已经被玩坏，特别是恶性补贴。大家目前普遍认同：线上线下融合的关键在于整个供应链在大数据层面的整合，而不是简单的线上线下同价。由此，O2O 更应该表述为"O+O"或"O&O"，大数据、云计算、物联网、智能算法等前沿科技必须得到充分应用，高效的物流、科学的仓配、低廉的成本、便捷的服务成为新的竞争力核心。

（3）农产品电商的方向

目前，农产品电商的方面正面临两个基本分野：要么"向左转"，要么"向右转"。所谓"向左转"，就是按工业品电商的标准逐渐推动农产品外观标准相对一致、内在品质相对一致和质量可追溯，这需要"互联网+"农业的全面推进来配套。所谓"向右转"，就是让消费者接受农产品的非标准化现状，为此可以通过社群经济、社区支持农业、农特微商等模式，以增进生产者、消费者信任为前提，实现农产品的顺利销售。从目前的实际看，非生鲜产品加速"向左转"，走向品牌化时代，否则无法在同质竞争中走出恶性循环，如坚果类的三只松鼠、红枣类的西域美农等。而生鲜产品还需要在符合商业逻辑的道路上探索，既有进口和高端水果的"向左转"，也有普通生鲜产品的"向右转"，并表现为农特微商的兴起。

(4) 农产品电商走轻资产还是重资产道路

从目前的实践看,首先要看农产品细分行业的成熟度,成熟度高的产业就可以"轻"一些,而不成熟的就"重"一些。目前非生鲜农产品的模式要轻一些,像三只松鼠就比较"轻"。但生鲜电商却被迫走上了重资产的道路,不仅要去源头建设基地,而且自建冷链体系,否则很容易出现问题。总体观察,农产品电商的供应链整合势在必行,整合起来才能降低成本,占领主动。最终来看,产业链的整合也躲不开,因为电商整体发展的趋势是从商业的终端顺着供应链一步一步往上倒推,直到改造产业链,最后延伸到价值链的重新分配。农业电商还是比较初级的阶段,但是一定会像工业品电商一样,逐步倒推上延,所有的农业电商都必须未雨绸缪。

# 四、电子商务助力精准扶贫的几个观点[①]

近年来,农村电商持续发力,政策扶持力度不断加大,新模式、新业态大量涌现,农村电商发展再上新台阶。电子商务的主流化发展已经到了向贫困地区拓展覆盖的阶段,2015年,国务院扶贫办将电商扶贫列进精准扶贫十大工程之一,电商扶贫更是作为"互联网+脱贫"中的重要任务,被列入中共中央、国务院发布《关于打赢脱贫攻坚战的决定》。2016年,国家主管部门陆续出台的《网络扶贫行动计划》《关于促进电商精准扶贫的指导意见》《电子商务"十三五"发展规划》等,进一步就农村电商助力精准扶贫做出部署。更为重要的是,两年来,农村电商助力精准扶贫格局初步形成,由点及面地进入扶贫主战场,农村电商实践经验已越来越多地证明,电子商务不仅应该、而且能够在助力扶贫脱贫中担当重任。与此同时,我们也应该看到,在最贫困的、条件最差的场景下以电商助力精准扶贫,尚属于新生事物,目前还缺乏对其特殊规律的深刻把握。为此,必须认清客观形势和发展趋势的要求,密切结合实际,探索并采取一系列有针对性的创新举措,在更大的范围内、更深的程度上发挥电商扶贫的作用,让互联网发展成果惠及更多的贫困地区和贫困人口。

## (一)电子商务精准扶贫,须坚持"理想目标"与"现实条件"的统一

"小康不小康,关键看老乡"。所谓电商精准扶贫,是指各类帮扶主体通过发展电子商务助力精准扶贫、精准脱贫的一系列做法或努力。其中,电子商务,是载体和手段;精准,是方式和要求;扶贫,是场景和对象;脱贫,是目标和效果。换句话,电商精准扶贫,就是在扶贫工作中,帮扶主体以电子商务为载体和手段,通过提高电商对扶贫的带动力和精准度,改善扶贫绩效,助力实现脱贫目标的理念与行动。《关于促进电商精准扶贫的指导意见》(下称

---

[①] 本篇作者为特邀专家汪向东,工作单位为中国社会科学院信息化研究中心

《指导意见》）明确，电商精准扶贫是"以贫困县（832县）、贫困村（12.8万）和建档立卡贫困户为重点"，这是我国目前建档立卡的贫困人口的集中所在，是脱贫攻坚和扶贫工作的主战场，从而，也是电商助力精准扶贫的主战场。

有人认为，农村电商扶贫"理想很丰满，现实很骨感"，也有人对电商扶贫的作用存在着或夸大或贬低的看法。而推动农村电商助力精准扶贫，首先就需要对农村电商精准扶贫的目标、形势和挑战有清醒的认识。

第一，正因为农村电商扶贫发展水平、应用场景和对象带来的特殊难度，如《指导意见》指出的那样，"从总体上看，贫困地区农村电子商务发展仍处于起步阶段，电子商务基础设施建设滞后，缺乏统筹引导，电商人才稀缺，市场化程度低，缺少标准化产品，贫困群众网上交易能力较弱，影响了农村贫困人口通过电子商务就业创业和增收脱贫的步伐。"现实的"骨感"，其实正是农村电商扶贫的题中之意。

第二，贫困主体致贫的原因是复杂多样的，脱贫扶贫需要分类精准施策。电子商务是扶贫脱贫的载体和手段之一，其核心作用是帮助贫困主体跳出当地市场空间狭小和资源匮乏等的制约，这种作用是互联网为扶贫脱贫带来的新赋能，当然非常重要。但我们不能把电商扶贫当成一个筐，什么都往里面装。将电商扶贫当成包治百病的灵丹妙药，其实是对它的作用的一种误解。

第三，电商扶贫不是单兵突进的，它需要与其他扶贫手段配合使用，尤其要与产业扶贫相结合。电商在助扶贫的过程中，要帮助贫困主体对接广域大市场，以此促进贫困地区经济发展、产业转型升级和帮助贫困群众增收脱贫，就离不开一定的产业基础。

第四，脱贫攻坚，扶贫扶志。理想未必多么"丰满"，但理想方向必须坚定不移。在策略上，不妨先"定一个小目标"，一步一步往前走。坚持理想目标与现实条件的统一，注重效果，循序渐进，积小胜为大胜，是实现农村电商与扶贫脱贫任务的良好结合，做好电商精准扶贫工作的必须。

## (二) 农村电子商务助力精准扶贫大有可为

在实践中，农村电商的全面引爆和快速发展，正在扶贫脱贫攻坚中发挥越来越明显的作用，给更多的贫困县、贫困村和贫困户带来人们非常期待的变化。越来越多的成功案例不断证明，电子商务能够为农村发展添动力、惠民生、促双创、转方式，而发生在贫困场景和作用于贫困主体身上的电商应用和可喜变化，都将直接间接地体现在"助扶贫"的最终效果上。

2016年9月25日，国务院扶贫办在甘肃省陇南市召开现场会，总结了陇南试点的6条经验并向全国推广。除陇南试点"多路带贫"的电商扶贫探索取得成功之外，随着县域电商、农村电商的全面推进，各地区、各平台在实践中探索出众多电商扶贫的创新经验。虽然有些探索其扶贫效果的显现还需要一个过程，但他们条件不同、做法各异所显示出的积极努力，让人们增添了对未来电商扶贫取得成功的信心。陇南市和更多贫困地区的成功实践已经非常有力地证明，贫困农村不仅可以开展电子商务，而且农村电商也可以助力精准扶贫、精准脱贫，并且是大有可为。

### （三）电子商务扶贫，既要提高精准度，又要提升带动力

提高电商助力扶贫脱贫的精准度，其实是目标与现实的双重需要。从目标来看，在国家建设全面小康社会的整体部署之下，为了打赢脱贫攻坚战，特别是为了限期完成脱贫目标，就要求把所有的手段精准地聚焦在脱贫的帮扶对象上；另外，从现实来看，电商本质上是市场行为，具有明显的条件依赖性，在市场选择上实际走了一个先易后难的过程。为实现限期脱贫的战略目标，在现实中就必然提出以政策资源补市场短板的要求。

电商扶贫是电商和扶贫二者的交集，二者是一个水涨船高的关系，不可偏废。不能因为讲精准扶贫，就忽视了电商环境条件的营造。因此，应强调"两个必须"：必须提高电商扶贫的精准度，同时，又必须不断完善电商扶贫的条件，加大电商精准扶贫的带动力。

在实践中，我们看到，贫困地区电商越发展，产业基础、服务体系越壮大，精准扶贫的带动力就越强、效果就越显著。我们看到，陇南等地还创造了"多路带贫"的好经验。"多路带贫"证明了电商扶贫方式的多样性、适用性和成长型。如何更好地将电商扶贫的精准度和带动力结合起来，是需要在实践当中不断探索的。

### (四) 电子商务精准扶贫，需多主体形成合力

参与精准扶贫的主体是多元的，其中，有三大主体非常重要，他们之间的关系值得高度关注：一个是政府，一个是公益组织，一个是市场主体。他们在电商扶贫中所适用的逻辑是不同的。笔者曾在《电商进村与扶贫攻坚》一文中指出，市场的逻辑是强调资源的优化配置，强调资源配置的效率，强调利益用市场化的方式来补偿，强调增加利润；公益的逻辑强调的是良知、善举，强调公民和企业的社会责任与担当；政府的逻辑是按照执政目标的要求，强调通过财政转移支付的方式，解决贫富差距的问题。这3种逻辑当然有交集，需要结合，但有时又会出现矛盾。反映在电商扶贫上，不能够期望一个企业用政府的方式行事，企业可以做公益，尽社会责任，但不能要求企业放弃市场化的逻辑，牺牲市场效率，这里面就有矛盾。这样的矛盾，正是这个领域创新的机会。

在电商扶贫中，面对来自不同主体、不同性质的参与电商扶贫的资金和资源，提高扶贫精准度需要分类施策，需要机制创新。《指导意见》区分了不同主体、不同资源的属性，强调了在电商精准扶贫中坚持"政府引导、市场主导"和"社会参与、上下联动"的原则，突出强化社会扶贫合力的重要性。对于政府来讲，精准的核心是把公共资源的投放，由原来的"大水漫灌"变为"精准滴灌"，这是当前扶贫形势的需要，也是由政府资源的公共性决定的；对于公益慈善团体与个人的资源，是应按照合法、自愿、诚信、非营利的要求，按捐赠者的意愿投放。要提高精准度，就需要政府去配合、去倡导，用政策去引导；市场主体更是这样，在商言商。在此过程中，企业的资源按照企业自主决策，注重效率的原则，尤其是结合企业特定商业模式去配置。为提高扶贫的精度，也需要政府去主动配合、倡导和引导。三大主体、三大逻辑在此过程中怎么去结合，其中有大量的机制创新空间。

### (五) 电子商务精准扶贫，需不断探索规律，创新实践

电商精准扶贫，目前尚是一件难度很高的新生事物，农村电商扶贫领域仍有许多关键问题和重要情势，值得特别关注。比如，随着农村电商的全面引爆，越来越多贫困村被电商"点亮"，但农村产品上行、尤其是农产品的上

行，普遍滞后于工业品下行，农村电商在许多地方存在着购销逆差，并已引起越来越多的关注；农村电商及电商扶贫开始推动供给侧改革，但仍有不少地方还只是简单地把农村电商理解为在网上买卖，对电商带动产业链、供应链的转型升级无所适从；政府与市场共同针对物流、网货、人才、组织化、品牌化等制约农村电商发展的深层痛点发力，但因基础薄弱，解决起来难度高，任重道远；农村电商的"（县乡村）三级服务体系"渐成标配，但存在着明显的重复建设，加重了社会成本，特别加大了贫困地区开展电商扶贫配套投入的负担；农村电商的参与主体增多，商业模式多样化，线上线下结合（O2O）呈现不同发展路径，给当地经济以及电商扶贫带来不同影响，一些地方尚不了解农村电商的多样性，简单化思维影响了电商扶贫的成效；更多的主体参与农村电商扶贫，成功案例增多，但这些主体之间仍在磨合，尚待形成理想的合作机制。

近年来的一系列政策文件体现了政府在这一领域的政策创新，而要真正让政策落实，仍需要政府、企业、媒体、学界等方方面面结合实践，不断去探索相应的规律。

未来，需要做的事情还有很多，在电商精准扶贫的理论上，我们还需要就一系列重大的理论命题给出清楚的解释。比如，究竟什么是"公益的心态、商业的手法"，如何兼顾二者，其统一性如何体现？如何看待"电商为手段，扶贫为目的"的说法？什么是企业最好的扶贫方式，是做公益，还是基于自身商业模式？

在实践中，政府如何在提高精准度上加强引导？如何去主动配合、对接不同主体，提供必要的帮助？如何构建电商精准扶贫精准脱贫的内在动力机制、利益联结机制、风险抵抗机制？比如，在数据上政府能不能更开放一些，因为建档立卡贫困户的数据掌握在政府手上，当企业和公益组织到来以后，政府如能够更主动、更开放，就能帮助企业和公益组织更好地掌握需精准发力的帮扶对象的情况，从而也便于他们结合自己的资源和运作特点精准施策。再如，像大学生村官、驻村干部这样的资源，怎么和企业的力量、公益的力量更好地结合，也需要政府更主动一些，引导性更强一些。

总之，近年来，电商扶贫取得的进展，体现在战略规划、政策部署、推进机制、市场创新、试点经验、环境氛围、覆盖范围、研究成果等各个方面。虽然有些方面的进展还是初步的，有待未来继续深入，但已有的进展有目共睹。特别是来自基层实践的成绩有力的证明，电商扶贫尽管难度极大，但它是可行性、是可以成功的，因此，它的未来是值得期待的。

## 五、农业电子商务发展特征与发展策略[①]

目前,我国农业电子商务快速发展,正在深刻改变着传统农产品流通方式,已经成为农业供给侧结构性改革的新突破点和重要抓手,有利于推进农业供给与农业需求的对接,成为加快转变农业发展方式、完善农产品市场机制、推动农业农村信息化发展的新动力。

### (一) 农业电子商务呈现新的特点和特征

农业电商经过"十二五"期间的探索和摸索,在党和政府高度重视的前提下,在高密度政策的推动下,在企业积极参与下,在"十三五"期间呈现出新的特点和特征。

1. 政策体系已构建完成

多部门协同发力,从中央一号文件和国务院办公厅的《关于促进农村电子商务加快发展的指导意见》到农业部、国家发改委、商务部共同研究制订了《推进农业电子商务发展行动计划》;再到农业部办公厅《关于印发农业电子商务试点方案的通知》和商务部《开展电子商务进农村综合示范工作的通知》,据不完全统计,中共中央、国务院、网信办[②]和国家相关部委(国家发改委、商务部、工业和信息化部、农业部等)涉农电子商务、互联网等政策和文件30多个。

这表明国家关于电子商务的顶层设计已经完成,既有中共中央和国务院的宏观政策,又有国家部委的专业部署,俨然形成农业电商的政策体系。

2. 基础设施日趋完善

在农业部信息进村入户试点工作和农业电子商务试点工作的推进下,在电子商务进农村综合示范创建工作引领下,县、乡(镇)、村电子商务服务网点

---

[①] 本篇作者为特邀专家李建华,所在单位为中国电子商务协会
[②] 中共中央网络安全和信息化领导小组办公室,全书简称网信办

网络通过财政资金支持，得以建设发展。阿里巴巴、京东集团、苏宁集团等大型电商平台纷纷渠道下沉，建设不同形式的县乡村电子商务服务设施。中国电信、中国邮政、供销合作社、快递公司纷纷布局农村市场，加快推动网络、冷链、仓储等基础设施建设，全国农村电子商务服务网点数量已超过30万家，农村电商物流体系初步建成，这对于探索打通农村电子商务"最后一公里"，降低物流成本，解决制约农业电商的物流瓶颈问题有着积极的推动作用。

此外，全国大部分县已经建立县域电子商务公共服务中心，完善了农产品质量标准和质量安全追溯体系，使得农业电商具备良好的产业基础。

3. 涉农电子商务平台的多元化

（1）阿里巴巴和京东两个"超级巨头"在农村的布局初步形成

除了在平台上设立地方特色馆外，阿里巴巴和京东将渠道下沉，阿里巴巴千县万村（村淘）计划，在3~5年内投资100亿元，建立1 000个县级运营中心和10万个村级服务站。2016年，全国淘宝村达到1 311个，淘宝镇达到135个。京东推出"一村一品一店"模式，在全国开设县级服务中心1 500多家，开设京东帮服务店约1 500家，服务范围覆盖42万个村庄。

（2）农业B2B电商平台创新发展

农业B2B电商平台围绕着农业全产业链创新发展，产业链上游有发布土地流转信息、农资交易及科技服务的平台，中游主要是农产品加工或生产，下游有农产品交易、生鲜食材配送平台，如一亩田、中农网、美菜等B2B模式。

（3）农业电商国家队"雏形"初现

中华全国供销合作总社的供销e家，中国邮政旗下的邮乐购，中国电信的114MAIL都在布局涉农电商。2016年，供销e家重点打造了200个县级运营中心和4万个村级综合服务网点；邮乐购站点累计达到27.9万处，交易额达435.8亿元。

（4）区域性涉农电商平台日渐兴起

如浙江的赶集网、深圳的淘实惠、山西的乐村淘、安徽的神州买买提等服务于农业电商的区域性平台加紧在农村市场布局。

（5）农资电商的发展不容小觑

农一网、农商一号等农资电商平台背靠农资上市公司，布局农村农资市场，积极探索农资电商的发展模式。

**4. 多部门联合推动的协同化**

农业电子商务是一个巨大的系统工程。入驻第三方平台和开网店只是农业电子商务极小的一部分，发展农业电商必须与当地优势产业相结合，尊重当地的产业基础，产业基础的厚度决定农产品上行的高度。做到整体联动、政企结合、全民参与，才能有效推进，事半功倍。

地方农业电子商务的发展，虽然是"一把手工程"，但绝不仅仅只是县级领导、商务部门和农业部门的事情，组织、宣传、发改委、经信、工商、质检、人力资源和社会保障、共青团、妇联、残联等部门联动，才能协同发展，形成合力。

**5. 与农业全产业链的融合化**

农业电商是互联网与农业的一次跨界与融合，其作用方式是将互联网的技术创新、理念创新、模式创新充分应用到农业产业链的生产、流通、消费等各个环节，旨在推动农业的转型与升级，最终把农业引领到智慧农业的道路。

农业电子商务作为推进农村经济社会转型的工作抓手，通过发展"订单农业"，助力解决农村"买难卖难"的问题；作为农民创业和就业的主要手段，最终，大力推动农村经济社会组织细胞和基因的转变。

## (二) 农业电子商务的发展方向

笔者认为，农业电商的发展大致要经历3个阶段，由农产品"卖出去"（农产品电商），发展到"卖得更好"（智慧农业），最终发展到"卖得更贵"（大数据农业）。

**1. 农业电商要解决农产品"卖出去"的问题**

鼓励农业企业拓展线上业务，自建、完善网络营销渠道，借助线下销售网点优势建立体验店，开展全渠道线上线下互动经营；引导具备一定规模的农产品的传统批发市场、专业市场等实体市场自建或依托第三方网络营销平台，建立线上线下协同的农产品电子商务营销体系；鼓励农村创业者利用电子商务平台进行当地优质农产品的销售。通过上述措施，解决市场信息不对称问题，提升农产品生产者话语权，分享电子商务发展的成果，拓展新渠道、新客源和新市场。

2. 农业电商要解决农产品"卖得更好"的问题

农产品卖出去后,要想持续占领市场,必须保证农产品的品质和标准,这就要实现农业生产的标准化、规模化和品牌化,依托移动互联网、大数据、云计算等现代信息技术,建设全程可追溯、互联共享的农产品质量及食品安全信息平台,提升农产品质量安全水平。推进农业标准化生产,最终推动互联网时代中国农村经济生产方式与发展形态的创新和突破,成为带动区域经济发展的重要推动力。

3. 农业电商要解决"卖得更贵"的问题

将产业链、价值链、供应链等现代经营管理理念融入农业,加快建立以消费需求为导向的农业产业体系、经营体系和生产体系,促进供给与需求的精准匹配,满足个性化、多样化的消费需求,加快实现农业的在线化和数据化,走"订单农业"的路子。"用数据说话、用数据决策、用数据管理、用数据创新",提高基于数据的宏观决策和管理水平,促进农产品供求总量与结构的平衡。

### (三) 农业电子商务发展中存在的误区

各地在农业电子商务推进过程中还存在明显的误区,也是未来农业电商发展迫切需要解决的问题,主要表现在:部分地方政府领导对农业电商认识不清,认识不透,把农业电商等同于网上零售;顶层设计缺失,盲目发展,试错成本极高;重视"工业品下行",忽略"农产品上行";缺乏电商从业者、难以引进人才、人才培训不够。当前,地方政府的工作主要是定政策、铺网络、组织卖家销售等,但在搭建专业化的县域电商公共服务平台和引入专业化的电商服务公司等方面,做得尚不理想,导致农业电商进展缓慢。同时,农产品的非标性、冷链、资金、物流、人才、信任等电商环境方面存在许多问题。

### (四) 地方政府发展农业电子商务的策略

电子商务的本质是"商务",地方政府发展农业电子商务要尊重市场规律,加强战略、规划、政策、标准等制定和实施,以"市场"引导"市场","不走寻常路",走"差异化竞争、错位化发展"的路子,坚持"标准化、商品化、品牌化和本土化"的"四化"发展策略。

1. "标准化"发展策略

区别于标准化的工业品，农产品属于"非标品"，农产品标准化的实质是把农产品本身及客户的口味数字化。农产品的标准化是实现规模经济的必要条件，对于农产品的上行起到至关重要的作用，农产品的品质一定来自"标准化"程度更高的种植和分级。农产品的标准化有以下两个方面的含义。

（1）种植环节的标准化

从选种、耕地到种植，中间施肥、喷洒农药、除草和浇水等都要纳入标准化的管理，对于具备一定规模化的种植大户、农场尚可做到，但是对于千家万户的小生产者来讲，更多的是根据"经验"种地，无法保障种植环节的标准化，也就意味着没有话语权，无法享受电子商务发展带来的成果。一般大的农产品电商都是选择与一定规模的种植基地合作，只有这样，才能保障产品的品质的统一，不会出现同一批次的产品，色度、新鲜度和口感不统一，才能获得消费者的青睐，不会影响自身的发展。

（2）筛选分级的标准化

一般大的农产品电商都是有一套严格的筛选标准，如天猫超市运营商易果生鲜挑选苹果的标准：一个苹果从成熟度、新鲜度、完美度、均一度等维度可以被划分为5个等级，每一个大的维度下面还有很多细分的指标，成熟度可以从着色度、糖度、口感来衡量。

2. "商品化"发展策略

农产品的商品化率决定农产品上行的高度，由于农产品属于典型的非标准化和易损耗产品，且不宜贮存和运输。发展农村电子商务只有把非标准化的农产品转化为标准化的商品，让商品贴上"QS"标识，才能提升产品的附加值，延长农产品的销售周期，突破农产品季节性和周期性的限制，降低农产品物流成本，提升市场的占有率，促进农业的转型升级，真正让"农产品上行"成为一种现实和可能。

3. "品牌化"发展策略

电子商务的发展让农产品迎来了品牌化的黄金时期，"三品一标"的农产品完全可以率先借助互联网这一最便捷和最具传播力的工具，低成本高效快速地树立起自己的"互联网品牌"。在区域公用品牌的基础上，坚持本地龙头品牌企业的重点带动，走"区域公用品牌+龙头企业品牌"双轮驱动的战略，才能有效地占领市场，维护区域公用品牌的良性发展。

4. "本土化"发展策略

（1）"本土化"的顶层设计

无规划或者规划不切合实际，是当前地方政府发展农业电子商务面临的主要问题。所以，地方发展农业电子商务当务之急就是不抄袭、不照搬、不跟风其他区域的电子商务发展模式，制定符合自身发展的本土化的顶层设计。顶层设计要与本土的优势产业、资源禀赋、产业基础相融合，重点对主导产业如何与电子商务深度融合，发展的线路图、规划和目标进行准确的定位，以此作为农业电子商务发展的"蓝图"。

（2）"本土化"电子商务平台的培育

农业电子商务发展要入乡随俗，因地制宜，实施本地化战略。本地化经营更容易了解和满足消费者需求，更容易建立信任度和满足售后需求，更容易弥补物流短板。各地在鼓励本土企业积极利用电子商务平台优化采购、分销体系，提升企业经营效率的同时，一定要培育和打造本土特色产业的电子商务交易平台。通过行业龙头企业带动上下游企业的进驻，形成具有一定特色、规模和品牌的专业化、垂直化和本土化的电商平台。本土化的电商平台发挥本土电子商务比较优势，打造本土电子商务企业品牌，提高产业资源的配置能力，形成产业链的集聚和协同效应，积极促进地方经济发展。

（3）"本土化"的人才培训

地方电商人才的匮乏已经成为制约企业电子商务发展应用的重要因素，加大电商人才培训是发展农业电商的重要举措。地方政府一定要探索实训式电子商务人才培养与培训机制，结合当地电子商务发展特点，加大使用本地电商发展的应用人才的培养、储备和引进。

（4）"本土化"电子商务支撑体系的完善

地方政府发展农业电子商务，应该将服务于电子商务的网络建设、咨询服务、电子支付、仓储物流、信息技术、金融服务等企业引入本土，为实体企业开展电子商务提供一条龙配套服务，建立和完善电商服务产业链条，使其成为当地经济的有机组成部分。让电子商务支撑体系融入到当地经济发展的血液里，才能让本地的实体企业真正拥抱电子商务。同时还要推动电子商务人才、技术、资本、土地等要素资源产业化，形成电子商务支撑与要素市场一体化发展的态势。

发展农业电子商务，必须强化服务，聚焦上行，通过对用户消费数据的分析，将消费者的需求反馈到农产品的生产加工及上游的种植和研发环节，改变以产品为中心和"生产"决定"消费"的传统农业生产方式，转向以需求为中心和"消费"决定"生产"的现代农业生产方式，进而满足不同消费者的个性化需求，逆向改造农产品的产业链，这才是电子商务给传统农业带来的巨大改变。

# 六、农村电子商务创业发展现状与价值分析[①]

## (一) 农村电子商务创业发展概况

近两三年,我国农村电子商务快速发展,与此同时,在广大农村地区掀起电商创业的热潮。一大批村民们通过电子商务平台创业,或者作为供应商、服务商支持其他村民开展电子商务。电商创业具有成本低、自主性高、增长空间大等特征,深深地吸引着拥有创业梦想的村民们。

一方面,部分村民通过电商平台销售本地特色产品。其中,少数先行者创业成功,产生显著的示范带动效应,吸引周围村民跟进学习、大胆尝试。由此促成以"淘宝村"为代表的电商专业村快速增长。据阿里研究院与阿里新乡村研究中心统计,2015年,在全国发现的淘宝村为780个。截至2016年8月底,在全国共发现1 311个淘宝村,在这些淘宝村的活跃网店超过30万个。

另一方面,部分在城市上学或工作的年轻人,返回家乡创业,创业方向大多与电子商务相关,有的通过电商平台销售特色产品,有的帮助乡亲们网购生活、生产用品,有的承接本地的电商快递服务,等等。年轻人返乡创业,为本地发展注入新的活力、带来新的面貌。

## (二) 农村电子商务创业的重要特征

### 1. 绝大部分电子商务专业村集中在东部沿海地区

调研发现,以淘宝村为代表的电商专业村集聚了大批电商创业者,已经成为村民电商创业的孵化器。截至2016年8月底,在全国共发现的1 311个淘宝村,广泛分布在18个省区市,绝大部分位于东部沿海地区(图11)。其中,浙江省、广东省和江苏省淘宝村数量位居全国前三位,分别为506个、262

---

[①] 本篇作者为特邀专家盛振中,所在单位为阿里新乡村研究中心。

个、201 个。紧随其后的是，山东省 108 个、福建省 107 个、河北省 91 个，这 6 个省淘宝村数量合计占 97%。在中西部地区、东北地区发现的淘宝村数量分别为 25 个、5 个。这样的分布与我国产业、交通、物流等的空间格局密切相关。

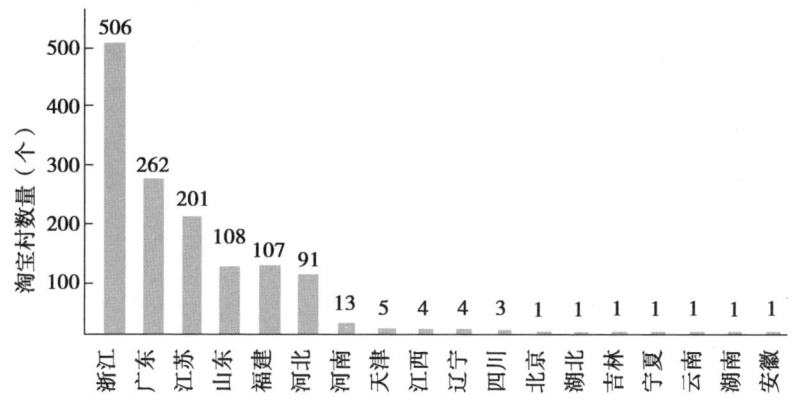

**图 11　2016 年全国淘宝村地理分布**

数据来源：阿里研究院、阿里新乡村研究中心，2016 年 10 月

### 2. 具有地方特色的产品明显增多

抽样数据显示，2016 年，村民电商创业销售的商品中，按销售额排名前三位的依次为服装、家具和鞋，第四名到第十名依次是箱包皮具、汽车用品、化妆品、户外用品、玩具、居家日用品和床上用品。这些商品对应于大众化的网购需求。

农产品电商销售额增长势头良好，茶叶、水果、粮油、水产品等成为网购消费者青睐的农产品。福建省安溪县、浙江省海宁市、江苏省沭阳县、福建省武夷山市、陕西省武功县等地的农产品电商销售额在全国领先。

除了常见的商品，还有众多新兴品类销售额增速迅速，比如鼻膜、渔桶、调奶器、验钞笔、车用笔记本支架等。这反映出网商们紧跟市场需求，不断推陈出新。

近两年与往年相比，具有地方特色的商品明显增多，如河南孟津的牡丹画、安徽省泾县的宣纸、山东省即墨区的鸟笼、云南省鹤庆县的银器等。这反映出在越来越广泛、多样的地区，村民们通过电子商务经商创业，将特色产品销往全国甚至全球市场。

3. 返乡电子商务创业成为近年新的潮流

近两三年，年轻人离开大城市、返乡电商创业，在浙江、江苏、广东、福建、河北等地广泛涌现。阿里研究院发布的"2015—2016年全国返乡电商创业最活跃的10个县（市）"排行榜显示，福建石狮、江苏常熟和河北白沟名列前三位，第四名至第十名依次为：浙江桐乡、广东普宁、浙江温岭、浙江天台、浙江永康、福建晋江和江苏海门。

年轻人选择返乡电商创业，有多方面的原因，总体可归纳为两大类：一类是推斥力，如在大城市工作竞争激烈、房价上涨过快等，另一类是吸引力，如回家方便照顾家人、村里有人通过电商创业成功等。在正反两方面力量复合作用下，加之电商进入门槛低、试错成本低，返乡电商创业成为众多年轻人的热门选择。

进一步分析发现，返乡电商创业具有相对显著的区域特征。从2015年到2016年，全国返乡电商创业者中，跨省返乡最多，占比超过40%。相对而言，中西部地区跨省返乡比例更大，占比超过55%。

4. 电子商务创业服务体系持续升级

从全国总体来看，大部分农村地区发展电子商务，在服务体系建设上仍处于初级阶段，比如在电子商务相关的快递、仓储、培训、营销、运营等方面。值得关注的是，2014年以来，阿里巴巴、京东、苏宁等专门制定了农村战略，推动渠道下沉。同时，在浙江、福建、江西、河南、甘肃、吉林等地，诞生了一大批本地化的电商服务商。

在这样的背景下，农村地区电商创业服务体系快速发展、持续升级，比如在农村电商综合服务方面，截至2017年3月，农村淘宝与合作伙伴建立的农村电商服务站覆盖600余个县（市）、超过30 000个村庄。

**【案例】沭阳着力打造电商公共服务中心**

为促进电子商务又好又快发展，满足电商创业者的服务需求，沭阳县自2015年开始设立专项资金，用于建立乡镇电子商务公共服务中心。这些公共服务中心内部设有会议室、培训室、摄影室、体验中心，免费为电商农户提供技术培训、网店优化、信息咨询、金融等多种服务。

例如庙头镇电子商务服务中心，于 2015 年 10 月建成投入运营，立志打造庙头电子商务新型社会服务载体，办公面积 150 平方米，拥有专职工作人员 2 名，兼职服务人员 9 名，自成立以来，先后 3 次为 130 余名有创业意向的群众进行了业务培训，为 7 个网店进行了页面优化，对 11 家新店开业提供了技术扶持。

再如颜集镇电子商务服务中心，由颜集镇人民政府与颜集供销社联合设立，面积约 600 平方米，截至 2016 年 12 月，已有 5 名专职服务人员，自建成至 2016 年 10 月已开展高级培训 4 期，初级培训 6 期，共培训 350 余人次，协助办理网络创业贷款 3 000 余万元，惠及网店 300 家。

5. 政策支持力度前所未有

近两年，各级政府对农村电子商务、村民返乡创业高度重视。比如 2015 年 6 月，国务院办公厅印发《关于支持农民工等人员返乡创业的意见》，推动农民工等人员返乡创业，明确要求打造"一批县级互联网创业示范基地"。2015 年 12 月，国家发改委等十部委联合发布《关于结合新型城镇化开展支持农民工等人员返乡创业试点工作的通知》，其中将电子商务列为重要的创业平台。

2014 年、2015 年，财政部和商务部先后分两批，确定 256 个县为"电子商务进农村示范县"，安排 48 亿元作为专项资金，重点用于电商物流、电商培训、电商服务中心建设。2016 年 7 月，财政部和商务部又确定第三批示范县 240 个。这意味着，前后 3 批示范县合计 496 个。此外，浙江、河南、江苏、江西等省市围绕电子商务、返乡创业等，也制定专项政策、确定重点工程。

从中央到地方，各级政府对电子商务、返乡创业予以政策、资金等多样支持，覆盖范围之广、支持力度之大，前所未有。

## （三）农村电子商务创业的经济社会价值

1. 推动农村电子商务繁荣发展

近两年，"大众创业"成为最火热的关键词之一。李克强总理在不同场合多次强调大众创业、万众创新的战略意义。诺贝尔经济学得主菲尔普斯教授从国家繁荣的视角强调,"国家层面的繁荣源自民众对创新过程的普遍参与"。具体到电子商务,一个地区电子商务的繁荣与否,与当地小企业、创业者和消费者应用电子商务的活跃程度紧密相关。在江苏省沭阳县、福建省安溪县、河北省清河县、广东省普宁市等农村电子商务发展领先的地区,当地都有众多电商创业者广泛参与,他们不断开拓创新,推动当地电子商务蓬勃发展。

江苏省沭阳县是著名的"花木之乡",拥有 31 个淘宝村,电商创业氛围浓厚,吸引大学生、退伍军人、外出务工者等返乡创业。截至 2017 年 3 月,全县共 6 500 余人返乡创业,其中,村民们返乡创业的主要方向,是通过电子商务平台销售花木。2016 年,沭阳县网上交易额突破 130 亿元,快递发货量达 8 500 万件。电子商务成为推动沭阳花木产业增长的新动力。

2. 规模化创造就业机会

村民通过电商低成本创业、快速成长,创造直接就业机会,并且带动上下游产业发展,进一步创造间接就业机会。数据分析显示:淘宝村平均每新增 1 个活跃网店,可创造约 2.8 个直接就业机会。按此估算,截至 2016 年 8 月底,全国淘宝村活跃网店直接创造的就业机会超过 84 万个。江苏省睢宁县拥有 40 个淘宝村,电商创业带动就业效果显著,截至 2016 年 12 月,全县共有 36 900 余个网店,带动就业约 20 万人。

在农村地区,电商发展创造的就业机会具有"多样、灵活、就近"等特征。常见的既有电子商务直接相关的岗位,如网店客服、营销推广专员、打包发货专员,也有电子商务带动的岗位,如服装行业的裁缝、家具行业的木工、快递员、摄影师等。近年,在部分村庄还涌现为电商创业者服务的律师、会计、专利代理人等。

3. 电子商务消贫致富

近年,在河北省平乡县、河南省光山县、云南县文山市、安徽省舒城县等地出现电商消贫的样本。一批批村民通过电商创业就业致富脱贫,他们是扶贫的推动者和践行者,成为扶贫创新的源泉。2016 年,在全国国家级贫困县发现 18 个淘宝村,在省级贫困县发现 200 余个淘宝村。

通过电商创业脱贫致富,涌现出市场、政府和社会合力消贫的好榜样。市场对资源配置发挥决定作用,同时,政府在基础设施、社会动员、人才培训等方面积极作为,村民、企业、产业园、电商平台等多样的角色广泛参与其中,营造出良好的生态，有助于促进消除贫困的有效性和可持续性。

**【案例】曹县从"帮扶贫困"到"营造生态"**

山东省曹县是省级贫困县，拥有48个淘宝村。截至2016年10月，全县网店共35 000余个，销售演出服装、家具等，直接带动6 300多名贫困人口脱贫。

曹县试图培养和引入从电商经营主体到电商服务商等多种社会力量，引入大学生、返乡农民工作为发展产业基础，吸引物流、美工、金融等服务商进入，为电商创业提供好的环境。这些社会力量的加入，并不是直接给农民提供贫困补贴或者基金，而是从产业发展上，给贫困农民提供了学习、参与的商产业的空间。

首先，鼓励在外务工青年、大学生回乡创业、建设家乡。这些人在电商发展中起到了积极的带动和引领作用。比如在大集镇，2013年以来，共有168名毕业大学生、3 000多名外出务工农民返乡创业。

其次，吸引、培养更多的服务商入驻曹县。如美工、摄影、代运营、金融、物流等公司及人才，为孵化电商企业、提升电商企业质量提供良好的环境。

最后，吸引更多学者、研究人员到曹县调研考察，吸引高端人才入驻曹县。来自南开大学、中国社会科学院、北京大学、清华大学、上海财经大学、阿里研究院等的专家学者为曹县的电商发展、电商扶贫献计献策。

# 七、电子商务企业精准扶贫的实践与经验[①]

天地之大，黎元为先。十八大以来，习近平总书记一直高度关注扶贫工作，多次视察调研贫困地区，深情牵挂贫困群众，强调"扶贫开发贵在精准，重在精准，成败之举在于精准""发挥互联网在助推脱贫攻坚中的作用，推进精准扶贫、精准脱贫，让更多贫困群众用上互联网，让农产品通过互联网走出乡村"。在网络扶贫攻坚中，京东等电商企业积极贯彻落实习总书记关于扶贫工作的重要指示精神，依托数据、技术以及平台营销等优势，积极探索具有中国特色的网络扶贫经验。

## （一）产业扶贫是实现脱贫的根本

习总书记指出："发展是甩掉贫困帽子的总办法，贫困地区要从实际出发，因地制宜，把种什么、养什么、从哪里增收想明白，帮助乡亲们寻找脱贫致富的好路子。"京东在电商扶贫的实践中充分认识到，只有带动当地产业发展才能实现扶贫工作的可持续，并摸索出"农户+合作社+龙头企业+电商平台"的合作模式，通过汇集各方资源带动农户的可持续增收。京东通过"原产地直采+自营"模式，利用京东的信誉为农产品背书，大幅提高农产品的质量安全水平和销售溢价，先后推动苍溪红心猕猴桃、宁陕野生猕猴桃、百色芒果、阜平香菇、丹寨酸笋、满洲里羊肉、抚远鲟鳇鱼、同江马哈鱼等几十个贫困县，数百个农产品向规模化、品质化和品牌化方向发展，让贫困地区的农产品卖出规模、卖上高价。2016 年以来，京东累计帮扶 8 万户建档立卡贫困家庭，超过 20 万贫困群体增收 2 000~3 000 元；开设 109 个国家级贫困县的扶贫特产馆，上线特色产品超过 2 万个，月销售额近 4 000 万元；在 832 个国家级贫困县累计拓展商家 6 000 多个，上线商品 283 万种，销售商品 153 亿元。

---

[①] 本篇作者为特邀专家曾晨，工作单位为京东战略研究院

## 【案例】"一颗红心",打造苍溪产业扶贫新引擎

位于四川盆地北缘的苍溪县素有中国红心猕猴桃第一县之称的美称,物产丰富,特产众多。然而自古"难于上青天"的巴蜀地理屏障使得苍溪与国内主要市场相隔绝,其中苍溪红心猕猴桃1/4的产地位于贫困地区。京东以农副产品、生鲜冷链物流为主要突破口,接力网络大数据,用精准扶贫、产业扶贫的方式为苍溪的脱贫攻坚装上了快速发展的新引擎。

贫困地区由于区位、资源等条件的约束,简单的救济不足以帮助当地经济建立起造血能力。只有从产业发展的各个环节参与支持,才能真正帮助贫困区域及贫困人口改善经济面貌,实现扶贫效益和价值最大化。以扶持贫困地区龙头企业为抓手,促进当地农业生产转型升级,是实现产业扶贫可持续发展的有效路径。京东与四川省苍溪县当地龙头企业华朴农业公司在红心猕猴桃产业上的合作,是电商产业扶贫的典型案例。

2015年开始,华朴即开始尝试与京东生鲜部门建立直采合作。通过生鲜冷链的对接,苍溪猕猴桃可以保证高品质、低损耗、高效配送至全国市场。另外,京东通过用户画像分析,面向高收入客户精准营销,将品牌为"一颗红心"的猕猴桃产品推广成为平台上的明星产品。

在2015年首届京东苍溪线上红心猕猴桃节上,苍溪猕猴桃创下了独立访客100余万人,总销售量接近500余万元的优秀成绩。在2016年第二届线上红心猕猴桃节上,华朴在京东平台的销量实现了超过70%的增长,产品好评率长期在同类别产品中排名第一。

在京东的带动下,华朴农业从年销售额不足千万元成长为销售额过亿元的龙头企业,对苍溪猕猴桃产业的发展也发挥出重要的带动作用,当地猕猴桃种植面积已超过5万亩,并成立了合作社,帮扶数百个贫困家庭,平均每亩土地流转增收1 500元,每亩种植增收1.6万元。此外,华朴还探索出"固定流转费+分红模式""务工费+产量分红模式""返租倒包模式""保低收购模式"等多种灵活的利益联结机制,为当地群众创造就业岗位2万余个,在企业发展的同时帮助农

民获利。

产业扶贫工作也得到了苍溪县政府部门的大力支持。苍溪县积极探索财政、社会、金融等多管齐下的支持方式,充分激活了产业投入渠道,变输血式扶贫为造血式扶贫。2016年以来全县投入猕猴桃产业发展的各类资金达3亿元,促进了产业的可持续发展。

2016年10月,京东苍溪特产馆上线,有机整合本地优质、特色农产品,以帮助苍溪当地更多商家将自身的优质产品通过京东平台销售。苍溪县人民政府则授权京东为"苍溪红心猕猴桃"全国线上唯一销售渠道,通过京东销售家庭农场生产的农产品,为贫困户实现增收。

## (二)补齐农村物流体系"短板"

农村地区配送成本高、冷链物流发展严重滞后,不仅使网购不方便,更掣肘了农产品"上行",是农村电商基础设施的最大"短板"。近两年来,京东投入巨资自建仓配一体的冷链网络,在全国11个城市建设了先进的多温层冷库,覆盖268个大中城市,实现北京、上海等39个城市当日送达,81个城市"211"时效送达①,为贫困地区生鲜产品的推广提供基础设施保障。同时,京东加大了对贫困地区流通渠道建设的投资力度,在644个国家级贫困县设立自营物流配送体系,为贫困地区提供低价、正品商品;在423个国家级贫困县设立县级服务中心,覆盖51%的国家级贫困县,招募乡村推广员58 324人;在507个国家级贫困县设立京东帮服务店,覆盖61%的国家级贫困县。

【案例】百万京东便利店,布局创业扶贫网

2017年4月,京东集团董事局主席兼首席执行官刘强东对外宣布,未来5年要建设100万家京东便利店,其中一半在农村。承接京东百万便利店项目的京东新通路事业部正式对外宣布,除西藏外,其

---

① "211"是指一种京东物流配送服务,当日上午11时提交的现货订单,当日送达;夜间11时提交的现货订单,次日下午3时前送达

一站式B2B订货平台京东掌柜宝,基本实现全国覆盖。

京东商城新通路事业部成立于2015年12月16日,是京东集团的"火车头1号"项目。秉承京东的商业理念,以及刘强东提出的京东农村电商发展的"3F战略"①,新通路正在打造百万线下智慧门店——京东便利店,其中将有一半以上深入中国农村,是京东正在搭建的造血式创业扶贫网络之一。

生于1992年的成永鹏是甘肃省陇南市西和县西高山的创业带头人。2016年5月底,成永鹏在西和县西高山乡租赁了一间40平方米的门面房开起了夫妻店,小店货源全部来自于京东,他不光售卖店里摆放的现货,还帮西高山乡的老乡在京东上代购其他商品,并为学生们代买书籍,每月除去各方面开支能赚四五千元,远远超过成永鹏当年的打工收入。通过1年多的拼搏,成永鹏从一个打工者蜕变成为当地的脱贫示范带头人,他的小店也成了当地的综合服务中心。

曾招武在国家级贫困县江西省泰和县桥头镇经营着一间50平方米左右的商店。"接入京东掌柜宝后,店里面的商品丰富了,品质提升了,信誉也更好了,我的店成了村民的便民提货点,给我带来了很多客户。"谈到京东平台上的商品,曾招武如数家珍:"我为一家贫困户代购了一台长虹电视机,只要900多元,比当地便宜了300多元。"对于贫困户,曾招武也遵循着平价销售的原则。曾招武与妻子在当地还开了一家幼儿园,妻子负责教学,幼儿园里超过1/10的孩子来自贫困家庭,2/3的孩子是留守儿童。对贫困孩子他们尽可能减免学费。孩子们的下午点心,都是曾招武自己掏钱买,不收孩子们一分钱。2017年9月,京东集团与泰和县签署电商精准扶贫战略合作协议,共同推动在泰和县的扶贫工作,这让曾招武感觉很振奋。"京东在我们这里的口碑更有影响力了,对我的店也很有帮助。"

京东新通路不仅在帮助贫困地区小店主创业脱贫,同时也协助他们成为贫困地区创业扶贫的带头人。在实现商业价值的同时兼顾社会价值,逐渐搭建一张覆盖全国的创业扶贫网络。

---

① 包括工业品进农村战略、农村金融战略和生鲜电商战略

## （三）扶贫先扶智

人的因素是扶贫工作中最为重要的因素。在电商扶贫中，既要提高对电商发展的认识，也要通过专业培训体系提高网络营销、电商运营等技能，还需要产学研共同推动电商创业。为帮助更多农户"触电"，京东推出"互联网+县域经济"培训项目，联合中国扶贫基金会、友成扶贫基金会、人民网等，为贫困地区近 5 万名基层干部、企业人员和贫困青年进行电商扶贫培训，并与部分高校共建电商人才孵化基地暨创业就业训练联盟，为贫困家庭学生提供电商实习实训机会及创新创业项目孵化指导等帮扶措施。贫困人员脱贫，除了创业之外，还可以通过自身技能获取正式稳定的工作。京东在网络扶贫中针对建档立卡贫困户，提供多种工作岗位，自 2016 年年初在全国七大区启动扶贫招工计划，已经完成包括河北滦平、河南沈丘、陕西延川、四川苍溪、贵州丹寨等40 多个县的招工计划，解决贫困地区人口就业近 2 万人。

**【案例】亚麻籽油众筹，为会宁教育扶贫加油**

甘肃省国家级贫困县会宁县地处黄土高原腹地，是甘肃省乃至整个西部大学生最多的地区，素有"状元之乡"的美誉。会宁县全县 58 万人口中，就有 24 万人生活在贫困线以下。极端落后的教育和物质条件使得孩子们的求学异常艰苦。为了带动当地村民脱贫致富，助力当地教育事业发展，京东启动甘肃会宁县扶贫计划，将会宁特色农产品亚麻籽油搬上了京东的众筹平台。

会宁县气候干燥、日照充足、昼夜温差大，为优质亚麻的生长提供了得天独厚的生长环境。亚麻籽油富含有益于智力发育的多种营养成分，被誉为"陆地上的深海鱼油"。会宁县副县长鲁家军介绍："自 1977 年恢复高考制度至今，拥有 58 万人口的会宁县，共考取博士 1 000 多人、硕士 7 000 多人、学士 8 万多人。这与当地人家家食用亚麻籽油的饮食习惯密切相关。"

然而长期以来，亚麻籽油一直养在深山人不识，也没有形成规模化生产。为了发展会宁当地特色农产品，打开全国市场，带动当地村民脱贫致富，"爱的分享，健康'油'此开始"甘肃会宁亚麻籽油扶贫众筹项目由京东众筹平台与甘肃建伟食用油有限责任公司共同发起。该公司投资5个多亿，现拥有高品质有机亚麻种植基地共20 000亩，依托政府的大力支持及地方资源优势，致力于将会宁县打造成中国西部最大的亚麻产业基地。值得一提的是，项目上线后提前10天即完成100%的众筹进度。

此次众筹所得部分金额将用于当地学校建设，并以扶贫基金方式带动地方经济发展，使状元之乡会宁县为国家输送更多人才。京东还将在会宁县进一步推动实施精准扶贫战略，开展扶贫招工计划，筹备上线京东地方特产馆项目，还将为会宁电商及种植人才的培养提供支持，共建农产品基地，以自身的电商优势促进当地产业升级转型。

## （四）以创新金融服务撬动贫困地区发展

金融帮扶是网络扶贫的一项重要内容。针对农村地区贷款难、授信难问题，充分发挥基于大数据的互联网金融产品优势，能够为贫困农户提供灵活、便捷的金融服务。京东推出"京农贷""农村众筹""乡村白条"等创新金融产品，为贫困地区提供了多元化便捷金融服务。"京农贷"6个专项扶贫项目已帮助近千户贫困家庭，发放扶贫贷款近亿元。在河南省濮阳县，京东联合汇源羊业、中华保险推出"扶贫羊"项目，不仅帮助贫困农户实现当年脱贫，而且做到了贫困户持续增收，杜绝返贫。截至2016年年底，已为濮阳县提供8 000万元资金，惠及1 700户贫困家庭。在河北省武邑县，针对贫困家庭试点推出了"扶贫跑步鸡"项目，京东提供免息贷款，交由贫困户散养并有京东收购销售，户年平均增收3 000元以上。京东还推出扶贫众筹平台，帮助贫困县产品塑造品牌，开拓市场。例如，陕西省富平县的柿饼、河南省光山县的信阳毛尖、安徽省砀山县的黄桃罐头、黑龙江省抚远市的鱼子酱等近50个国家级贫困县的70个项目，众筹金额近千万元。自京东发布农村金融战略以来，已经在全国1 500个县、30万个行政村开展各类农村金融业务，发放贷款50多亿元，帮助4.2万贫困人口经济状况得到显著改善。

### 【案例】"授人以渔",京农贷助农户变身羊老板

2016年4月,由京东农村金融"京农贷"与中华联合财险、汇源集团共同打造的"产业扶贫+金融贷款"扶贫模式走进濮阳,为当地贫困户提供了物资及产业链的扶持,帮助濮阳县371个贫困户成了名副其实的"羊老板",不仅有了属于自己的劳动资产,还可以每年从合作社领到一定的分红,生活发生了翻天覆地的变化。

扶贫是京农贷的初心和归宿,"京农贷"在其扶贫经验中总结出,授人以鱼,不如授人以渔,只解决农民的资金难题,只是解决了表面现象,只有激发农民致富的内生动力,才能从根本实现扶贫效果的最大化和持久化。"京农贷"所打造的濮阳肉羊养殖扶贫项目,不仅为当地建档立卡贫困户提供低息养羊贷款,还整合当地企业资源对接濮阳县精准扶贫,全方位为农户提供养殖服务。

京东农村金融"京农贷"与中华联合财险、汇源羊业打造的扶贫模式,以"产业扶贫+金融服务"打通全产业链的方式实现了贫困户产业增收的目的。目前,所有贫困户的肉羊均采用的是托管模式集中管理。为实现贫困户可持续脱贫,还对贫困户进行养殖技术培训,并在扶贫标准化集中羊舍建成后,将从中筛选出若干脱贫带头人统一管理贫困户肉羊,以此通过脱贫带头人的示范作用,带动贫困户积极性,扶持其进行自主养殖。"京农贷"推出的"融资+保险+服务"模式最大程度降低了贫困户的风险并提高了其收益,帮助贫困户实现真正可持续的脱贫致富的机会。

京东农村金融"京农贷"已和包括中华联合财产保险公司、新希望六和、通威等在内的60多家企业达成了深度合作,并通过和中华联合财产保险公司共同开发的"融资+保险+服务"的模式为包括黑龙江、新疆、内蒙古、河南、河北等在内的17个省(区、市)的种养殖业提供金融服务。京东农村金融"京农贷"以无抵押、放贷快等特点解决农户在农资采购、农业生产以及农产品加工销售环节中融资难题的同时,为夯实普惠金融之路,不断根据农村的具体实际情况和农户的真实需求,优化现有产品和服务模式。

京东农村金融围绕"农产品进城、工业品下乡"两条路贯彻全产业链全产品链的农村金融战略路线,发挥京东金融在大数据风控与

渠道方面的优势，通过京农贷、农村众筹、乡村白条、农村理财等产品线为农村提供多元化金融服务，击破农村金融服务的痛点，加速建设和优化农村经济生态。

扶贫攻坚已进入攻城拔寨的冲刺阶段，电商扶贫在各方积极探索和大力推动下将更加注重实效、讲求长效。下一步，应充分发挥电商平台在对接供需、整合资源方面的优势，积极构建产业扶贫、创业扶贫、用工扶贫、金融扶贫、基础设施扶贫"五位一体"的电商扶贫体系，特别是加大推进农产品"上行"力度，切实帮助贫困地区经济转型升级，切实帮助贫困人口实现持续增收脱贫。